한국어로 내려온
New Bible

새로운 성경

제113권 8부 | 총10부

하얀마음

하나님 말씀 중에서

1. 사랑의 하나님

- 세상을 창조하신 하나님은 모두를 사랑하신다. 인간만 특별히 더 사랑하지 않고, 우주 만물을 다 똑같이 사랑하신다. 그러니 하나님이 창조하신 천지 만물과 화친하고, 미물까지도 소중히 대하라.

- 하나님은 특정 종파나 민족만을 더 사랑하지 않으신다. 자기 자신만 구원받겠다는 욕심을 버리고, 자기 종파만 구원받는다는 편협한 교리에서 벗어나야 한다. 종파를 초월해서, 모두를 사랑하라.

- 원수까지 사랑하라 했으니, 이 세상에 사랑하지 못할 자가 누가 있겠는가? 종파가 다르다고 해서 부모 형제와 원수처럼 지내는 자는 인간의 근본을 모르는 자다. 가장 가까운 가족부터 사랑할 때 남도 진심으로 사랑할 수 있다.

- 한 사람을 원수같이 생각하던 마음에서 사랑하는 마음으로 돌리면, 자기 자신의 마음이 가장 기쁘고 행복하다. 하나님께서는 인간의 마음속에 무거움이 없이 기쁘고 행복한 삶을 살기를 바라신다.

- 이웃을 "내 몸처럼" 사랑하라 했으니, 마지막 한 장 남은 천국의 티켓도 이웃에게 양보하라. 자기 중심적인 신앙에서 벗어나서 남을 위해 살아야 한다.

- 독초도, 약초도, 이단도 사탄도 천사도 다 필요하기에 존재한다. 독초일지라도 극소량을 사용해서 생명을 살릴 수 있고, 약초라 하더라도 남용하면 생명을 잃을 수 있다.

- 세상 모든 것을 명약으로 활용하는 것은 인간의 지혜에 달렸다. 어떤 것이든 어떤 사람이든 적재적소에 꼭 필요한 명약으로 승화시키라.

- 사탄도 이단도 천사도 모두 하나님의 주관하에 존재한다. 진정한 하나님의 백성은 사탄과 마귀까지도 감화시켜서 천사로 거듭나게 한다.

2. 기도

- 하나님은 인간의 생각까지 모두를 다 알고 계신다. 우리의 소원도 이미 알고 계시기에, 소원의 기도를 할 필요가 없다. 우리가 받을 자격이 되면 내려 주신다.

- 죄를 짓고 아무리 회개를 해도 용서받지 못한다. 도둑질한 자는 용서해 달라고 기도하고, 도둑맞은 자는 도둑을 잡게 해 달라고 기도하면, 공의의 하나님은 누구의 편에 서시겠는가?

- 자기가 잘못한 것은 그 사람에게 직접 갚고 용서를 구하라. 그가 용서하면 하나님도 용서하신다. 땅에서 매면 하늘에서도 매이고, 땅에서 풀리면 하늘에서도 풀리는 이치다.

- "회당에서 기도하지 말고 골방에서 기도하라" 했다. 눈에 보이는 골방이 아니라, 골방과 같이 고요한 마음이다. 잡념을 버리고 하나님을 향해 마음을 집중하며, 사랑하고 용서하는 아름다운 생각만 나오도록 하라.

- "두드리면 열릴 것이다." 하는 것은 육의 소원을 위해 두드리라는 것이 아니라, 진리의 깨달음을 얻기 위해 두드리라는 것이다.

- 기도하는 방법: 생활 속에서 수시로 기도하는 삶을 살아야 한다.

- "저의 죄를 용서하여 주옵소서." 하는 회개의 기도를 하라.
- 범사에 "하나님! 감사합니다." 하라. 현재 가진 것에 감사하며, 과욕하지 말라. 자기 노력 이상의 것을 더 갖고자 기도하는 것은 도둑놈심보다. 공의의 하나님은 각자 노력한 만큼 주신다.
- "하나님 뜻대로 살아가겠나이다." 하며 마음의 각오를 다지라.

- 기도는 하나님의 말씀을 받아서 "행하는 것"이다. 하나님이 계심을 굳건히 믿고, 하늘을 향하여 한 점 부끄럼 없이 사는 삶 자체가 가장 위대한 기도이며, 삶이 곧 예배다.

3. 지도자

- 똑같이 사랑한다는 말을 해도, 순수하게 하는 말은 천사의 말이지만, 사기 쳐서 재산을 가로채려고 하는 말은 사탄의 말이다.

- 종교 지도자가 아무리 훌륭한 설교를 해도, 신도의 재물을 거둬서 더 큰 교회를 짓고 자기의 부귀영화를 바라며 설교하면 사탄의 가르침이 된다.

- "저희 교회는 만원사례요, 믿음은 다 같으니 이웃의 개척 교회에 가서 예배를 드리시오." 하며, 이웃 교회의 부흥을 먼저 생각하여 제 신도를 보내는 종교 지도자가 있다면 그를 따르라. 그가 하나님의 사랑을 실천하는 자다.

- "부자가 천국에 들어가는 것은 낙타가 바늘구멍을 통과하는 것보다 더 힘들다" 하였거늘, 지금의 교회에서는 부자가 되기만을 기도하고 소원하니, 이는 곧 천국을 포기하고 지옥 행 열차의 티켓을 사는 것과 같다.

- 예수는 빈손이었다. 종교 지도자가 예수보다 더 호화롭고 편안하게 살아간다면 잘못된 것이다. 부귀영화와 명예를 바라는 자는 절대로 갈 수 없는 좁고 협착한 길이 종교 지도자의 길이다.

- 종교 지도자는 유리로 비춰 봐 한 점의 부끄러움이 없이 살아야 한다. 의식주도 직접 일해서 해결하고, 예수의 가르침과 행함을 그대로 따라야 한다.

- 종말은 없다. 지금의 잘못 가는 종교 집단에게만 종말이 있다. 보이지 않는 하나님은 보이는 육의 종말은 관여하지 않으신다. 환경 파괴로 인간이 스스로 멸망을 자초하는 것이다. 종파끼리 싸우기 전에, 무너진 인성을 바로잡고 지구의 몸살을 해결하는 데 뜻을 모으는 게 급선무다.

4. 성전이란

- 이 세상 자체가 하나님께서 만드신 성전이다. 자연보다 더 아름다운 성전이 있는가? 보이는 건물이 성전이 아니라, 성스러운 마음가짐이 성전이다

- 반석 위에 교회를 지으라 했다. 지상의 단단한 돌은 인간이 쪼갤 수 있으나, 마음속의 굳은 결의는 세상 무엇으로도 쪼갤 수 없다. 바르고 굳건한 믿음으로 성경의 가르침을 실천하는 것이 마음의 반석 위에 교회를 짓는 것이다.

- 손으로 지은 건물의 교회에 모여서 복음을 전하는 것이 아니라, 교회를 개인과 가정에 심어 주어야 한다. 무너지고 부서지는 건물을 짓지 말고, 마음속에 영원히 불변하는 참진리의 교회를 지으라.

5. 십계명

- 십계명은 인간이 죽어서 반드시 통과해야만 하는 열 개의 관문이다.

- 부모를 공경하지 아니한 자는 “네 부모를 공경하라.” 하는 제5계명의 관문이 열리지 않으니 구원받을 수 없다.
- 살인, 간음, 거짓, 우상 등의 나머지 계명도 마찬가지다.

- 십계명은 하나님의 친필이다. 모기소리만 한 하나님의 음성이라도 들어 보겠다고 여기저기 찾아 헤매지 말고, 십계명부터 암송하고 지키라.

- 십계명은 영혼을 구원하는 양식이며, 십계명을 지키는 것이 구원을 받는 길이다. 인간이기에 지키고자 노력하고 또 노력한다면 지킬 수 있다.

- 십계명을 지키고 천사처럼 아름답게 살아가는 그 마음 하나면 세상에 이루어지지 않는 것이 없다.

6. 보물

- 하나님은 재물이 아니라 우리의 마음을 받으신다. 사랑을 실천하며 천사처럼 변하는 마음이 하나님께 바치는 보물이다.

- 보이지 않는 하나님께 재물을 바치려 하지 말고, 너희를 길러 준 부모에게 용돈 드리고, 찾아뵙고, 효성을 다하라. 그것이 하나님께 효도하는 것이다.

- 하늘에는 선과 악의 창고가 있다. 자기 창고에 선이 많으면 천국으로 구원을 받고, 악이 많으면 심판받아 지옥으로 간다. 그것이 바로 “선한 일을 행한 자는 생명의 부활로, 악한 일을 행한 자는 심판의 부활로” 나오는 것이다.

- “선악과를 따먹지 말라”는 것은 양심을 지키라는 것이다. 선과 악을 구분할 수 있는 양심을 최초에 인간에게 주셨다. 선한 열매는 취하고, 악한 열매는 버리며, 양심에 비추어 부끄럼 없는 삶을 살아가라.

- 가장 작은 거짓말을 하지 않고, 가장 작은 죄를 짓지 않으며, 가장 작은 선행을 하고, 가장 작은 악행을 멀리하는 것이 율법의 일점 일획도 빠뜨리지 말고 다 지키는 삶을 사는 것이다.

7. 우상

- 박물관에 있는 불상은 하나의 예술품이다. 그 조각품에 대고 제 소원을 빌 때 우상숭배가 된다. 십자가라 하여도 그 앞에서 소원을 빈다면 우상숭배하는 것이며, 하나님께 소원을 빈다면 하나님을 우상으로 전락시키는 것이다.

- 지금 기복신앙에 젖어 있는 모든 사람이 우상 앞에 절을 하고 있다. 조각품을 우상이라며 파괴하지 말고, 네 마음속에 있는 욕심의 우상을 무너트리라.

- 생수를 약초가 먹으면 약을 만들고 독사가 먹으면 독을 만든다. 같은 성경을 봐도 선한 지도자는 신도를 천사로 만드는 데 활용한다. 그러나 욕심이 가득한 지도자는 재물을 거두어들여 제가 부귀영화를 누리는 데 악용한다. 그가 바로 성경을 우상숭배의 도구로 전락시키는 거짓 선지자다.

- 성경을 한 획도 빼거나 더하지 말라는 것은, 그 가르침을 빠트리지 말고 온전히 지키라는 것이다. 성경 속에서 자기에게 유리한 구절만 보는 것은, 자기에게 불리한 구절들을 빼 버리는 것이다. 믿음이 제일이요, 행함은 구원과는 관계없다는 것은 자신에게 유리한 쪽으로 성경을 악용하는 것이다.

- 진정한 종교 지도자는 종파에 관계없이 어떤 종파든 어떤 책이든 접하고 보고 깨우쳐 견문을 넓히도록 인도한다. 참진리를 모르고 자신이 없는 자가 남을 이단이라며 배척하고, 신도들의 눈과 귀를 가린다.

8. 예수

- 예수의 재림은 없다. 예수가 다시 온다 해도, 과연 누가 그를 예수라고 믿겠는가? 예수와 같은 삶의 행함이 곧 예수의 재림이다. 각자 모두가 "재림 예수"가 되는, 차원 높은 믿음으로 가야 한다.

- 예수는 "주여 주여 하지 말고, 아버지의 뜻대로 행하라"고 했다. 예수가 전한 하나님의 뜻이 곧 "길이요, 진리요, 생명"이며, 그 가르침이 예수의 보혈처럼 소중한 것이다. 예수를 믿는 것은, 예수의 가르침을 믿고 따르는 것이다.

- 예수는 낮은 자로서 만백성을 섬기고자 했다. 만나는 모든 사람을 다 하나님이라 생각하라. 돈을 벌수록 겸손하고, 높은 지위를 얻을수록 낮아지라.

- 예수는 종파를 만들지 않았다. 인간이 만든 종교와 인간의 교리를 따르지 말고, 예수를 통해 전한 하나님의 참진리를 연구하고 따르라.

- 예수가 2천 년 전에 만백성을 위해 죽었으니, 지금 이 땅에는 예수의 가르침대로 사는 천사만 존재해야 한다. 예수가 죽어 가면서 바란 것은 만백성이 천사가 되어 예수의 자리를 채워 주는 것이지, 지금과 같이 재물을 바치면서 중언부언 제 소원만을 비는 백성들을 바란 것이 아니다.

9. 구원

- 천사가 사는 천국에는 천사만 갈 수 있으니, 천사 같은 마음을 길러야 한다

- "천국 열쇠를 네게 주리니 땅에서 무엇이든지 매면 하늘에서도 매일 것이라" 했다. 땅에서 천사같이 사는 자가 하늘에서도 천사가 되어 천국에 들어간다. 모든 사람에게 천사같다는 말을 듣는 삶을 살아야 한다.

- 천사의 곱고 아름다운 마음은 부모를 공경하고 어른을 어른으로 대접하는 데에서 출발한다. 효도하는 자는 형제와 화목하게 지내기에 가정이 화목해지고, 이웃과 화목해지고, 국가가 화목해지고, 온 인류가 화목해진다.

- 그러므로 지상의 아름다운 소왕국은 가정에서부터 이루어야 한다.

- 선택된 14만 명만 구원받는 것이 아니라, 천사처럼 변하고자 하는 14만 명을 기초로 온 인류가 천사처럼 거듭나는 영적인 개혁이 시작되는 것이다.

- 천 년에 걸쳐서 하늘에서 이루어진 것같이 이 세상을 낙원으로 만들어, 만백성이 지상의 천국에서 살다가 죽어서 그대로 하늘의 천국으로 들어가는, 영원한 지상 낙원을 건설하는 것이 하나님의 계획이다.

- **이것이 구약과 신약에 이어 "새로운 성경"으로 역사하시는 하나님의 창조의 완성이다.**

- 지금의 믿음으로 구원받을 수 있다면 그 길을 가라. 그러나 자신이 없다면 하나님께서 직접 내리신 160권의 "새로운 성경"을 읽고 구원의 길을 보라!

하나님 머리말씀

이 새로운 성경을 읽는 너희 모두는
이 율법에 따라 행하면 영원히 구원받을 것이니라.

너희 인간이 수년, 수십 년, 평생
성서를 공부하고 기도하는 것은
하늘나라 나의 곁으로 오고 싶은 소망일진대,

몇천 년 전의 너희 인성과 생각이
지금의 너희와는 판이하게 다르니,

꺾여 가고 병들어 가는 너희를 고칠 수 있는 길은,
오늘 내가 선지자에게 내리는 새로운 성경과 같이
너희가 변화되는 것뿐이니라.

나의 예수가 태어난 것처럼
내가 아들 선지자를 선택하여
나의 새로운 성경을 온 세계에 전하고자 하니,

묵은 것은 버리고 새로운 것은 취하여,
너희 모두는
'여호와 하나님! 저의 죄를 용서하여 주옵소서.'
하는 기도문으로 기도하고, 죄를 뉘우치라.

이 새로운 성경은
수천 년간 내려온 성서를 요약한 것이니,
너희는 이 책을 정독하여 쉽게 깨달음을 얻고,
이대로 실천하여 하늘에 오르라.

대역자 머리말

■ 하나님의 율법을 지키는 선지자로 선택을 받도다.

저는 남들처럼 그저 열심히 살아온 평범한 사람이었습니다. 그러나 50대 중반에 사업에 실패하여 많은 부채에 시달렸으며, 건강도 악화되어 눈이 잘 안 보이고, 걷기도 어렵고, 두통이 심해서 잠을 이룰 수 없는 고통의 나날을 보냈습니다. 그때 제가 선택할 수 있는 것은 육의 삶을 끝내는 길뿐이었습니다.

죽기 직전에 그동안에 죄를 지은 이들에게 용서를 빌고 인생을 끝내기로 작정하였습니다. 어려서부터 지은 죄를 빌고 빌다 보니 끝이 없었고, 죽음으로도 그 많은 죄를 용서받을 길이 없다는 생각에 하염없이 눈물이 흘렀습니다. 그 순간 '재래식 화장실의 구더기는 죄를 짓지 않는데, 나는 인간으로서 구더기만도 못한 삶을 살았구나.' 하는 생각이 들면서 괴로움에 몸부림칠 때, 갑자기 하나님의 음성이 들렸습니다.

"나는 여호와 하나님이니라. 너는 십계명을 암송하고 내가 내려 주는 메시지를 받아 책으로 만들어 만백성을 구하라." 하시며, 제 눈을 손으로 문지르게 하시고, 아픈 머리와 다리를 손으로 두드리게 하셨습니다. 그러고 나니 눈도 잘 보이고 걸을 수 있었으며 머리의 통증도 말끔히 낫게 되었습니다. 그때부터 십계명을 암송하고 나면 들려주시는 말씀을 기록하였고, 1999년 8월부터 2004년 7월까지 권당 288쪽, 총 160권을 받아서 "새로운 성경"이라는 책으로 펴내게 되었습니다.

그러한 저에게 죽기보다도 힘든 길이 시작되었습니다. 모든 교인들이 저에게 사탄이요, 이단이요, 악마요, 마지막 시대에 온 거짓 선지자라 하면서 공격하였고, 저를 짐승을 보듯이 대하는가 하면, 편협한 종교 지도자들의 선동으로 신도들이 이 책을 직접 읽어보고 평가할 기회마저 막아 버렸습니다. 그래서 하나님의 말씀을 세상에 내는 데 많은 어려움을 겪으며, 피를 토하는 심정으로 책을 전하고 있습니다.

그러나 아무리 인간의 힘으로 막으려 해도, 하나님의 뜻이 세상에 전해지는 위대한 역사는 계속될 것입니다. 책으로 전해지는 "하나님의 말씀"은 세상 끝날까지 항상 우리와 함께하실 것입니다. 사람은 죽어도, 책에 기록된 말씀은 영원히 남으니까요.

■ 따뜻한 실천

하나님께서는 어려운 사람들에게 삶의 터전을 마련해 주고, 미래를 열어 주는 것을 기뻐하십니다. 어려운 이웃이 스스로 자립할 수 있도록 이끌어 주는 것이 진정으로 이웃을 돕는 것이라고 말씀하셨습니다. 그래서 일자리가 없는 제자들에게 작은 사업장을 만들어 주는 "달란트 사업"을 하고 있습니다. 식당, 반찬 가게 등을 차려 주고, 기존의 어려운 사업장이 자립할 수 있도록 돕고 있습니다(커피숍, 미용실, 의상실 등).

하나님께서는 교회에 나와서 모든 시간과 재물을 쏟기를 원하지 않으시고, 그 시간과 재물을 교육에 투자하여 스스로 미래를 열어 가기를 원하십니다. 그래서 제때 공부하지 못한 제자들에게 학업을 이어 가도록 하였습니다. 중화요리 주방장을 하며 초등학교 검정고시부터 공부하여 2012년에 방통대를 졸업한 36세 남성, 만학도들의 2년제 중학교에 입학해서 2007년에 명지대학을 졸업한 38세 여성, 중학교 검정고시를 시작으로 숭의여자대학을 졸업한 47세 여성 등이 있습니다. 그밖에도 많은 제자들에게 나이를 초월하여 배우고 깨우쳐서 사회 속의 당당한 일원이 되도록 인도하고 있습니다.

학자금 대출로 힘겨워하는 젊은이들을 위해 "따뜻한 바람 장학회"를 발족하여(2016년 12월) 대출받은 학자금 전액을 매월 갚아 주고 있습니다. 또한, 다문화 가정을 위해 "다문화 가족 랜드"를 조성하여, 각종 시설을 무료로 활용하도록 하고 있습니다.

이러한 따뜻한 실천이 아직은 미약합니다. 그러나 책의 수입이 늘고, 저와 뜻을 같이하는 분들이 늘어나면 계속 확대할 것입니다. 지도자로서 신도의 재물을 헌금으로 거둬들여 착복하는 것이 아니라, 하나님께서 기뻐하시는 일에 사용하도록 중매 역할만 하며 살아가고자 합니다. 이런 제가 과연 사탄이고 이단인가요? 하나님께서 기뻐하시는 일이라면, 저에게 사탄이라 하든 거짓 선지자라 하든 굽히지 않고 실천해 나갈 것입니다.

끝으로, 일상의 삶 속에서 "지금 내가 하는 행동이 과연 하나님께서 기뻐하실까, 슬퍼하실까?" 생각하고, 매사에 하나님께서 기뻐하시는 길을 택하기 바랍니다. 교회에 모여서 집단적으로 예배 드리는 것이 아니라, 개인이나 가정 단위로 새로운 성경을 읽어 스스로 깨우치고 그대로 행하면 충분합니다. 그것이 마음속에 성전을 짓고, 신령과 진정으로 예배 드리는 길입니다. 그러면 천국의 문에 들어서게 됩니다.

2017.2.1.

하나님 말씀 대역자 김용철

차 례

십 계 명

이 책은 십계명을 암송하고 나면 내려 주시는 "하나님의 음성"을 듣고 그대로 받아쓴 기록입니다. 하나님께서 십계명을 모세에게 내려 주셨지만, 그것은 만백성에게 내려 주신 것입니다. 마찬가지로 이 책의 모든 말씀도 저에게 내려 주셨지만, 만백성 각자에게 들려주시는 말씀입니다. 여러분도 이 책을 접할 때마다 십계명을 암송하고 나서 정독해 주시기 바랍니다.

제일은, 너는 나 외에는 다른 신들을 네게 있게 말지니라.
제이는, 너를 위하여 새긴 우상을 만들지 말고, 또 위로 하늘에 있는 것이나, 아래로 땅에 있는 것이나, 땅 아래 물 속에 있는 것의 아무 형상이든지 만들지 말며, 그것들에게 절하지 말며, 그것들을 섬기지 말라.
제삼은, 너는 너의 하나님 여호와의 이름을 망령되이 일컫지 말라.
제사는, 안식일을 기억하여 거룩히 지키라.
제오는, 네 부모를 공경하라.
제육은, 살인하지 말지니라.
제칠은, 간음하지 말지니라.
제팔은, 도적질하지 말지니라.
제구는, 네 이웃에 대하여 거짓 증거하지 말지니라.
제십은, 네 이웃의 집을 탐내지 말지니라.

나 여호와가 존재함을 믿는 그 자체가 구원의 길에 들어서는 기본이요, 근본이며, 나의 새로운 성경을 가슴에 안고 정독하는 자, 반석 위에 서서 하늘에 오르는 찬란한 빛을 보게 되는 영광을 얻게 됨이니라. 진정 나를 따르고 믿는 자는 감히 사탄이나 마귀도 근접하지 못하느니라.

〈하나님 말씀〉

2003년 10월

8,217 번째 하나님 말씀

2003년 10월 31일 12시 12분

1 사랑하는 나의 아들아!
2 "네, 아버님! 말씀하옵소서."
3 내가 나의 아들 예수를 통하여 전했음
이니, 나의 아들 예수가 뭐라 말하였
느냐?
4 구원의 명령권자요, 그를 행하는 나의
아들이 아님을 너희는 알아야 할 것이
니라.
5 그 모든 것은 성서에 기록되었으며 너
희가 그를 보고 깨우치며 알 수 있거
늘,
6 지금의 믿음은 나의 아들이 구원자요,
그 모든 것을 역사하는 것처럼 둔갑시
켜 오늘에 이와 같이 믿음이 뒤틀린
형국이 되었음이니라.
7 그러니 그 믿음의 틀에서 벗어나지 아
니하면 나에게 오를 수 없다는 것을
명심 또 명심해야 함을 너희는 알아야
할 것이니라.
8 어느 날 갑자기 모두 뒤틀렸으며 모두
바뀌었음이니, 이것은 인간의 구상이
요, 교리에 의하여 인간의 생각에 따
라 모두 역사했음을 알라.
9 나 여호와는 성경에 기록하여 너희에
게 깨우쳐 주기를, 나의 아들 예수를
통하여 너희에게 뭐라 말하였느냐?
10 나의 아들 예수는 긍휼함을 원하고 제
사를 원하지 아니한다 말하였음이니
라.
11 그리하여 나 여호와가 너희에게 전하
기를, 제사를 원하지 아니하며 긍휼함
을 원한다는 나 여호와의 뜻을 가서
배우고 깨우치는 자만 구원의 길에 오
를 수 있다고 너희에게 가르친 대목을
알아야 할 것이니라.
12 또한, 나의 아들 예수가 이 세상에 역
사한 것은 무엇이라 말하였더냐?
13 나의 아들 예수는 '의인을 부르러 이
세상에 보내진 것이 아니요, 죄인을
부르러 왔다.' 너희에게 그리 깨우치
고 전한 그 대목 또한 깊이 깨우쳐 그
의미를 알아야 할 것이니라.
14 나의 아들을 통하여 그리 전하였음이
니라.
15 너희가 예수가 전한 그 말을 듣지 아
니하고 그를 행하지 아니할지라도 나
의 아들 예수는 절대로 심판하지 아니
한다고 성서에 기록되어 있는 그 대목
을 다시 한 번 정독해 읽어 보라.
16 그는 무엇을 원하느냐?
17 나의 아들 예수는 직접 구원하는 자가
아니요, 결정권자가 아니라는 것을 너
희에게 깨우쳐 주며 전한 그 말의 뜻
을 상기해 봐야 할 것이니라.
18 나의 아들이 상세히 기록하여 전했느
니라.
19 나의 아들은 나의 아들이 전하는 그
말을 너희가 듣고 지키지 아니할지라
도 절대 너희를 심판하지 아니하는 자
라 그리 기록되었음은 그를 행할 수
없다는 것을 의미한 것이 아니던가?

20 너희는 그 의미를 알아야 할 것이니라.
21 나의 아들 예수가 또한 전했음이니라.
22 '내가 온 것은 세상을 심판하려 함이
아니요, 세상을 구하려 함도 아니요,
내가 모두를 전하고자 하는 것이요,
구원의 길을 인도하는 그 임무를 이루
려고 세상에 왔다.'는 것을 너희는 기
록하여 전하였음이니, 그 뜻을 너희는
알아야 할 것이니라.
23 이는 너희가 그와 같은 뜻을 모른다
하면 너희가 정녕 이를 왜곡하는 것이
며, 너희가 알면서도 거역된 행위를
하는 것이 아니고 무엇이더냐?
24 '내가 온 것은 세상을 심판하려 함이
아니라'는 그 뜻, 이는 나의 아들 예수
가 심판할 자가 아니며 심판할 자는
따로 온다는 뜻이며 심판할 자는 따로
역사할 것이니,
25 심판의 시대는 다시 온다는 그와 같은
의미가 여기에 있지 아니한가?
26 다시 한 번 내가 나의 아들을 통하여
너희에게 전함이니라.
27 나의 아들이 온 것은 세상을 심판하려
함이 아니라는 그 뜻을 깊이 알라.
28 너희가 그를 돌이켜 생각하면 예수는
심판할 자가 아니요, 심판할 자는 따
로 오며 그 역사의 시대가 반드시 이
루어진다는 그 귀중한 의미를 너희는
알아야 할 것이니 그리 알라.
29 이와 같은 모든 뜻을 너희가 알면서도
역으로 가는 자, 이를 알면서도 따르
지 아니하는 자, 나의 백성 너희에게
스스로 깨우칠 수 있는 지혜를 주었건
만, 세뇌되어 그를 알지 못하고 방황
하는 백성, 너희는 그저 방황하다가
지옥 불로 감이라는 것을 절대 잊지
말라.
30 나의 아들 예수는 세상을 구원하려 함
이 아니요, 구원하는 길을 전하는 그
임무로 세상에 왔음을 알라.
31 구원의 길을 인도하는 임무 외에는 예
수가 더 이상 행할 수 없는 것이거늘,
너희는 그 예수가 나며 내가 예수라
하여, 그를 찾고 부르짖는 것만이 너
희가 구원을 받으며 구원의 길이라 그
리 말하니,
32 이것이 오늘의 너희가 잘못된 믿음이
요, 사악한 종말의 시대가 이루어진
결과이니라.

8,218 번째 하나님 말씀

2003년 10월 31일 12시 16분

1 사랑하는 나의 아들아!
2 모든 성서에 기록하여 나의 뜻을 전한
부분들이 그리 기록되어 생생히 살아
있건만, 어찌하여 모든 종교 집단이
요, 나의 백성이 그를 따르며 그대로
받아들이지 아니하는가?
3 산을 그저 산으로 보면 될 것을, 어찌
하여 그 산을 물이라 그리 말한단 말
이더냐?
4 나의 성서에 기록하여 전하기를, '나
를 저버리고 내 말을 듣지 아니한 자
를 심판하는 이가 따로 있으며, 곧 나
의 그 말이 마지막 시대에 심판하는
역사의 시대가 이루어지는 것을 너희
는 볼 것이라' 나의 아들 예수가 전한
그 대목을 한번 찾아보도록 하라.
5 반드시 심판할 자가 온다는 것을 기록

하여 전하였음이니라.
6 예수가 전하고자 했던 사랑을 실천하
지 아니하고 살면 반드시 그와 같은
것을 행하지 아니하면 아니 되는 그
심판의 때가 오며,
7 심판하기 위해서 나의 아들 예수가 아
니요, 심판할 자가 반드시 온다고 기
록하여 전한 그 대목을 너희는 보지
아니하고,
8 예수가 모든 심판을 하고 결정하며 너
희를 구원하고 못 하는 것까지 모두
역사하는 것처럼 그리 둔갑시켜 지금
나의 피조물 만백성들을 끌고 감을 알
아야 할 것이니라.
9 나의 아들이 전하는 그와 같은 삶을
살지 아니할 때는 반드시 심판할 자가
내려와 그때 예수가 이루고자 했던 것
을 심판하는 그와 같은 시대가 올 것
이라는 것을 기록하여 너희에게 전했
음이니라.
10 그때는 너희가 어찌 사랑을 실천하고
어찌 선과 악을 구분하고 사느냐에 따
라서 벌과 상을 내려 주는 그와 같은
때가 온다는 것이니 그는 바로 무엇이
더냐?
11 나의 아들 예수가 나의 법전이 세상에
내려옴을 미리 예언하여 너희에게 전
했으며, 나 여호와가 직접 심판할 때
가 있음을 미리 알려주는 것이라는 것
을 명심하고 또 명심하라.
12 모든 제사장이요, 예언자들이 미리 말
한 것은 믿으며 나의 아들 예수가 만
왕의 왕으로 온다는 예언자의 말은 그
렇게 믿으면서도,
13 나의 아들 예수가 직접 전한 말이요,
그것도 글로 남겨 전한 것을 모두 부
정하며 믿으려 하지 아니하는 것이 오
늘의 종교 집단이요, 지도자들이니라.
14 첫 단추를 잘못 끼우고 흘러온 그 속
에서 너희는 썩을 대로 썩어 스스로
수술할 수 없으며, 그 썩은 것이 좋기
에 거기서 벗어나지 아니하는 것이니,
15 오늘에 썩은 생선을 뜯는 파리와 같은
종교 집단이요, 지도자들이 되었기에
절대 그 썩은 것이 아니면 존재할 수
없으며 살아갈 수 없는 파리와 구더기
같이 되어 있기에,
16 절대로 수술하지 아니하려 하고 다스
리지 아니하며 거듭나려 하지 못하는
것이 너희라는 이 무서운 사실을 알라.
17 나의 아들에게 전하는 그 말을 받지
아니하며 그 뜻을 따르지 아니해도 나
의 아들 예수는 절대 심판하지 아니한
다는 그 뜻은 무엇이냐?
18 심판할 자격이 없으며, 심판할 자는
다시 오며 다른 이가 와서 심판한다는
그 엄연한 사실을 거역하여 받아들이
지 아니할 때, 너희는 구더기와 파리
같이 썩은 것을 찾아다니는 그와 같은
미물들 속에서 벗어나지 못함을 알라.

8,219 번째 하나님 말씀

2003년 10월 31일 12시 19분

1 사랑하는 나의 아들아!
2 "네, 아버님! 말씀하옵소서."
3 나의 법전이 무엇이라 말하였느냐?
4 나의 모두를 태워 내려보내는 나의 성
령이요, 마지막 너희에게 내릴 수 있
는 은혜와 은총이라 내가 그리 간곡히

전하고 전하거늘,
5 어찌하여 너희는 나의 이 법전을 그리
도 소홀히 생각하며 사탄이요, 이단이
라는 그런 누명을 씌우고 올무를 씌워
이 세상에 숨 막혀 존재하지 못하도록
그리 조르고 있는가?
6 나 여호와의 모두를 태워 내려보내는
것이 바로 새로운 성경이요, 나의 법
전임을 너희는 알아야 할 것이니라.
7 너희가 나의 법전을 접할 때 내가 같
이한다는 그 대목을 모르는가?
8 나의 법전을 너희가 접할 때 나 여호
와가 같이함이니, 나의 법전을 믿는
자만이 나를 믿는 것이요, 나의 뜻을
거역하지 아니하고 나에게 올 수 있는
그 삶을 살아가는 백성의 길에 들어선
다는 것을 너희는 정녕코 잊어서는 아
니 될 것이니 그리 알라.
9 나를 믿는 것이 곧 무엇이더냐?
10 그건 구원의 길임을 너희는 알게 될
것이니라.
11 나의 법전을 믿는 것이 나를 믿는 것
이며 나를 믿는 것이 구원의 길을 보
게 되며 구원의 길에 들어서 거듭나는
생명의 길을 보게 되며 그 길을 역사
하는 백성이니,
12 나의 법전을 보지 아니하고 접하지 아
니하고 정독하지 아니하고 공부하지
아니한 백성은 절대 나를 볼 수 없으
며 나에게 역사할 수 없다는 것을 너
희는 알아야 할 것이니라.
13 너희가 구원의 길을 가고자 하면 이제
오로지 나의 법전을 가슴에 안고 정독
하고 또 정독하여, 이는 나 여호와의
뜻이요, 내가 모두를 태워 너희에게
내리는 마지막 크나큰 사랑의 은혜라
라는 것을 믿고 따르는 자만이 하늘에
오르는 그 길을 볼 수 있는 영광을 얻
게 됨이니라.
14 이제 나의 아들을 따르는 제자들이요,
나의 법전을 읽고 깨우친 만백성 너희
는 하늘에 오르는 그 길에 들어선 자
이니, 그보다 더 큰 은혜와 영광이 없
다면 나로부터 받은 그 은혜요, 영광
에 대해 무엇으로써 보답하며 역사할
것인가?
15 내가 너희에게 바라는 것은 천사와 같
은 마음이요,
16 재물이나 물질을 원하는 나 여호와가
아님을 알라 사랑하는 나의 아들딸들
아!

8,220 번째 하나님 말씀

2003년 10월 31일 22시 58분

1 사랑하는 나의 아들아!
2 "네, 아버님! 말씀하옵소서."
3 많은 백성이 가짜 보석을 소장하고 있
으며, 그것이 진정한 보석이 아니요,
잘못된 가짜 보석을 가진 백성이 이
세상에 존재한다면, 과연 진정한 보석
을 가진 자가 세상에 나타나면 뭐라
말하겠는가?
4 찬란하게 빛나는 아름다운 진짜 보석
을 정녕 진짜 보석이라 말하지 아니할
것이며,
5 저희가 가진 그 보석이 진짜라 하며
어떠한 방법과 수단을 가리지 아니하
고 그를 관철시킬 것이며, 진정한 보
석은 세상에 존재하지 못하도록 하여

그 아름답고 찬란한 빛을 세상에 비추
지 못하도록 역사하는 것이 너희의 마
음이 아니던가?
6 사람의 병을 고쳐 주는 소중한 약을
가지고 있어도 너희는 그건 정녕 사람
의 병을 고칠 수 있는 약이 아니요, 그
약이 가짜라 함이요,
7 가짜 약을 가진 자들이 만병통치약이
라며 만백성을 구한다 말하는 자 앞
에, 정녕 생명수와 같은 생명을 구할
수 있는 진짜 약을 가지고 있다면 너
희는 또 어찌하던가?
8 사람의 생명을 구원하고 구원하지 못
하는 그 약조차도 가짜로써 세상을 다
지배해야 하며 오로지 그것만이 구원
할 수 있는 약이라 하며,
9 그를 구원하지 못하도록 하여 진짜 약
을 보지 못해 먹지 못하고 가짜 약을
먹고 육신의 생명을 끝맺는 죽음이라
는 불행한 길이 닥친다 하면 어찌하겠
는가?
10 너희는 이제 여기서 알아야 할 것이니
라.
11 지금 너희가 영원히 사는 나라요, 거
듭나는 역사요, 삶의 죽고 사는 것이
바로 무엇인 줄 알겠느냐?
12 참진리의 길을 보고 가느냐 그렇지 아
니하면 비진리의 길을 보고 가느냐 하
는 이것이 가장 중요하며 시급한 문제
이거늘,
13 어찌하여 그와 같은 것을 구분하지 못
하며 그를 보려 하지 아니하는가?
14 지금의 모든 믿음의 집단이요, 종교
집단의 지도자, 그리고 구원을 받았다
는 백성, 너희는 참진리가 아니요, 비
진리의 그 역사를 왔음이니라.
15 그리하여 지금 나의 법전이요, 나의
성령이요, 내가 모두를 태워 나의 진
정한 나의 법전이요, 새로운 성경을
세상에 내려보냄이니,
16 이를 보지 아니하면 너희가 깨우칠 수
없으며 심판을 받을 수 없으며 구원의
그 빛을 볼 수 없느니라.
17 가짜 보석을 가진 자들이 둔갑시키기
위하여 약을 쓰는 것이며,
18 생명수의 약이 아니라, 사람의 몸을
상하게 하는 그와 같은 약을 생명수라
팔고 선전하는 그와 같은 자들이니,
19 나의 피조물 만백성들이 영원히 거듭
나고 거듭나지 못하는 그 중요한 믿음
을 갖다 너희가 진정한 진리로써 인내
하고 깨우치는 것이 아니요, 비진리로
써 그것이 구원의 길이라 그리 선전하
며 가르침이니라.
20 이는 얼마나 억울하며 정녕 이해할 수
없는 길이며, 이는 존재할 수 없는 것
이 거듭나는 생명을 버리는 자요, 거
듭남을 포기하는 자라는 것을 너희는
알아야 할 것이니라.
21 이제 나의 아들을 따르는 제자들이요,
나의 법전을 읽고 깨우친 백성, 너희
는 알라.
22 정녕 하늘에 오르는 길이 아니거늘,
그것이 하늘에 오르는 길이요, 생명의
길이라 하여 수없이 그곳으로 흘러가
는 백성, 진정한 나 여호와의 뜻이 아
니요, 참진리의 길이 아니요, 하늘에
오르는 길이 아니요,
23 지옥 불로 가는 것을 참진리의 길이라
하여 수없는 백성을 그리 현혹하여 가

짜 약이요, 가짜 보석을 진짜 보석이
요, 진짜 약인 것처럼 하고,
24 지옥 불로 가는 오늘의 믿음의 종교
집단이요, 지도자들이 역사하는 것이
진정한 구원의 길인 줄 알며 그리 가
며,
25 또 그걸 사고파는 데 모두를 다 바쳐
그걸 구하고자 몸부림치는 그 어리석
고 불쌍한 백성을 구원하고 인도하며,
26 그들이 바른길이요, 참진리의 길로써
진정 참보석의 아름다운 빛이요, 생명
수의 그 위대한 약이요, 그리고 영원
히 거듭나는 삶을 살 수 있는 그와 같
은 참진리의 가르침을 그들에게 전하
도록 하며 그들이 볼 수 있도록 해야
함을 너희는 잊어서는 아니 될 것이니
라.
27 오늘에 비진리요, 죽음의 길을 정녕
하늘에 오르는 길이라 하여 가며 그
길을 위하여 몸부림치는 그 많은 백성
을 구원하는 역사가 너희가 해야 할
일임을 잠시도 잊어서는 아니 될 것이
며,
28 그 불쌍하고 가련한 백성을 위하여 모
두를 바쳐 그들을 구하는 데 최선을
다해야 함을 잊어서는 아니 될 것이니
라.

8,221 번째 하나님 말씀

2003년 10월 31일 23시 05분

1 사랑하는 나의 아들아!
2 "네, 아버님! 말씀하옵소서."
3 나 여호와의 복음을 전하는 모든 교회
는 너희가 그저 손으로 지은 그 건물
의 교회에 정해진 날짜요, 정해진 시
간이요, 약속된 날짜에 와서 강론을
들으며 설교를 들으며 은혜 받았다 하
며 복음을 전파 받았다는 그와 같은
믿음으로 가는 것이 나의 뜻이 아니라
하였음이니라.
4 내가 나의 백성 개인의 가슴에 교회를
심어 주며 가정에 교회를 심는 그와
같은 역사를 왜 해야 하는 줄 알겠는
가?
5 너희 손으로 지은 그 교회에서만 복음
을 전파하며 그 모두를 역사하며 나의
뜻을 가르치는 그것이 천당에 가는 길
이요, 그리고 구원의 길이요,
6 그리고 그곳에서 역사하는 것이 위대
한 것이며 그것으로써만 복음을 전하
는 것이라 그리 생각하지만,
7 그와 같은 방법으로써는 복음을 전하
는 길이 아니요, 복음을 전함에 너희
가 게을러지며 그 복음의 역사로써는
나의 백성을 깨우칠 수가 없느니라.
8 너희에게 내가 개인의 가슴에 교회를
지으라 함은 무엇이던가?
9 개인의 가슴에 교회를 지으며 나의 뜻
을 접했을 때, 하루종일 너희 자신에
게 교회가 존재하는 것이니라.
10 개인의 가슴에 교회를 심었을 때, 종
일 스물네 시간이라는 그 생활 속에
잠시도 쉬지 아니하고 깨우치며 깨달
아 회개하고 반성하며 그와 같이 배우
며 살아가는 것이 개인의 가슴에 짓는
교회요,
11 또한 가정에 역사하는 교회는 무엇이
더냐?
12 그 교회 또한 너희 가족이 사는 스물

네 시간의 삶 자체 속에서 나의 교회
가 스물네 시간 동안 존재하며, 그리
고 스물네 시간 동안 나의 복음을 전
파하는 것이 가정에 교회를 역사하라
는 뜻이 거기에 있음을 알라.
13 개인의 가슴에 있는 교회요, 가정의
교회는 스물네 시간 너희가 평생 죽을
때까지 쉬지 않고 복음을 전하며 거기
에서 깨달음을 얻으며 또한 너희가 변
화되는 그와 같은 삶을 살 수 있는 것
이니,
14 어떠한 것이 복음을 전하는 시간을 더
많이 가지며 나 여호와의 뜻을 쉬지
않고 전하는 그와 같은 역사를 이루는
복음의 단계인가?
15 너희 손으로 지은 죄의 온상인 교회에
서 역사하는 것이 나의 복음을 쉬지
않고 전하는 그와 같은 길인가?
16 개인이요, 가정에서 역사하는 교회가
쉬지 않고 평생 죽을 때까지 복음의
역사를 전하는가?
17 이를 너희가 깨우쳐야 할 것이니라.
18 그리하여 개인의 교회요, 가정의 교회
를 역사하는 것이 내 뜻이니라.
19 나의 법전 또한 어떠하던가?
20 정해진 시간에 그를 읽고 깨우치는 것
이 아니요, 시도 때도 없이 나의 법전
을 접하며 읽고 깨우쳐 변화되는 삶을
삶이니,
21 그것이 바로 내가 개인의 교회요, 가
정의 교회요, 나의 법전을 세상에 역
사하는 나의 피조물 만백성들을 깨우
치는 다 똑같은 나의 교회요, 가르침
이요, 복음을 전파하는 것이라는 것을
너희는 이제 알아야 할 것이니라.
22 이와 같이 끝이 없이 계속되는 교회의
복음의 장을 역사하며 이루고자 하는
것이 나 여호와의 뜻임을 너희는 알라.
23 오늘의 종교 집단과 지도자 너희가 과
연 어찌하는가?
24 너희는 교회라는 것이 뿌리가 깊다고
하나, 너희는 뿌리가 없는 믿음의 길
을 가는 것이니라.
25 개인의 가슴에 심는 교회만큼, 가정에
심는 교회처럼, 나의 법전을 읽고 깨
우치는 그와 같은 교회처럼 뿌리가 있
는 교회가 없음을 너희는 알라.
26 지금 너희 손으로 지은 죄의 온상의
역사를 뿌리라 하나 거기에는 뿌리가
없으며, 뿌리가 없는 백성이 뿌리가
없는 교육을 육성하는 것이며 근본이
없는 그와 같은 나의 백성을 육성하는
것이 오늘의 교회라 하여 너희가 역사
한 것이니라.
27 가정의 교회에서 부모의 가르침이요,
그 모두 역사하는 것은 스물네 시간
평생 죽을 때까지 변하고 역사함이니,
그 뿌리는 흔들림이 아니요, 근본이
심어져 있음이니라.
28 그러니 오늘의 종교 집단 너희가 가는
것이 잘못되었으며, 내가 교회라는 것
을 짓지 말라 하였으며 성전을 짓지
말라 하였으며 회막을 짓지 말라 한
뜻이 여기 있음이니라.
29 개인의 교회요, 가정의 교회는 나의
법전이 스물네 시간 쉬지 않고 평생
살아서 움직이는 복음의 장이 쉬지 않
고 움직이지만,
30 너희가 역사하는 것은 시간에 따라 움
직이는 것이니, 그게 얼마나 복음에

뒤떨어진 자요, 복음이 게으른 자요,
31 진정한 복음을 전하지 아니하며, 육의
삶에 모두를 바치고 그저 시간 날 때
잠시 복음이라며 전하는 것이니,
32 그것 가지고 어찌하여 나의 피조물 만
백성에게 진정한 복음이요, 나 여호와
의 뜻이요, 써도 써도 끝이 없는 참진
리를 그들에게 깨우쳐 전할 수 있단
말이던가?
33 쉬지 않고 해도 일부분도 보지 못하며
깨우치지도 못하는 것이 참진리이기
에 내가 오늘 가정이요, 개인이요, 나
의 법전으로써 그 교회를 역사하여 이
루고자 하는 뜻이 여기 있음을 알라.

8,222 번째 하나님 말씀

2003년 10월 31일 23시 08분

1 사랑하는 나의 아들아!
2 "네, 아버님! 말씀하옵소서."
3 수천 년 동안 흘러오는 그 믿음의 집
단이요, 지도자들이 어찌 끌고 왔느냐?
4 나의 사랑하는 피조물 만백성들이 구
원을 받는 것은 저희의 손으로 지은
죄의 온상인 교회에 오는 자만, 그 안
에서만 구원이 있으며 나에게 오를 수
있으며 나에게 오를 수 있는 그 빛을
보며 구원을 받는다고 가르치고 전하
느니라.
5 그러나 이제는 생각이 있는 종교 집단
이요, 지도자들, 그리고 변화를 원하
는 종교 지도자들, 그리고 나의 성령
의 뜻을 잠시라도 깨닫는 백성과 지도
자들이 지금 뭐라 하는가?
6 정녕 교회 안에만 구원의 길이 있는
것이 아니요, 교회 밖에서도 구원의
길이요, 모든 백성이 다 같이 나 여호
와로부터 은혜를 받고 존재한다는 것
을 아는 자들이 있음이니, 그들이 이
제 부르짖기 시작함이니라.
7 이제 나의 아들을 통하여 나의 법전에
기록함이니, 지금의 구원의 길은 교회
밖에서 역사한다는 것을 너희는 알아
야 할 것이니라.
8 그러니 교회 밖에서는 역사할 수 없으
며 교회 안에서만 구원의 길이요, 그
모두를 역사한다고 가르쳤음이니라.
9 이제 모든 종교 집단이요, 그리고 광
분하는 신도 너희는 들으라.
10 교회 안에서 과연 구원의 역사가 이루
어지고 있는가?
11 갖은 방법이요, 사악한 방법으로써 더
할 수 없이 모질고 악한 모든 방법으
로 나의 피조물 만백성의 고혈을 빨고
빨아 너희가 지은 교회라는 곳이 죄의
온상이니,
12 과연 그 교회 안에 구원의 길이 있으
며 거기에 참진리가 있으며 구원의 역
사가 이루어질 수 있는 것인가?
13 한 번 스스로 깨우쳐 보며 그를 들여
다보는 그와 같은 반성의 시대가 왔음
을 너희는 알라.
14 정녕 그 교회 안에는 구원의 길이 없
으며, 참진리가 없으며, 나의 성령이
없으며, 너희를 구원할 수 없다는 걸
알라.
15 이제는 그 안에서 구원을 받을 수 있
으며 그곳에만 구원이 있다는 백성은
그 안에 없다는 것을 깨우치고 거기는
내가 같이 존재하지 아니한다는 것을

알며, 반성하고 자성하는 그와 같은
변화를 이루지 아니한다면 너희는 구
원의 길을 얻을 수 없음을 알라.
16 정녕 나 여호와가 나의 아들을 통하여
너희에게 말함이니, 너희 말대로 교회
밖의 이방인들이 구원을 받으며 거기
에도 구원의 길이 있다고 부르짖는 자
들이 있듯이,
17 그 교회 안이요, 죄의 온상의 안에는
정녕 구원의 길이 없으며 내가 임하지
아니하며 나의 성령이 같이하지 아니
한다는 것을 내가 전함이니 그리 알라.

8,223 번째 하나님 말씀

2003년 10월 31일 23시 13분

1 사랑하는 나의 아들아!
2 "네, 아버님! 말씀하옵소서."
3 내가 모든 종파요, 이 세상에 존재하
는 모든 것을 사랑하며 가슴에 안으라
그리 법전에 기록하여 전했음이니라.
4 이 세상에 존재하는 그 모든 것은 존
재할 가치가 있어 나 여호와가 세상에
존재하도록 역사했으며 그 모두가 자
리를 지키도록 했다 했음이니,
5 이 지상이요, 이 우주 공간이 존재하
기 위해서는 그들이 그 자리에 있어야
한다는 것을 깨우치고 믿는 그와 같은
믿음이요, 그 생활 방식으로써 전환하
지 아니하면 절대로 나의 뜻을 볼 수
없다는 것을 내가 다시 한 번 너희에
게 전함이니라.
6 인간 세상에 살아가는 나이 먹은 자
들, 그리고 주름살이 진 너희 선배들
이 뭐라 말하느냐?
7 '세상사 산전수전을 다 겪었으니 우리
가 모르는 것이 무엇이더냐?' 그리 말
하듯이,
8 인간 세상에서도 너희가 모든 것을 접
하고 깨우침 속에서, 그리고 세월 속
에 살아가면서 체험하고 경험하며 부
닥치며 살아가는 그 속에서 너희가 깨
달음을 얻고 변화를 얻고 참진리의 아
름다움을 알며 도덕을 알며 사람을 사
랑할 줄 앎이니,
9 경험 속에서 모두 이루어진다는 그와
같은 뜻이 아니더냐?
10 그러니 모든 종교 집단 지도자 너희는
알아야 할 것이니라.
11 저만 하늘에 오르는 길이요, 제 것만
하늘에 오른다는 그 어리석은 백성 너
희는 무엇이더냐?
12 세상사 이것저것 배워서 모두를 깨우
치는 그와 같은 깨달음을 거역하는 자
들이니라.
13 그러니 모든 종교 집단이요, 그 모두
를 가슴에 안고 사랑하는 나 여호와의
뜻을 너희는 알아야 할 것이니라.
14 나 여호와가 그 모두를 존재하도록 세
상에 내보냈으니, 그들이 그 자리를
지켜야 하기 때문이니라.
15 다만, 그들이 욕망이요, 욕심에 치우
쳐 그 자리를 제대로 지키지 아니하며
나의 명을 따르지 아니하기 때문에 지
금과 같이 험악한 세상이 되어 있으나,
16 그래도 그들이 다 존재할 이유요, 그
가치가 있기 때문에 존재함이니,
17 그를 인정하지 아니하며 그를 시인하
지 않는 백성, 그리고 오로지 제 것만
부르짖는 백성 너희는 바로 무엇이더

냐?
18 우물 안에 갇혀 있는 개구리의 형국과 무엇이 다르단 말이더냐?
19 그러니 그 세상에서 무엇을 알겠는가?
20 아무것도 모르는 가장 불행한 자가 너희이니라.
21 지금 제 것만 구원을 받을 수 있으며 저희 종교 집단만 하늘에 오를 수 있으며 그것만 영원히 구원을 얻는다 말하는 자들이 무엇인 줄 알겠느냐?
22 너희 눈으로 보이는 그것을 보고 세상을 다 봤다 말하며, 너희가 발붙이고 서 있는 그 발아래 땅을 보면서 이 세상 모두요, 지구의 넓고 큼을 알며 그 성분을 알며,
23 존재하는 이치를 알며 그 뜻을 알며, 지구가 존재하는 그 모두를 아는 것처럼 떠벌리며 안다고 자랑하는 어리석은 백성의 행위와 똑같음을 알아야 할 것이니라.
24 남의 것을 인정하지 아니하며 이웃 것을 보지 아니하며 그저 오로지 제 것만 움켜쥐고 옳다 말하는 자들이 바로 이 지구를 알며 땅덩어리라는 것을, 제가 보는 것, 제가 밟고 서 있는 것을 보고 모든 것을 다 본 것처럼 아는 것처럼 아우성치며 큰소리치는 어리석은 자와 똑같음을 너희는 알아야 할 것이니라.
25 이제 너희가 얼마나 어리석은 백성인지 깨달아야 할 것이니라.
26 모든 종교 집단 지도자 너희가 얼마나 우매한 자들인가 알아야 할 것이니라.
27 너희 것만 참진리라는 그 틀을 벗어나지 못하며 거기에서 벗어나지 못하는 백성, 너희는 정녕 나를 볼 수 없으며 구원의 길조차도 볼 수 없는 가련하고 불쌍한 백성이 바로 너희라는 것을 내가 수십 번 나의 법전에 기록하여 전함이니,
28 이를 읽고 깨우친 백성 너희는 내가 왜 이리 간곡히 부탁하며 너희에게 전하고 또 전하는 것인가 그 역사의 의미를 알라.

8,224 번째 하나님 말씀

2003년 10월 31일 23시 19분

1 사랑하는 나의 아들아!
2 "네, 아버님! 말씀하옵소서."
3 흐르는 물도 고이면 썩어 그를 쓸 수 없다고 말하지 아니하였던가?
4 지금의 종교 집단이요, 지도자 너희가 2천 년의 그 역사 속에서 같은 형태로써 같은 방법으로써 그 믿음의 길을 가며 변화되는 그와 같은 역사의 믿음이 아니라면 이는 곧 무엇인 줄 알겠느냐?
5 죽은 믿음이요, 죽은 신앙의 길을 가는 자들이요, 거기에서 벗어나지 못한 자들이라는 걸 너희는 알아야 할 것이니라.
6 나 여호와의 진리는 써도 써도 다 못 쓰는 것이라 하였음이니라.
7 그 많은 진리는 하늘에서 세상에 내려옴이니, 이를 받아 가르치는 자요, 이를 받아 기록하는 자가 없음이니라.
8 너희야말로 내가 아무리 생수를 내려보낸다 해도 받을 수 있는 그릇이 없음이니라.

9 모두 고였음이니, 2천 년 동안 역사한
그것이 다 썩은 믿음이요, 죽은 믿음
이라 내가 말하는 그 의미를 알아야
할 것이니라.
10 내가 너희에게 뭐라 말하였느냐?
11 성령이요, 믿음의 그 길은 초보요, 유
치원 교육으로부터 초등학교의 교육
이요, 중등 교육이요, 고등 교육이요,
변화의 역사 속에서 성장한다는 걸 내
가 가르쳐 주지 아니하였더냐?
12 그렇다면 나 여호와가 말하는 초보적
인 믿음이라는 것은 무엇이더냐?
13 초보적인 믿음이요, 깨달음은 너희 스
스로 생각해도 치졸하며, 지난날 내가
왜 이리 어리석었으며 왜 깨달음이 이
것밖에 안 되었는가 하는, 깊이가 없
으며 넓이가 없는 그 믿음이 아니더냐?
14 그리하여 너희가 성장하여 변하면서
성숙된 믿음이요, 그리고 사랑이 무엇
인가를 알며 베풂이 무엇인가를 알며
인간의 삶의 도리가 무엇이며 하늘의
뜻이 무엇인가를 성장하며 성숙하게
변화되는 그와 같은 믿음으로써 역사
하는 것이니라.
15 그와 같이 변하지 않는 역사는 결국
죽은 믿음임을 너희는 알아야 할 것이
니라.
16 그러한 변화가 없는 믿음은 나 여호와
의 뜻이 아니요, 내가 역사하는 믿음
이 아니요, 죽음의 신앙이라는 것을
너희는 알아야 할 것이니라.
17 지금 내가 나의 아들을 통하여 2천 년
동안 고여 썩고 썩어 나의 사랑하는
백성이 생수로써 생명수로써 먹을 수
없는 그 물을 내가 다 퍼내며 다시 생
수로 붓고자 하는 것이 지금 역사하는
것이라는 것을 너희는 알아야 할 것이
니라.
18 나 여호와가 지금 새로운 생명수요,
너희의 생명을 구할 수 있는 생명수로
써 다시 모두를 채우는 그와 같은 역
사를 이루고 있음이니,
19 이 변화되는 역사 속에 너희가 동참하
는 자는 구원을 받기 시작할 것이며
하늘에 오르는 길을 볼 수 있는 것이
요,
20 이를 믿지 아니하고 따르지 아니하는
자, 그리고 거부하는 자, 나의 법전을
태우고 찢어 버리는 자, 나의 아들을
능멸하고자 하는 자,
21 그와 같은 자는 죽어 내 앞에 왔을 때
그것이 얼마나 어리석은 삶이요, 얼마
나 험악한 죄요, 용서받지 못한 죄를
너희가 저질렀는가, 스스로 너희가 그
죄를 감당하지 못하고 너 자신이 설
자리가 없는 자라는 것을 알게 될 것
이니, 그 불행한 지옥에서 몸부림치지
말라.
22 너희가 선과 악을 행하는 것은 무엇인
줄 알겠느냐?
23 내가 나의 아들을 통하여 너희에게 말
하느니라.
24 너희는 육의 세상에서 악한 짓을 하며
사는 것도 쾌락이 있고 즐거움이 있음
이니라.
25 그리고 선하게 사는 것은 선함의 즐거
움의 쾌락이 있다고 내가 그리하지 않
더냐?
26 그러나 너희는 육의 세상에서 악을 행
하는 그 즐거움은 썩어져 가는 너희가

감당할 수 없는 지옥 속에서 그 대가
를 치르는 것이며,
27 선한 삶으로써 사는 자는 곧 영원히
존재하는 다시 태어나는 생명을 얻게
되며 거듭나는 그 역사 속에서 영원히
불변하는 나의 세상에 와 존재하는 은
혜와 영광이 있다는 것,
28 이것이 구분된다는 것을 너희는 절대
잊어서는 아니 되며 명심하고 또 명심
해야 함을 잊지 말라.

8,225 번째 하나님 말씀

2003년 10월 31일 23시 30분

1 사랑하는 나의 아들아!
2 "네, 아버님! 말씀하옵소서."
3 2천 년 전 나의 피조물 만백성들은 과
연 어떠했던가?
4 2천 년 전 나의 백성은 문맹자요, 글
을 알지 못하며 깨우침이 없는 백성이
었음이니라.
5 그러나 그 당시의 종교 지도자들이 어
찌하였는가?
6 지식이 있는 종교 지도자요, 글을 아
는 종교 지도자들이요, 부유층에 속해
있는 종교 지도자들이요, 대제사장이
라는 그 백성이 나의 성령이요, 나의
아들을 통하여 내리는 그 모든 것을
다 저희 자신들을 지키고 변호하며 보
호하기 위한 방법으로써 수천 년 동안
손을 댔으며 변질된 것이 지금의 성서
요,
7 이것이 세상에 전해지고 있음을 너희
는 알아야 할 것이니라.
8 어리석고 글을 모르는 문맹의 백성 앞
에서 일부의 종교 지도자요, 글을 아
는 지식인이라는 그 백성이 나의 피조
물 만백성들을 우롱하는 그와 같은 방
법으로써 모든 교회의 교리를 만들어
역사했으며,
9 지금같이 종교 집단들이 존속하며 이
끌어 온 그와 같은 관습은 그들이 만
들어 낸 것임을 너희는 알아야 할 것
이니라.
10 그러니 나 여호와가 그를 바로잡고자
하는 것이 지금의 역사함이요, 나의
법전이 세상에 내려감이니라.
11 이제 나의 백성이 문맹자가 아니요,
누구나 다 글을 알며 깨우친 이와 같
은 오늘의 이 시점에, 나의 백성이 직
접 듣고 깨우쳐 참진리가 무엇이며 하
늘에 오르는 것이 무엇인가를 그들에
게 직접 전하기 위하여 오늘에 나의
모든 백성에게 세상에 하나의 공통어
를 만들어 모두 쓰고 읽고 깨우칠 수
있는 그와 같은 간단한 방법으로써 저
희가 하나가 될 수 있도록 역사하는
것이 나 여호와의 뜻이니라.
12 이제 모든 나의 참뜻을 직접 전하는
변화의 시대가 역사함이요, 그리하여
개인에게 내가 전하며, 그를 듣고 읽
고 깨우치며 스스로 변하는 그와 같은
새로운 시대를 역사하기 위해 내가 새
로운 성경이요, 법전이라 하여 지금
세상에 내려보냄을 너희는 알아야 할
것이니라.
13 어느 특정 집단의 종교 지도자의 특권
인 양, 나의 아들을 통하여 역사했던
성경의 모든 것을 가지고 어느 특정
집단이요, 그리고 어느 종교 집단이

요, 그리고 특권층이요, 지식층에서
모든 것을 관리하고 지배하며,
14 그와 같은 특권 의식을 가지고 지금까
지 마음대로 다루고 역사한 것이 오늘
의 성경이요, 나의 복음을 전하는 길
이 아니더냐?
15 그리고 너희가 나의 피조물 만백성들
을 이끌어 가는 그 방법도 너희 자신
을 지키며 너희 자신을 위하여 모두
인간의 머리로써 만들어진 교리요, 법
이라는 것을 너희는 알아야 할 것이니
라.
16 그리하여 내가 위로는 성서를 바로잡
으며, 너희가 지금까지 2천 년 동안
문맹이요, 어리석은 백성에게 가르치
고 전했던 그 수단과 방법으로,
17 지금은 글을 깨우쳐 다 읽고 보며 지
식층인 너희보다 머리가 더 탁월한 나
의 백성을 2천 년 전 문맹자를 다스리
던 그와 같은 방법으로 맹종하라, 더
알려 하지 말라, 들으려 하지 말라 그
리함이니,
18 2천 년 전에 맹종하던 그 문맹자의 백
성에게 알 필요도 없으며 들을 필요도
없다 했으나, 지금의 나의 백성은 종
교 집단 지도자 너희보다 월등하며 유
능한 백성이라는 것을 너희는 알아야
할 것이니라.
19 그 방법과 수법을 지금도 그리 전함이
니, 이것은 나의 복음을 전함이 아니
요, 나의 뜻을 전하는 것이 시대에 맞
지 아니하며,
20 이 시대에 그와 같이 문맹자를 다루던
방법으로써 역사하고 있으며 변화되
지 못하고 있다는 것은, 나의 피조물
만백성들을 아직도 문맹자로 너희 지
식층들이 그저 마음대로 다루던 그때
처럼 착각하고 변화되지 아니하는 것
이 신약이요, 모든 성서이니라.
21 그리하여 내가 제3의 시대를 열며, 문
맹자가 없는 이 세상에서 깨우쳐 하늘
에 오르는 길을 볼 수 있으며, 동등한
자격으로서 동등한 능력을 가진 자들
이 성령을 직접 깨우치고 듣고 깨달아
너희와 똑같이 갑론을박하고 시시비
비할 수 있으며 옳고 그름을 따질 수
있으며,
22 그와 같이 너희보다도 높은 수준으로
써 나의 피조물 만백성들이 역사하고
변하는 그 시대를 열고자 함이 나 여
호와의 뜻임을 알라.

8,226 번째 하나님 말씀

2003년 10월 31일 23시 34분

1 사랑하는 나의 아들아!
2 "네, 아버님! 말씀하옵소서."
3 2천 년 전 지식인이라는 종교 집단이
요, 지도자들이 나의 사랑하는 백성이
문맹자일 때 하던 그 간교한 방법이
요, 수단을 지금까지 전수하여, 그와
같은 백성으로 착각하여 군림하는 행
위를 하고 있다고 내가 전하지 아니하
였던가?
4 그러나 너희는 알아야 할 것이니라.
5 진정한 믿음이요, 신앙의 길은 체험과
꾸준히 변하고자 하는 그 노력의 길을
가지 아니하고는 정녕 하늘의 뜻을 알
수 없으며, 하늘에 오르는 길을 볼 수
도 없으며, 천국의 길에 들어서는 역

사를 할 수도 없다는 것을 너희는 알
아야 할 것이니라.
6 모든 백성은 세상사의 체험과 경험이
요, 그 모든 역사속에서 깨우치게 되
며 변화되는 그 삶 속에서,
7 너희가 사는 곳에서 비진리와 참진리
와, 선과 악을 구분할 수 있는 지혜를
얻으며 변화되는 그와 같은 삶을 삶이
니,
8 체험과 부닥치는 노력이요, 변하고자
하며 변함없이 꾸준한 삶의 길을 가는
자만이 하늘의 뜻에 근접할 수 있으며
그를 알 수 있다는 것을 알라.
9 너희가 믿음의 그 길을 가는 것이 아
니요, 지금은 죽음의 믿음이요, 죽어
있는 신앙생활에서 연연하고 있음이
니,
10 새로운 시대요, 새로운 성령을 세상에
내려보내는 것은, 너희가 거듭남을 돕
고자 하며 하늘에 오르는 길을 볼 수
있도록 돕고자 함이니라.
11 이제 내가 나의 아들을 통하여 너희에
게 간곡히 전함이니, 나의 사랑하는
백성 현명한 나의 아들딸들을 2천 년
전 문맹자들을 다루던 방법이요, 그
수법으로써 그대로 짓누르고 억눌러
끌고 가는 어리석고 흉악한 짓을 이제
중단해야 함을 알라.
12 그리고 모든 광신도요, 신도요, 그리
고 신앙의 길을 가는 백성에게 지금
모든 종교 집단이요, 지도자들이 적용
하는 방법은,
13 2천 년 전 문맹의 백성이요, 글을 모
르는 백성이요, 순박하고 어리석은 그
백성에게 군림하던 방법이요, 그 간교
한 수단을 지금까지 그대로 적용하여
저희에게 유리하고 편리한 것으로써
사용하고 있다는 것을,
14 나의 법전을 읽는 백성은 이게 나 여
호와가 너희에게 깨우쳐 주고 깨달음
을 주는 은혜요, 상이라는 것을 알라.
15 금화와 은화요, 부귀영화의 상이 아니
요, 너희가 하늘에 오르는 길을 내가
인도해 주며 깨우쳐 주는 것, 그리고
하늘의 뜻을 전해 주는 것이 가장 큰
은혜요, 축복이요, 영광이라 그리 알
라, 사랑하는 나의 아들딸들아!

8,227 번째 하나님 말씀

2003년 10월 31일 23시 38분

1 사랑하는 나의 아들아!
2 "네, 아버님! 말씀하옵소서."
3 진정한 참진리의 길을 가는 백성이요,
나 여호와의 뜻에 따라 순종하고 살아
가는 그 백성은 오늘의 삶이 얼마나
어렵고 힘든지를 잘 알 것이니라.
4 그러나 너희는 알아야 할 것이니라.
5 나의 법전을 가슴에 안고 정독하며 나
의 법전대로 살아가고자 하는 그 백
성, 너희는 육의 세상에서 힘들고 어
려우며 고통스러운 그와 같은 삶을 사
는 것 같으나,
6 정녕 그 마음속에서는 어떠한 것이 있
는 줄 알겠느냐?
7 나의 법전대로 살아가고자 노력할 때,
너희도 모르는 사이에 너희 마음속에
는 자유로움이 있으며 평화로움이 있
으며 행복함이라는 걸 스스로 느끼고
살 수 있음을 알아야 할 것이니라.

8 그러나 참진리의 길을 가지 아니하며 진정한 믿음으로 가지 않는 백성, 오늘의 종교 집단이요, 맹신하는 신도들, 너희가 몇십 년 동안 믿었다 하고 죽을 때까지 믿는다 해도,
9 지금 선택된 나의 아들을 따르는 제자들이요, 나의 아들딸들이 살아가는 그 자유로움이요, 행복함과 평화로움을 너희는 절대 느낄 수 없음이니라.
10 나의 아들을 따르며 나의 아들과 더불어 법전을 가지고 하늘에 오르는 길이라 하여 깨우치지 않는 백성 너희는 참진리의 길이 아니기에,
11 참진리의 길이 아닌 비진리의 길을 가는 백성은 육이 아무리 즐겁고 향락이 있다 해도 그것이 하늘에 오르는 길이 아니요, 죄악의 길이요, 지옥으로 가는 길이기에,
12 너희 마음속에는 평화로움이 없으며 자유로움이 없으며, 항상 공허한 마음이요, 음산하며, 너희 자신에게는 모두 존재하지 않는 허무함이 있음을 알아야 할 것이니라.
13 이것이 바로 무엇을 증거하는 줄 알겠는가?
14 사탄의 자식이 된 것이요, 사탄의 종이 된 것이기 때문에 너희는 마음속에 자유로움이 없는 것이니라.
15 지금 나의 법전을 읽고 깨우치는 백성이요, 나의 아들을 따르는 모든 제자는 어떠한 마음인 줄 알겠는가?
16 자유로움이요, 행복함이요, 평화로움이 있는 그와 같은 삶을 살고 죽음이라는 문턱을 넘었을 때, 너희는 나 여호와로부터 모든 상과 은혜를 받게 되는 것이 또한 거기에 있으며,
17 거듭나는 것, 새로운 생명으로서 태어나며, 그리 갈구하고 원하는 천국의 나라요, 천국의 문에 들어서서 나에게 올 수 있는 그와 같은 영광을 또한 같이 얻음이니라.
18 오늘 마음속에 자유로움이요, 평화로움이요, 행복함이요, 그것보다도 너희가 죽은 다음에 육의 삶을 마치고 난 다음에 나로부터 받는 그 상이 더 위대하고 더 방대하며 귀함을 알게 될 것이니 그리 알라, 사랑하는 나의 아들딸들아!

8,228 번째 하나님 말씀

2003년 10월 31일 23시 42분

1 사랑하는 나의 아들아!
2 "네, 아버님! 말씀하옵소서."
3 나의 법전을 비방하는 백성이요, 나의 법전을 찢어 버리고 태우는 백성이요, 그리고 나의 아들을 핍박하는 자요, 이가 세상에 존재하지 못하도록 하는 그와 같은 백성은 어떠한 백성인지 알겠는가?
4 지금 선택되지 못한 나의 백성이 하는 짓임을 너희는 알아야 할 것이니라.
5 참진리요, 진정한 믿음의 길을 가지 못하는 자들이 그와 같은 행위를 하고 있음을 너희는 알아야 할 것이니라.
6 나의 아들을 통하여 내리는 160권의 법전이요, 이 새로운 성경이 나의 모두를 태워 내리는 나의 뜻이라 그리 말하였거늘,
7 창조주 나 여호와의 뜻이요, 나의 성

령을 기록하여 만백성을 구하고자 세
상에 내려보내는 대역사함을 보고 비
방하는 자,
8 사탄이요, 이단이라며 나의 아들을 핍
박하며 그를 따르는 제자들을 핍박하
며 그들을 멸시하는 자, 그들을 천대
하는 자, 그리고 사탄의 자식이요, 사
탄의 후예라 말하는 자,
9 너희야말로 참진리의 길을 가지 못하
는 자들이요, 너희야말로 사탄의 자식
임을 알아야 할 것이니라.
10 내가 나의 아들을 통하여 너희에게 다
시 전함이니 그리 알라.
11 너희가 2천 년 전 나의 아들 예수가
세상에 내려와 나의 성령을 가지고 만
백성을 깨우치려 할 때, 과연 어떠한
백성이 그를 죽게 하였더냐?
12 바로 거짓 종교 집단이요, 거짓 대제
사장이요, 거짓 신도들이 나의 아들
예수를 죽게 한 것이 아니던가?
13 너희는 지금 나의 아들 예수가 진정한
나의 아들이라 믿는가 안 믿는가?
14 그리고 나로부터 보내진 자라 믿는가
믿지 않는가?
15 모든 종교 집단이요, 지도자 너희는
그를 믿지 않을 것이니라.
16 그렇다면 나의 아들 예수가 내 성령이
요, 내 뜻으로 만백성을 구하고자 역
사했다면, 그를 죽도록 했으며 그와
같이 핍박 속에 곤욕스럽게 몰고 간
백성은 과연 무엇이더냐?
17 그들은 종교 지도자요, 대제사장이요,
집단의 우두머리라는 자들이요, 그리
고 나의 아들을 따라야 하는 그 신도
들이 그와 같은 사악한 행위를 하지
아니하였던가?
18 그러니 참진리요, 나의 아들을 나의
아들이라 하지 아니하여 그를 죽였음
이니, 그것이 거짓 종교 지도자요, 거
짓 제사장이요, 거짓 신도들이 한 행
위임을 너희는 알아야 할 것이니라.
19 지금 나의 아들을 통하여 나의 참진리
요, 내 모두를 태워 마지막 너희를 구
원하고자 내리는 나의 법전을 태워 버
리고 찢어 버리며,
20 사탄의 것이요, 악마의 것이요, 마지
막 시대에 세상을 혼란케 하는 거짓
선지자라며 나의 아들을 존재하지 못
하도록 하며 그를 핍박하며 그 성전의
문을 두드려 거기에 위협하는 자, 그
와 같은 모든 행위를 하는 자,
21 그리고 나의 법전을 보지 말라고 높이
들고 외치는 자, 그를 보는 순간에 이
를 접하는 자는 구원을 받지 못하며
지옥 불로 간다 하여,
22 이를 태워 버리고 찢어 버리는 자는
축복받으며, 나 여호와의 뜻에 따라
나 여호와가 원하지 않는 그 사탄의
것을 제거하며 치워 버리며 태워 버리
고 회수하여 매장시키는 것이 구원을
받는 길이요,
23 이를 만든 사악한 자를 세상에 존재치
못하도록 핍박하는 것, 그들의 성전에
쳐들어가 불 질러 그들이 존재하지 못
하도록 문을 닫게 하는 것이 하늘로부
터 나 여호와에게 은혜를 받는다 말하
는 자,
24 그것이 바로 2천 년 전 나의 아들 예
수를 죽게 했던 거짓 종교 집단의 지
도자들의 그 후예이니라.

25 그와 같이 거짓 종교 집단이요, 지도
자들이 그와 같은 행위로써 역사하는
것이 바로 참진리의 길을 가는 것이
아니요, 나와는 관계없는 지옥 불로
가는 백성이 하는 짓이며 하는 행위라
는 것을 잊지 말라.

2003년 11월

8,229 번째 하나님 말씀

2003년 11월 1일 06시 53분

1 사랑하는 나의 아들아!
2 "네, 아버님! 말씀하옵소서."
3 너를 따르는 제자들이요, 나의 법전을
읽은 만백성, 너희는 용기 있는 삶을
살아야 할 것이니라.
4 나의 피조물 만백성 너희가 용기를 저
버린 삶이요, 용기를 잃어버린 자는
어떠한 것도 이룰 수 없으며 역사할
수 없음을 알아야 할 것이니라.
5 너희가 이룰 수 있다, 역사할 수 있다
는 생각을 하고 노력할 때, 그만큼 거
기에 따른 노력을 하게 되며 자신을
갖게 되며 그리하여 그 뜻을 이룰 수
있는 것이 인간 너희의 마음 자세이니
라.
6 무엇보다 용기를 잃는 자, 자신이 없
는 그와 같은 모든 백성이 두마음을
갖게 되는 것이니라.
7 내가 너희에게 말하기를 두마음을 갖
는 자, 속과 겉이 다른 자보다 더 사악
한 자요, 그보다 더 무서운 자가 없다
하였음이니라.
8 그러니 용기 없는 자가 두마음을 갖게
됨이니, 너희는 자신과 용기를 갖고
모든 일에서 역사함을 주저해서는 아
니 될 것이니라.

9 그 용기야말로 보이지 않는 무한대한
재산이요, 그 속에서 이루고 못 이루
는 모든 것이 다 이루어짐이니라.
10 용기 없는 자, 나약한 자는 두마음을
갖게 됨이니, 항상 이리 생각하고 저
리 생각하는 그 두마음은 결국 무엇이
더냐?
11 어렵고 힘들 때 그 모두를 버리고 등
돌리며 계산적인 이해관계에 따라서
마음이 움직일 수 있는 백성이라 하였
음이니,
12 내가 이 세상에 살아가면서 모두를 다
주고받을 수 있는 친구가 한 사람이
있는 것이 세상을 얻은 것보다도 더
소중하단 말을 하지 아니하였더냐?
13 그와 같은 것이 왜 중요하며, 세상을
다 주고도 얻을 수 없는 소중한 친구
를 하나 얻는 그와 같은 사람이 왜 가
장 행복한 자며 인생의 삶에서 성공한
자라 말하는 줄 알겠는가?
14 어렵고 힘들고 고통스러울 때 핍박받
을 때 등 돌리지 아니하며 그를 변호
하고 보호하는 그와 같은 마음 자세로
갈 수 있는 사람이 단 한 명이라도 있
다면,
15 그는 너희의 진실을 밝혀 줄 수 있으
며 왜곡된 것을 설명해 줄 수 있으며,
네 속마음이 무엇인가를 알아 말할 수
있으며 대변할 수 있는 자이기 때문이
니,
16 그리하여 그와 같은 진정한 친구가 소
중하다 하였음이니라.
17 용기 없는 자요, 두마음을 가진 자는
제 생각이요, 제 마음대로 모두를 상
상하고 계산함이니, 거기에서 문제가
있다 함을 너희는 잊어서는 아니 될
것이니라.
18 작은 그릇은 큰 그릇이 담는 그 양을
알 수가 없으며 그를 보고, 제 잣대로
써 제가 담을 수 있는 것보다도 몇십
배 몇백 배 담는 그 그릇은 그릇이 아
니요, 괴물이라 말하는 그와 같은 형
국이 된다, 내가 너에게 말하지 아니
하였던가?
19 오늘의 모든 믿음이요, 종교 집단이
요, 지도자 그들이 가는 것이 바로 그
와 같은 형국이니라.
20 그들은 저 자신이 서 있는 믿음으로써
제가 아는 상식으로써 그게 모두 하늘
에 오르는 길이며 역사하는 것이라 그
리 평가함이니,
21 쓰고 써도 끝이 없다는 나 여호와의
뜻이요, 그 진리를 알 수 없는 그와 같
은 형국이 도래하는 것이니라.
22 그러니 용기 있는 삶으로써, 용기 있
는 자 자신을 가짐으로써, 자신을 가
진 자는 소신이 서게 되어 있으며, 그
소신에 따라 모두 움직이는 자는 두마
음을 가질 수 없음을 알아야 할 것이
니라.
23 너희가 두마음을 가지고 모든 역사를
할 때는 아무것도 이룰 수 없는 것임
을 알아야 할 것이니라.
24 이제 나의 아들을 따르는 제자들이요,
그리고 나의 법전을 읽고 깨우친 만백
성, 너희는 나의 법전이요, 나의 뜻이
요, 이 모든 역사함이 나 여호와가 이
루는 것이라는 걸 믿는 확고한 믿음이
없이는 아무것도 이룰 수 없음을 알아
야 할 것이니라.

25 너희가 나의 뜻이요, 나의 성령이요, 나의 모두를 태워 만백성을 구하기 위해 내리는 창조주 나의 뜻이라면, 너희가 과연 이를 위하여 어찌 살아가겠는가?
26 너희가 나의 뜻이라 믿고 말한다면 목숨을 바친들 두려울 것이 무엇이 있으며 어떠한 것을 역사한다 해도 두렵고 무서움이 어디 있겠는가?
27 그러니 너희는 용기가 없음이니라.
28 용기가 있는 자, 그리고 진정 나 여호와의 뜻이요, 내가 역사하는 것이라는 확신을 너희 마음속에 모두 굳혔을 때, 무엇이 두려우며 무엇인들 이루지 못하겠는가?
29 그러니 여기서 믿음이 약한 것이며, 용기가 없는 자들이 바로 나의 법전을 읽고 가며, 나의 아들을 따르는 제자들이요, 백성 너희임을 알아야 할 것이니라.
30 내가 너희에게 일찍이 말하지 아니하였더냐?
31 다른 신을 두는 것이요, 우상은 형체를 만들어 깎아 놓은 것을 보고 절하고 기도하는 것이 우상이 아니라,
32 너희 마음속에 나 여호와에 대한 믿음보다도 다른 생각을 먼저 하며 그보다 더 소중함이 있는 것, 그 모두가 너희 마음속에 다른 신을 둔 것이라 하지 아니하였던가?
33 정녕 너희 자신의 마음을 다시 다스려봐야 할 것이니라.
34 지금 나의 법전이 정녕 나의 성령을 태워 내려보내는 창조주 나 여호와의 뜻이요, 하늘의 뜻이요, 나의 아들이 나로부터 명을 받아 이 일을 역사하는 것이라는 확실한 믿음이요, 진정한 믿음이 있다면 너희가 과연 무엇이 두려우며 무엇을 역사하지 못하겠는가?
35 너희가 모든 역사를 하지 못하는 것, 그리고 나의 법전을 위하여 용기를 갖지 못하는 것은 너희가 다른 신을 가슴에 두며 다른 신을 섬기고 다른 신을 받들고 사는 것처럼,
36 아무리 나의 법전을 믿는다 하며 이것은 모두 내가 만백성을 위하여 제3의 시대를 역사하는 것이라 해도,
37 너희는 그와 같은 마음의 뿌리가 굳건히 내려지지 아니한 자들이요, 그리고 용기 없는 자요, 결단성이 없는 백성임을 알아야 할 것이니라.
38 이 모두는 창조주 나 여호와의 뜻이요, 너희가 말하는 전지전능한 아버지라는 내가 모두를 역사한다는 것을 진심으로 믿고 생각한다면,
39 세상에 이를 위해 목숨을 다 바쳐 지키고 역사하는 그와 같은 마음으로 가야 하는 것이 너희가 가는 길이요, 용기 있는 백성이 할 수 있는 것이니라.
40 그것이 바로 의인이라 한 사람의 뜻임을 알라.
41 너희는 의인이라 하여 무엇을 의인이라 말하는가?
42 완벽하게 한 점의 부끄럼이 없는 인간이 되는 것을 의인이라 말하는가?
43 창조주 나 여호와의 뜻이요, 나의 진리를 믿고 이를 역사하는 것이 바로 의인의 길이요, 의인의 자세이니라.
44 의인이 아닌 자는 나의 법전이요, 나의 성령이라는 걸 볼 수 없음이니, 알

고 그를 본 자는 그리 행하고 갈 수 있
기 때문이니라.
45 너희는 완벽한 자세로 설 수 없으며
완벽한 모습으로써 변화될 수 없음이
니라.
46 그는 바로 무엇인 줄 알겠는가?
47 너희는 일상적인 삶을 남에게 부끄럽
지 않은 행위를 할 수 없다고 말하는
것이 아니라,
48 수천 수억 가지요, 끝이 없는 나의 진
리가 세상에 다 내려오지 아니하였으
며, 그를 접하지 아니한 자는 모두를
그대로 살 수밖에 없다는 크고 넓은
뜻에서 너희에게 인간은 완벽할 수 없
다는 것이지,
49 그때그때 하늘을 향하여 한 점의 부끄
럼이 없는 삶을 살 수 없는 것이 인간
이라고 생각해서는 아니 됨이니라.
50 이와 같은 나의 뜻이요, 나의 가르침
을 들어 너희 것으로 만들어, 스스로
깨우쳐 가는 그와 같은 삶을 살도록
하지 아니하면 아니 됨이니 그리 알라.

8,230 번째 하나님 말씀

2003년 11월 1일 07시 02분

1 사랑하는 나의 아들아!
2 "네, 아버님! 말씀하옵소서."
3 너를 따르는 제자들과 그리고 나의 법
전을 읽고 깨우친 전사로서 역사할 백
성, 너희는 알아야 할 것이니라.
4 너희는 창조주 나 여호와의 전지전능
함이요, 이 세상의 모든 역사함을 두
렵고 무서운 마음으로 봐야 할 것이니
라.
5 모두 제자리를 지키며 모두 제자리에
서 역사하며 하나도 오차 없이 돌아가
는 이 대자연의 위대함 앞에, 너희는
신비함이라 생각하기 전에 두렵고 무
서움을 알아야 할 것이니라.
6 나 여호와가 역사한 모든 것을 두렵고
무서운 마음을 갖고 살며, 그와 같은
속에서 내가 너희에게 내려 준 모든
것을 그대로 보는 그 마음이 중요함을
알아야 할 것이니라.
7 이 세상의 대자연의 그 모두를 감사하
게 생각하며 은혜로운 생각으로써 마
음 자세를 갖고 세상을 본다면,
8 너희는 그 속에서 그것이 얼마나 아름
답고 정교한 것인가를 알 수 있는 것
이니라.
9 세상에 살아가면서 그 아름다운 꽃을
아름답게 볼 줄 알며 그 꽃의 향기를
맡을 줄 알며, 그 꽃이 역사할 때까지
의 모든 과정을 들여다볼 수 있는 그
와 같은 마음 자세로 보는 그런 사람
들과,
10 그저 '한 송이의 꽃이 피었구나!' 하는
사람과의 그 차이는 하늘과 땅의 차이
의 그 역사함을 너희는 알아야 할 것
이니라.
11 그러니 너희는 이 세상의 모든 역사를
한 나 여호와의 전지전능함을 두렵고
무서운 마음으로 봐야 할 것이며,
12 그리고 감사한 마음으로써 세상을 다
돌아다보며 바라다보는 그와 같은 마
음을 가져야 함을 잊지 말라.
13 너희 마음은 항상 양립된 것이니라.
14 하나는 악의 생각이요, 하나는 선한
생각으로써 그 마음을 다스리고 있음

이니, 그 마음 중에 너희는 무엇을 선
택하라 하였느냐?
15 선한 마음을 선택하며, 모두를 다 아
름답게 볼 수 있는 그 한 가지를 평생
하지 못하며 이루지 못하는 것이 너희
임을 알라.
16 사랑하는 나의 아들딸들아, 너희가 세
상에 살아가면서 육의 향락이요, 육의
즐거움이요, 그것도 모두 즐거움은 있
음이니라.
17 선한 생활의 즐거움과 악한 생활의 즐
거움이 똑같이 있다 하였음이니, 너희
가 모든 것을 악한 쪽으로써 생각하는
즐거움이요, 그 낙은 또한 이루 말할
수 없음이니라.
18 그러나 너희가 어디에 와서 그것을 알
수 있다 하였느냐?
19 너희가 죽음 앞에서 육의 향락이요,
육이 죽은 것은 썩은 것이요, 냄새가
나는 것이요, 그에 대한 죄의 대가를
치르는 것이요,
20 선에서 얻은 행복과 즐거움을 얻고 산
것은 하늘에 오르는 길이요, 나에게
올 수 있는 그 기초요, 근본이 된다 내
가 너희에게 말하였음이니라.
21 육의 악의 생각에서 향락이요, 즐거운
것도 끝이 없으며, 선한 마음에서 즐
거움을 얻는 것도 끝이 없다 하였음이
니,
22 다만 너희는 선택의 여지가 있으며,
어떠한 즐거움의 길을 가느냐 하는 것
은 하늘과 땅의 차이요, 지옥과 천국
의 그 길이 갈라진다는 것을 절대 잊
지 말라.
23 너희가 그와 같은 것을 생각하며 삶을
사는 것이 너희라 생각하면, 너희 자
신을 다스리며 바로 서기 위하여 너희
마음속에 다른 신을 두지 아니하며,
24 너희 마음속에 선과 악이 소용돌이칠
때, 그 속에서 당당히 선을 선택할 수
있는 그와 같은 마음 자세를 갖고 살
아가는 백성이 되어야 함을 너희는 알
아야 할 것이니라.
25 그와 같은 길을 가지 못하는 백성은
나에게 오를 수 없으며 나를 볼 수 없
는 것이 너희이니라.
26 내가 오늘 너희에게 이와 같은 뜻을
가르침은, 내가 세상의 모든 것을 역
사하는 두려움을 알며, 창조주 내가
존재함을 알며, 이 세상의 모든 것을
너희를 위하여 준비한 것이라 생각한
다면, 그 모든 것을 소중하고 귀하고
아름다움으로 볼 수 있음이니,
27 그와 같은 마음속에서 사는 백성은 세
상의 모든 것이 아름다우며 소중함으
로 보고 살아갈 수 있는 것이니라.
28 거기서 너희가 남의 흠집이요, 남의
더러운 것이요, 그리고 너희가 보지
말아야 하는 그와 같은 것이 보이는
것이 아니며, 보이지 아니하는 그와
같은 경지에 오름이 얼마나 위대한 깨
달음인가?
29 그것이 너희가 오늘 가야 할 길이라는
것을 명심하고 또 명심해야 함을 알라.
30 세상의 자연의 아름다움을 볼 수 있는
그 마음의 문부터 열도록 그리하라.
31 자연의 두려움과 아름다움이요, 소중
함을 보지 못하는 자는 백 년도 안 되
는 그 삶에 의해서 모든 시시비비를
걸고 사는 것이니,

32 큰 것을 이루지 못하며 큰 뜻을 보지
못하는 것이 너희의 오늘의 삶임을 알
아야 할 것이니라.
33 내가 나의 법전에 기록하여 너희에게
뭐라 전하였느냐?
34 작은 것을 두 손에 쥐고 연연하는 자
는 큰 것을 잡을 수 없다 하였으며, 작
은 것을 놓을 수 없는 것이 너희라 하
지 아니하였느냐?
35 마음이 비어 있는 자는 큰 성령의 깨
달음이요, 역사함을 얻으며 하늘의 뜻
을 볼 수 있는 것이니라.
36 너희가 작은 마음속이요, 작은 생각으
로써 세상을 보며, 너희가 마음으로써
작은 그릇을 네 가슴에 담고 있다면,
큰 역사함이요, 크고 위대함을 받을
수 있는 것이 없다 하지 않았느냐?
37 작은 것을 두 손에 쥐고 연연하며, 그
것만이 오로지 가장 소중한 것이며,
그보다 더 위대하고 더 크고 좋은 것
이 있는 것을 모르는 백성은,
38 내가 정녕 아름답고 큰 것을 주었을
때, 그 두 손에 쥐고 있는 것 때문에
더 위대함을 쥘 수 없으며 받을 수 없
는 것이 너희이니,
39 그 어리석은 삶을 살지 말라 내가 그
리하였음이니라.
40 너희가 항상 마음을 비울 수 있는 것
은, 세상의 자연의 이치가 나 여호와
가 역사함을 두려워하며, 전지전능한
나 여호와의 뜻이 무서운 줄 알며,
41 이 모든 것은 너희를 위하여 내가 사
랑으로써 내려 준 것이니, 그 모두가
소중하다는 마음을 갖는 자는 모두 손
이 비어 있는 자요, 마음이 비어 있는
것이니, 내가 아름답고 곱고 좋은 것
을 주었을 때 항상 받을 수 있는 자요,
42 그리고 마음이 열려 있는 자, 나의 성
령의 큰 뜻을 받아들임이니, 나의 큰
뜻을 너희가 받아들이는 것은 무엇인
줄 알겠느냐?
43 너희가 나의 성령을 크고 큰 것을 받
아들이는 것만큼 나에게 가까이 오는
것이요,
44 나에게 가까이 오는 것은 나의 뜻을
볼 수 있으며 알 수 있는 그와 같은 위
치에 오르게 됨이니 그리 알라.

8,231 번째 하나님 말씀

2003년 11월 1일 07시 09분

1 사랑하는 나의 아들아!
2 "네, 아버님! 말씀하옵소서."
3 멀리뛰기 위하여 멀리서 준비하여 온
다 하였음이니라.
4 그러니 이 세상에 살아가는 모든 이치
는 한 발짝 뒤로 물러나서 보면 모두
볼 수 있는 것이니라.
5 동일 선상에 서서 본다면 좌우를 볼
수 있으나, 너희가 한 발짝 뒤로 물러
나서 본다면 앞뒤를 모두 볼 수 있으
며, 상대방의 모든 것을 보고 관찰할
수 있는 것이 아니더냐?
6 한 발짝 물러나 세상을 보며 한 발짝
물러나 깨우치는 그와 같은 마음 자세
요, 그 지혜를 가지라 함이니라.
7 나 여호와가 너희에게 한 발짝을 물러
나면 앞에 있는 사람을 모두 볼 수 있
다 했으니, 너희의 오늘의 믿음이요,
가르침은 무엇인 줄 알겠느냐?

8 그저 한 발짝 뒤로 물러나서 보면 앞
에 있는 자의 모든 것을 볼 수 있다는
그것만을 생각하나, 나 여호와가 너희
에게 가르치고 깨우치는 것은 그것이
아니니라.
9 한 발짝 뒤로 물러나 볼 수 있는 그 지
혜를 얻으라 함이 나 여호와의 뜻임을
알아야 할 것이니라.
10 지금의 모든 종교 집단이 그와 같은
마음을 갖고 가기에, 나 여호와의 성
령의 비유의 뜻을 모르며 나 여호와가
원하는 것을 알지 못함이니라.
11 그저 너희는 그 자체를 생각하느니라.
12 한 발짝 물러나서 보면 앞에 있는 사
람의 앞뒤를 모두 볼 수 있다는 그것
하나만 생각하며, 그를 믿고 가며, 그
것이 옳은 정답이라 하며 그저 그 길
만 가는 것이 나의 사랑하는 백성 너
희의 생각이니라.
13 나 여호와가 너희에게 깨우치고 전하
는 것은 너희가 한 발짝 물러나서 앞
에 있는 자의 모든 것을 볼 수 있는 그
것을 가르치는 것이 아니라,
14 너희가 살아가면서 모두를 한 발짝 물
러나서 볼 수 있는 지혜요, 그와 같은
것으로써 세상을 살아가는 지혜를 얻
으라 함이 더 소중하고 위대한 것이거
늘,
15 여기에서 바로 나의 법전이요, 나의
성령이요, 나의 십계명을 못 지킨다
생각하는 자, 그리고 오로지 성서의
한 획도 고쳐서는 안 되며 지워서도
안 되고 더해서도 안 된다고 고집을
피우고 있음이니, 내가 가르치는 그
넓고 깊은 뜻을 알지 못함이니라.
16 그리하여 너희는 비유의 뜻을 모르는
백성이니라.
17 이제 나의 아들을 따르는 제자들이요,
그리고 나의 법전을 읽은 백성, 너희
는 이와 같은 나 여호와의 뜻을 알라.
18 내가 너희에게 앞으로 가라 하면 그저
가는 것만 생각하지 말라.
19 옆으로 가라 하면 옆으로 걷는 것만
생각하지 말라.
20 옆으로 걷는 지혜가 왜 필요하며 그와
같은 것을 왜 역사하는 것인가, 그로
하여금 너희가 무엇을 볼 수 있고 무
엇을 얻을 수 있는 것인가 하는, 거기
에서 얻고 깨우치는 지혜를 얻음이요,
지혜를 깨우쳐 주고자 하는 것이 나
여호와의 뜻이니라.
21 사랑하는 나의 아들아!
22 "네, 아버님! 말씀하옵소서."
23 너희가 살아가면서 말하지 않더냐?
24 '넘어진 참에 쉬어 간다.'는 말이 있느
니라.
25 가다가 이왕에 넘어졌을 때, 앉아 쉬
는 시간을 채우고 가는 그 사람의 현
명함이요, 그와 같이 지혜롭게 역사하
는 모든 것을 모르는 자가 쉬어 간다
주저앉았다며 탓하고 욕한다면, 그를
탓하는 백성이 얼마나 어리석고 불쌍
한 백성인 줄 알겠느냐?
26 네가 쉼으로써 남에게 떨어지며 네가
쉼으로써 멀리 갈 수 없다고 그리 말
하는 자, 그리고 네가 쉬고 있음으로
써 남들은 앞에 가며 너는 뒤진다 하
나,
27 아무리 앞에 달려간 그 백성이 빈 짐
을 지고 가더라도 그가 지치고 힘든

시점은 반드시 올 것이며 그때는 그
가 쉬어 가게 될 것이니라.
28 그러니 그와 같은 자가 현명하고 똑똑
하다 생각하지 말라.
29 이왕에 주저앉았을 때 좀 더 쉬어서
그 모두를 맞추며 편히 갈 수 있으나,
너희가 무리해서 가다가 넋을 놓고
지쳐서 쓰러질 때 그가 먼저 너희 앞
에 가게 되는 그 지혜 하나도 바라보
지 못하는 것이 오늘의 나의 백성 너
희의 어리석은 삶이니, 너희가 무엇을
안다 말하며 무엇을 역사한다 말하느
냐?
30 내가 그러기에 너희에게 가르치기를
뭐라 말하였느냐?
31 나의 아들을 따르는 제자들이요, 깨달
음을 얻은 자가 지금 아는 상식이요,
깨달음이요, 그 진리를 가지고 안다
하지 말라 하지 아니하였더냐?
32 너희가 쓰고 써도 다 못 쓰는 나의 진
리에 비하면, 백사장의 모래알만큼도
못한 것을 가지고 떠들고 안다 하지
말라 하였으며, '나는 모릅니다.' 하는
대답을 하라 하였음이니,
33 내가 너희에게 '모릅니다.' 하는 그 대
답을 하라는 것은 무엇이냐?
34 나는 본 것도 없으며 들은 것도 없으
며 아는 것도 없다는 그와 같은 지혜
를 깨우쳐 주는 것이요,
35 '나는 모릅니다.' 하는 그 한마디의 대
답하는 그것만을 생각하는 백성이 되
어서는 참진리요, 하늘의 위대함이요,
하늘의 역사하는 길을 알 수 없음이
니라.
36 나 여호와가 너희에게 '나는 모릅니
다.' 하라는 것은, 나는 본 것도 없으
며 들은 것도 없으며 남을 가지고 시
시비비를 할 수 없으며 안다 말할 수
없다 함이니라.
37 남들 앞에서 아는 체하지 말고 남들
앞에서 시시비비하지 말라는 그와 같
은 나 여호와의 깊은 뜻을 아는 자만
이 성령의 참진리의 길을 들어선 자
요, 나에게 오르는 그 길을 오는 백성
이 되어 있음을 알라 전하라.

8,232 번째 하나님 말씀

2003년 11월 1일 11시 13분

1 사랑하는 나의 아들아!
2 "네, 아버님! 말씀하옵소서."
3 '나의 법전을 가슴에 안고 정독하는
자, 반석 위에 서서 찬란한 그 빛을 본
다.' 하였음이니,
4 너희가 나의 법전을 읽고 깨우침으로
써 하늘에 오르는 그 찬란한 길이요,
그 빛을 본다는 것은, 너희가 그를 위
해서 평생 모든 것을 다 바치며 수천
년 동안에 그 많은 나의 백성이 살아
온 삶의 길이 아니더냐?
5 그리 너희가 갈구하고 갈망하는 소중
하고 귀한 그 길이 나의 법전을 가슴
에 안고 정독하는 자, 반석 위에 서서
하늘에 오르는 찬란한 빛을 보게 되는
영광을 얻는다는 나 여호와의 이 가르
침이 얼마나 너희에게 소중하고 귀한
그 뜻인 줄 과연 너희는 알겠느냐?
6 나의 법전을 읽고 깨우쳐 반석 위에
서서 하늘에 오르는 길을 볼 수 있으
며, 그리하여 너희가 변하는 삶에 따

라서 나에게 올 수 있다는 그 소중하
고 귀한, 내가 마지막 너희에게 전하
는 이 뜻을 어찌하여 그리 소홀히 들
으며 귀한 줄 모르며 소중함을 모른단
말이던가?
7 인생에서 너희 삶이 과연 어떠하더냐?
8 너희가 선배로부터, 스승으로부터, 또
한 부모로부터 배운 상식이요, 지식이
없이도 인간으로서 살아갈 수 있는 것
이니라.
9 그러나 배움이라는 그 과정을 거쳐 깨
달음을 얻고 살아가는 백성과 그들이
사는 것은 똑같은 삶이요, 잠자고 먹
고 사는 것 같으나, 그들의 삶의 환경
과 인간 가치의 존재함이 어디에 있
던가?
10 모두 다름이니라.
11 그러하거늘 내가 너희에게 직접 써
내린 나의 계명이요, 나의 새로운 성
경이요, 내가 법전이라 기록하여 내리
는 '하늘에 오르는 길'이요, '하나님!
말씀하옵소서.'라는 이 책을 너희가
가슴에 안고 정독하는 것은 어느 선생
이요, 어느 교육 기관이요, 너희가 부
모로부터 선배로부터 받는 것을 다 초
월하여 모두 이곳에 기록되어 있으며
여기에 다 있으며,
12 더욱이 너희가 인간 세상의 삶을 위
하여 수십 년 동안 배우고 가르치는
그것이 아니라, 하늘의 뜻이요, 너희
가 영원히 살며 다시 태어나고 거듭나
는 그와 같은 영광을 얻을 수 있는 것
이 나의 이 법전 안에 있다고 기록하
였거늘,
13 어찌하여 너희가 나의 법전을 가슴에
안고 정독하여 반석 위에 서서 하늘
에 오르는 찬란한 빛을 볼 수 있는 그
것을 저버리며, 그를 사탄이요, 이단
이요, 사악한 것이라 하는가?
14 나의 법전을 읽고 정독하여 너희 스스
로 평가하고 깨달을 때가 되었음을 알
라.
15 오늘에 이와 같이 험악한 세상이요,
돌이킬 수 없는 이와 같은 세상이 역
사한 것은 무엇이더냐?
16 나의 아들이 역사하고자 내가 전하고
자 했던 그 뜻을 그대로 전하지 아니
하고 그대로 받아들이지 아니하며,
17 한 사람을 통하여 또 두 사람을 통하
여, 너희 할아버지로부터 아들이, 또
아들에서 손자까지 그리 흘러가는 과
정에서 변질되고 또 변질된 그와 같
은 형국이 되었기 때문에,
18 오늘에 이 세상이 이와 같이 험악한
자들이요, 도둑이 들끓으며, 너희가
말하는 말세요, 그리고 사악한 자들이
세상을 지배하며, 인간이 인간을 보기
를 꺼리며 두려워하는 이와 같은 세상
이 되었음이니라.
19 그것이 바로 무엇이던가?
20 너희가 제대로 배우지 못했으며 제대
로 보지 못했으며 제대로 깨닫지 못한
거기에 있음이니라.
21 너희가 나의 성서요, 나의 뜻을 제대
로 깨우치고 너희 조상으로부터 배운
것이 그대로 내 뜻에 따라 흘러왔다면
오늘에 이와 같은 결과는 이루어지지
아니하였을 것이니라.
22 그리하여 가장 기초적인 것이요, 가장
바닥에서부터 나의 법전에 모두를 기

록하여 지상의 뜻이요, 하늘의 뜻이
요, 인간이 하늘에 오르는 길이요, 너
희 마음을 다스리는 길이요, 그리고
악을 제거하는 방법이요, 그 모두를
나의 법전에 기록하여 상세히 적어 세
상에 내려보내기에,
23 이를 읽는 자는 반석 위에 서서 하늘
에 오르는 찬란한 그 빛을 보는 영광
을 얻는다 하였음이니,
24 어찌하여 너희는 나의 법전을 보지
아니하며 찢어 버리고 태워 버리며 사
탄이요, 사악한 자가 만든 것이라 그
리 욕하는가?
25 내가 이제 마지막 너희에게 간곡히
부탁하니, 너희 스스로 읽고 깨우치라.
26 너희가 잘못된 자의 가르침이요, 잘못
된 선생의 가르침을 받아 오늘 이와
같이 사악하고 험악한 세상이 되었기
에, 너희 스스로 깨우치고 깨달음을
얻어 구원할 자, 구원하지 못할 자를
스스로 선택하여,
27 너희 몫에 대한 그 모두를 다 너희가
할 수 있도록, 자신이 해결하고 자신
이 평가하고 점수 매기며, 구원을 받
고 못 받고 지옥으로 가고 안 가는 그
모두를 너희 스스로 행할 수 있는 그
와 같은 기회를 열어 주며, 내가 그와
같은 역사를 이루기 위해 나의 법전
을 내려보내는 것이니,
28 이를 읽지 아니하고 보지 아니하면 너
희가 구원을 받지 못한다 함이 여기
있음을 알라.

8,233 번째 하나님 말씀

2003년 11월 1일 11시 17분

1 사랑하는 나의 아들아!
2 "네, 아버님! 말씀하옵소서."
3 나의 법전을 너를 통하여 세상에 내려
보내니, 이는 곧 하늘에 오르는 길이
요, 빛이라 하였음이니라.
4 이는 무엇을 너희에게 전하고자 하는
가?
5 내가 너희에게 가훈이라 하여 내려
'하늘을 향하여 한 점의 부끄럼이 없
는 삶을 살라.' 명했듯이 그리 살아가
도록 하기 위한 것이니라.
6 그러나 지금의 믿음의 길을 가는 모든
나의 백성 너희는 어찌 살아가는가?
7 말로써는 한 점의 부끄럼이 없는 삶을
사는 것이 나 여호와의 뜻이요, 하늘
에 오르는 길이라 너희가 가르치고
전하나, 정녕 너희가 그와 같은 행위
로써 살아가는가?
8 그러나 너희는 말로만 모두를 이루는
것이니라.
9 말로써 한 점 부끄럼이 없이 창피한
일이 아니요, 죄를 짓는 게 아니요, 추
하고 더러운 짓이요, 남에게 부끄러운
짓을 하지 아니하겠다고 말로써는 수
없이 약속하며 그리 살아야 한다, 살
아야 하겠다 생각하느니라.
10 그러나 너희가 말로써 그와 같이 한
점의 부끄럼이 없이 산다고 수없이
뇌까리며 나에게 약속하며 언약하나,
과연 너희 행동은 어떠하던가?
11 너희는 행동과 생각을 어찌하는가?
12 너희가 말로써는 그리하나 행동과 생

각은 죄를 범하며 나의 뜻을 거역하
는 것을 주저 없이 행하고 사는 것이
지금 나의 백성이니, 그를 보는 나 여
호와의 마음이 어떠하겠는가?
13 내가 그리하여 나의 법전을 세상에 내
려보내는 것은, 너희가 말로써만 한
점의 부끄럼이 없는 그와 같은 삶을
사는 나의 백성이 아니요, 정녕 행동
과 행실이요, 그 생각이 한 점의 부끄
럼이 없는 그와 같은 삶을 살라 함이
니라.
14 너희가 행하고 산 그 결과에 따라서
벌과 상을 받는다 내가 수없이 너희
에게 기록하여 전했음이니라.
15 말로써 역사하는 것은 열매가 맺어지
는 것이 없으며 말로써 하는 것은 결
과가 없으며 얻어지는 것이 없는 것
이라 내가 그리하였음이니라.
16 그러니 너희가 행하는 것만 결과가
있으며 열매가 맺어지며 그 결과에 따
라서 모두 심판을 받는다는 것이니,
함부로 행함이 중요하지 아니하다 그
리 말하지 말라.
17 행함이 중요하지 아니하면 저나 그리
살면 될 것이거늘, 착하고 순박한 나
의 백성까지 종교 지도자요, 가르치는
선생이라는 자들이 행동은 필요 없으
며 믿음만 우선이라 그리 가르침이니,
18 나의 피조물 만백성들이 한 점의 부끄
럼이 없이 살겠다 제가 약속하고 약
속하나 지키지 못하고 또 무너지고 무
너지는 그들의 마음에 무너져도 죄가
되지 않는다는 그와 같은 위안의 길을
가르치며 그들을 달래고 있음이니라.
19 이는 곧 무엇이더냐?
20 너희는 손으로 하늘을 가리고자 하는
자들의 행위와 똑같음이니, 그와 같은
가르침이 있어서는 안 되며, 그와 같
은 종교 지도자요, 그와 같은 선생이
있어서도 아니 되며, 그를 믿고 따르
는 나의 백성이 있어서는 결코 아니
됨이니라.
21 말로만 깨끗하게 살자, 한 점의 부끄
럼이 없이 살자, 천 번 만 번 해도, 행
동이 죄를 범하는 행위면 곧 그것이
범죄요, 너희는 그로 하여금 그 대가
로 벌을 받는다는 이 뜻을 깨우치고
이대로 행하는 삶을 살도록 그리하라.
22 말로써만 해서는 아니 됨이니라.
23 지금 나의 아들을 따르는 제자 너희도
말로써는 이 세상 것을 다 지키며 한
점의 부끄럼이 없는 삶을 산다고 하지
만, 너희의 행동은 과연 어떠하더냐?
24 스스로 너희 가슴에 손을 얹고 생각할
때 너희 자신이 나의 아들딸이라 나
에게 기도하는 그 자신도 부끄러울 것
이며, 그와 같은 용기도 없는 백성이
오늘의 현실일 것이니라.
25 그 모두를 정녕 나에게 기도하며 나에
게 한 점의 부끄럼이 없는 그와 같은
삶으로써 전환하도록 하라.
26 그것이 오늘은 고통이 힘들고 어려우
나 그것이 나에게 오르는 길이요, 거
듭나는 생명의 역사함을 너희는 알아
야 할 것이니라.

8,234 번째 하나님 말씀

2003년 11월 1일 11시 24분

1 사랑하는 나의 아들아!

2 "네, 아버님! 말씀하옵소서."
3 나의 사랑하는 백성 너희가 살아감에
있어서 인간인 너희는 벌써 도박의
길은 시작되었으며 도박의 선상에서
살아가지 아니하는가?
4 인간의 어떠한 승패요, 그 모든 것도
너희가 말하는 한 판의 도박판에 거는
인생과 같은 그와 같은 삶을 살지 않
느냐?
5 인간은 도박의 그 길을 선택할 수밖에
없는 것이 너희 운명이니라.
6 너희가 하늘에 오르는 길을 선택할 것
인가, 그렇지 않으면 지옥의 길을 갈
것인가?
7 그것 또한 도박사와 같은 선택의 그
선상에 서 있음을 알아야 할 것이니,
8 얻을 것이냐, 잃을 것이냐, 미래의 보
이지 않는 그와 같은 선상에 서 있는
것이 너희의 오늘의 삶이 아니던가?
9 너희의 믿음도 또한 그러하니라.
10 나는 여기서 너희에게 전하고자 함이
니라.
11 너희가 인간의 삶에서 구원을 받을 것
인가, 그리고 받지 아니할 것인가 그
와 같은 갈림길에서 선택하며,
12 나 여호와가 존재하느냐, 존재하지 아
니하느냐 하는 것은 바로 그것이 무엇
이냐?
13 너희가 어느 길을 선택하느냐 하는 그
도박사의 마음같이 기로에 있는 것과
마찬가지니라.
14 그러나 내가 너희에게 말하고자 하는
것은, 너희가 도박의 길을 선택한다
해도 나 여호와가 존재한다는 그쪽에
모두를 거는 백성이 되기를 나 여호와
가 바라는 마음임을 너희는 알겠는가?
15 정녕 너희가 내가 존재하지 아니한다
는 것에 모든 것을 갖다 걸고 살아왔
을 때, 나 여호와가 존재한다면 너희
는 과연 어떠하겠느냐?
16 그러니 내가 존재한다는 쪽에 모두를
걸고 살아가는 백성이 일단 현명한 자
들이 아니던가?
17 그와 같은 길에 걸고 사는 너희가 나
에게 왔을 때, 정녕 내가 존재함을 너
희가 알지 않겠느냐?
18 그러니 나의 모든 백성은 나에게 올
수 있는 것이냐, 그렇지 않으면 나를
버리고 살 것이냐 하는 도박사의 운명
과 같은 선택의 그 길에 서 있는 것이
사랑하는 나의 피조물 만백성 너희 삶
이 아니더냐?
19 그러니 이제 나의 아들을 따르는 백성
이요, 그리고 나를 경배한다는 모든
백성, 너희는 알아야 할 것이니라.
20 너희가 나 여호와가 존재하지 않느냐
존재하느냐 하는 그를 선택하는 도박
의 길에서 나 여호와가 존재한다는 쪽
으로 이미 방향을 잡은 자들이며 거기
에 모두를 건 백성이 아니더냐?
21 그러니 너희가 한 발짝 나간 자요, 선
택된 백성임은 틀림이 없느니라.
22 그러니 나 여호와가 존재한다는 그 길
을 선택했으니, 이제는 그 속에서 참
진리인가 비진리인가 하는 그 길을
선택하는 도박사의 입장이 다시 한 번
되어야 함을 너희는 알아야 할 것이
니라.
23 여기서 참진리의 길을 선택하는 자는
구원의 길이요, 비진리를 선택하는 것

은 잘못 선택을 한 것이니라.
24 그러니 이와 같이 결정하지 못하며
나를 볼 수 없으며 나의 음성을 들을
수 없어 믿지 못하는 그와 같은 나의
백성에게 너희가 나 여호와의 뜻이요,
하늘에 오르는 길이요, 참진리의 길을
선택할 수 있는 현명한 도박사가 되게
하기 위하여 너희에게 나의 법전을
세상에 내려보냄을 알라.
25 너희가 나의 음성을 들을 수 없으며
나를 볼 수 없으며 나를 만질 수도 없
는 그곳에서 도박사같이 선택해야 함
이니, 여기에서 나를 선택하는 길이
요, 참진리의 길을 찾아갈 수 있도록
내가 너희를 깨우치고자 하는 것이
나의 법전이니라.
26 나의 성령이요, 내 모두를 내려보내
나의 아들을 통하여 글로써 책으로 엮
어 너희에게 전함이니 이것이 곧 물
증이며 증거이니라.
27 그러니 나의 법전을 읽고 깨우쳐 그
속에 잘못 가라는 길이 있으며 지옥
으로 가라는 길이 있으며 사탄의 자식
이 되라는 길이 있으면 너희는 이 길
을 선택해서도 아니 될 것이며, 봐서
도 아니 될 것이니라.
28 그러나 여기에서 너희에게 깨우침이
하늘에 오르는 길이요, 사랑을 베푸는
실천이요, 사랑이 무엇인가 하여 내가
상세히 기록하여 너희가 마음의 변화
를 이룰 수 있으며 마음의 변화를 선
한 쪽으로 이룰 수 있다면 이는 곧 나
의 성령임을 믿어야 할 것이며,
29 너희가 결정하는 그 마음에 내가 모든
것을 던져 줌이니,
30 이제 도박사로서 너희는 나 여호와가
존재하며 나의 법전이 너희를 구원하
는 그와 같은 나의 뜻이라는 거기에
모든 것을 거는 현명한 길을 선택하도
록 그리하라.
31 나의 아들을 따르는 제자들이요, 나의
법전을 읽고 깨우친 만백성 너희가
마음속에 변화가 있으며 마음속에 동
요를 이루며, 지금까지 살아온 부끄러
움을 버리고 새로 살 수 있는 삶의 길
이요, 너희가 어찌 살아가야겠다는 마
음속에 변화가 이루어지면 그것은 나
여호와의 뜻이요, 나의 성령의 뜻이니,
32 너희는 도박사로서 선택의 길을 제대
로 했으며, 모두를 거기다 건 현명한
자들이 너희임을 알라, 사랑하는 나의
아들딸들아!

8,235 번째 하나님 말씀

2003년 11월 1일 11시 31분

1 사랑하는 나의 아들아!
2 "네, 아버님! 말씀하옵소서."
3 믿음의 길이요, 하늘에 오르는 그 길
은 협착하고 좁은 길이라 하였음이니
라.
4 그 길은 왜 그와 같은 길이 되겠는가?
5 나에게 오는 길이요, 하늘에 오르는
그 길은 왜 넓고 평탄한 길이 되지 못
하는지 그와 같은 이치를 깨닫고 알
수 있겠는가?
6 이는 너희가 모두 죄로써 물들어져
있으며, 오늘의 삶에 따라 천사 같은
삶이 아니요, 죄 속에 살아왔으며, 인
간의 향락 속에 젖어 있기 때문이니라.

7 그리하여 나 여호와가 존재함을 알며
나의 뜻을 깨달으며 내가 원하는 것을
깨달은 백성 너희는 그 모두를 갑자
기 바꿔야 하는 그와 같은 삶을 가야
하기 때문에,
8 그 모두를 깨우치고 깨우치면 하나하
나 버리고 가는 그와 같은 고통이요,
그 모두를 외면하고 살아가야 하는 그
길이기에 오로지 고통과 시련이요, 그
리하여 협착하고 좁고 어려운 길이라
함을 너희는 알아야 할 것이니라.
9 그와 같이 변하는 마음으로 그를 느끼
고 깨닫고 살아가는 백성이 바로 협착
하고 좁은 길이요, 하늘에 오르는 그
길에 들어서 있는 백성이라는 것을
알면 될 것이니라.
10 그러니 지금까지 살았던 인간관계의
향락이요, 죄 속에서 얼룩졌던 오늘의
삶을 어느 날 갑자기 돌변하여 그 모
든 것을 하나하나 지워 가고 버리는
고통스러운 싸움 속에서 너희에게 남
는 것은 무엇이더냐?
11 오로지 천사들이 가는 길이요, 선한
자가 가는 길이요, 의인의 가는 그 길
을 너희가 향하여 오름이니,
12 그것은 하늘에 오르는 하나의 길만이
네 앞에 남아 있음이니라.
13 하늘에 오르는 길이요, 진리요, 그것
외에는 모두 버려야 함이니, 수억 가
지를 다 버리고 한 길을 가려고 그 좁
은 길을 따라옴이 얼마나 어렵고 힘들
던가?
14 모두를 다 저버리고 안전한 길이 아니
요, 실날보다도 더 날카롭고 가는 길,
오로지 하늘에 오르는 길을 위하여 정
도의 길만을 오다 보니,
15 향락에 젖은 것, 인간 세상에 젖었던
모든 것을 다 버리고 가는 그 길이 힘
들고 고통스러우며 아무나 갈 수 없는
길이기에, 나 여호와가 협착하고 좁은
길이 하늘에 오르는 길이라 전하였음
을 알라.
16 내가 너희를 사랑함이니라.
17 육의 세상에 살았던 모든 것을 놓아야
하며 모두 지워야 하며 육의 삶의 향
락을 외면하면서 살아야 하기 때문이
니,
18 그 모두를 저버리고 오로지 정도의
길, 한 길을 온다는 것은, 수천수만 가
지 길을 놓고 그저 폭넓게 인간의 삶
을 즐기며 살아왔던 그 모두를 다 그
리 가서는 아니 되며 밟아서도 아니
되며 그 길에 젖어서도 아니 되며 그
길로 빠져서도 아니 됨이니,
19 그 모두를 다 저버리고 외길의 그 길
을 온다는 것이 얼마나 고통스럽고 힘
든 길이더냐?
20 사랑하는 나의 아들딸들아!
21 그러나 그 길만이 나에게 오를 수 있
으며 나로부터 유산을 받으며 나의 유
업을 대신할 수 있는 거듭나는 생명의
길이니, 그리하여 어렵고 힘든 그 길
을 가라 함이니라.
22 협착하고 좁은 길보다도 더 어렵고 힘
든 외줄을 타고 오는 것이 깨우친 백
성이요, 깨달은 백성이요, 육의 세상
의 그 죄의 덩어리를 하나하나 덜어
버리며 벗겨 버리는 그와 같은 삶이니,
23 그 고통을 느끼기 시작할 때 너희는
나에게 오르는 반석 위에 서서 하늘

에 오르는 찬란한 빛을 보며, 그 빛을
보고 묵묵히 한 발짝 한 발짝 세상사
의 모든 인연을 접어 두고 걸어오는
너희이니라.
24 너희가 세상사의 모든 인연이요, 인간
관계의 그 모든 것을 저버리며, 인간
이면 누구나 다 즐기고 사는 모든 향
락을 다 버리고,
25 좋은 것을 입고 싶으며 좋은 것을 먹
고 싶으며 좋은 곳에서 살고 싶은 것,
그 모두를 너희 머릿속에는 죄악이라
생각하며 하나님의 뜻에 거역하는 것
이며, 나 여호와가 내려 준 그 은혜에
거역하는 길이라 하여, 너희는 반석
위에 서서 전자파보다도 가늘게 쏘는
그 빛을 따라옴이니,
26 너희는 그 자국 자국마다 눈물로 얼룩
질 것이며, 그 눈물만이 그 길을 올 수
있음이니라.
27 하나를 버릴 때 네 가슴이 아파 오며
둘을 버릴 때 네가 눈물 흘릴 것이며
셋을 버릴 때 인간사에 살아온 네가
아니며 너는 죽은 자요, 세상에 인연
이 없는 자요, 그 모두를 다 놓고 가야
하는 것이 그리 어렵고도 힘든 길이니,
28 전자파와 같이 오로지 그 가는 한길
을 한 발짝 한 발짝 따라올 때는 눈물
로써 얼룩지며 피눈물로써 얼룩지는
그 고통의 길임을 알라.
29 그 눈물의 길이 아니면 그 길을 올 수
없음이니, 너희는 울고 또 울고 지우
고 또 지워, 네 눈에서 피눈물이 나온
다 해도 그 아픔을 모르며 오로지 외
길로 보이는 그 길만을 따라서 와야
하는 것이 사랑하는 나의 아들딸들이
그리도 갈구하고 내가 기다리는 나의
천국의 문에 올 수 있는 거듭나는 나
의 아들딸이 오는 길이라 함을 명심하
고 명심하라, 사랑하는 나의 아들딸들
아!
30 너희는 올 것이라 말하느니라.
31 모두를 버릴 때마다 너희가 눈물을
흘릴 것이며, 모두를 지울 때마다 너
희의 가슴 아픔이 있을 것이니, 그 상
을 나 여호와가 주고자 기다리고 있음
이니 그리 알라.

8,236 번째 하나님 말씀

2003년 11월 1일 11시 37분

1 사랑하는 나의 아들아!
2 나 여호와의 아픈 마음이요, 내가 모
두를 다 놓아 버리며, 그저 너희가 흘
러가는 대로 살다 지옥 불로 가든 어
떤 고통을 겪든 나 여호와가 모르는
체 고개를 돌리고 싶은 마음이나,
3 내가 만든 아름다운 백성이요, 나의
창조물이요, 그리하여 내가 너희의 그
손을 놓지 못함을 알아야 할 것이니라.
4 그러니 나 여호와의 마음이 어떠하겠
는가 너희는 생각해 보라, 선택된 나
의 아들딸들아!
5 모든 종교 집단이요, 모든 백성이 나
의 아들 예수가 존재함을 믿고 또 그
를 알고 있음이니라.
6 그러면서 너희는 그를 인정하고 살아
가는 백성이 아니더냐?
7 그러나 나 여호와요, 나의 아들 예수
의 생활과 그가 깨우쳐 너희에게 전
하고자 했던 참진리의 뜻이요, 그 모

두를 생활에 접목시켜 승화하는 그와
같은 변화의 삶을 사는 데 적용하는
것은 어찌하여 그리도 인색하며, 그를
본받는 길이 그리도 야속하리만큼 인
색하단 말이더냐?
8 나의 아들 예수가 존재한 것을 믿으며
그는 나의 아들임을 믿으며 그가 가르
친 것은 이 세상에 전무후무한 위대한
가르침이라는 것을 다 알면서도,
9 그 위대한 가르침이요, 그 역사함을
너희가 살아가는 생활 속에 접목시켜
천사와 같이 의인의 길을 가는 데 승
화시키는 것에는 어찌 그리도 야박하
며 박절하단 말이더냐?
10 그리 인색하기에 참진리의 길이요, 하
늘에 오르는 길을 오지 못하는 것이
너희이니라.
11 오늘의 모든 종교 집단 너희가 어찌
하는가?
12 너희가 말하는 이방인이라는 그 백성,
그리고 다른 신을 모시며 돼지머리 놓
고 고사 지내고 춤추는 무속인들, 그
리고 너희와 관계없는 사탄이요, 이단
이라는 그 무수한 종파에서 그들이 몸
담고서 그를 믿고 기도하는 자, 서낭
당 돌부리요, 나무 위에 그와 같이 놓
고 절하는 자,
13 그와 같은 그 모든 것이 생긴 원인이
어디 있다 생각하는가?
14 그들은 자연 발생적으로 모두가 역사
한 것임을 너희는 알라.
15 그 자연 발생적으로 역사하는 것을
오늘의 종교 집단 지도자가 만들었음
을 너희는 알아야 할 것이니라.
16 그것은 나의 아들을 믿고 따르며 추종
한다는 그 추종자들이요, 그리고 나의
아들을 따르며 믿음의 길을 가며 나
여호와가 존재함을 안다고 공언하고
추종하는 자들의 행실이요, 삶의 모습
에서 제대로 된 것을 보지 못했으며,
너희로부터 환멸을 느꼈으며, 너희가
하는 행위가 추한 모습으로써 보여졌
기 때문에,
17 지금의 모든 종파가 자연 발생적으로
생긴 결과이니, 그 책임이 너희에게
있음을 알라.
18 나 여호와를 믿으며 예수를 믿으며 그
리고 하늘에 오르는 길이요, 구원받았
다는 백성, 그와 같이 공언하는 추종
자라는 자들이 바른 생활이요, 천사와
같은 삶을 살았더라면 이방인이 안 따
를 리가 없으며,
19 모든 무속인이요, 모든 종파요, 나무
뿌리요, 나무 이파리요, 그저 돌부리
에 절하고 기도하고 경배하고 소원을
비는 자, 날짐승 앞에 고개를 숙이는
자, 동물 앞에 고개를 숙이는 자, 큰
바위 밑에 촛불을 켜 놓고 기도하는
자, 엄동설한에 자식의 복을 빌며 목
욕재계하고 눈보라 속에서 그 촛불 켜
고 기도하는 여인의 그 마음이요,
20 그 신앙도 모두 그것은 나를 추종하는
자들이 잘못했으며 잘못 깨우쳤으며
잘못 역사했기 때문에 너희가 원죄임
을 알아야 할 것이니라.
21 나 여호와를 추종한다고 공언하면서
선택된 지도자요, 백성이라는 자들이
그 속에서 어찌 살아왔는가?
22 더욱이 구원을 받았다는 신도들의 삶
의 상태는 어떠하던가?

23 너희가 살아가는 형태요, 너희의 모습
을 보고 모든 백성이 등을 돌리고 돌
아섰음이니라.
24 그리고 그들이 다른 신앙을 찾았으며
다른 믿음을 찾는 그 역사의 원흉이
바로 오늘의 수천 년 동안 온 종교 집
단 지도자 너희임을 알라 전함이니라.
25 예수를 믿고 내가 존재함을 믿어야 할
가치가 없다고 판단하게 한 것이 너
희이니라.
26 그 모든 백성으로 하여금 나 여호와
가 존재하는 것을 믿지 아니하며, 나
의 아들 예수의 그 역사함을 믿지 아
니하며, 하늘이 존재하지 않는다고 믿
도록 마음을 굳혀 주고 판단하게 하여,
27 저희 나름대로 찾아서는 아니 될 온갖
신들이요, 그 우상을 숭배하는 그와
같은 오늘의 형국이 된 것은 바로 추
종자인 종교 집단 지도자요, 신도 너
희가 사랑을 실천하지 못했으며 바로
살지 못한 그 결과의 오늘임을 알라.
28 너희가 육의 역사함이요, 육의 향락을
위하여 모두를 다 바치고 산 자들이
니, 너희는 성령의 믿음의 길이요, 사
랑을 베풀고 살아온 자들이 아니니라.
29 그와 같이 황폐하고 사악한 자들의 삶
으로 하여금 이 세상에 수천수만 가
지 종파가 생겼으며, 미신이요, 이단
이라는 집단들이 뿌리를 내리게 했음
이니, 그 죄는 너희에게 있음을 알라.
30 그러니 그들보다 더 무서운 벌을 너희
가 받는 것이 당연하다는 것을 깨우
쳐야 할 것이니라.

8,237 번째 하나님 말씀

2003년 11월 1일 11시 43분

1 사랑하는 나의 아들아!
2 "네, 아버님! 말씀하옵소서."
3 나 여호와의 뜻에 의해 살지 않는 잘
못된 백성이요, 그리고 나의 아들 예
수가 전하고자 했던 그 뜻을 따르지
아니하고 잘못 살아온 백성, 그 종교
집단이요, 지도자요, 그들이 오늘의
이 험악한 세상을 만들어 놓은 원흉이
라 내가 너희에게 전하였음이니라.
4 그들이 내가 전하는 것, 나의 아들이
역사한 것을 그대로 따르고 지켰더라
면 오늘과 같이 험악한 세상은 결코
되지 아니하였을 것이니라.
5 그들의 작태가 어떠한 줄 알겠느냐?
6 병들어 죽어 가는 환자가 의사가 처방
하며 내려 주는 약을 먹지 아니하고
그를 따르지 아니하고 죽어 가며 의사
를 원망하는 그 형국이요, 추한 모습
으로써 전락된 것이 그들임을 너희는
보아야 할 것이니라.
7 환자가 의사가 내리는 그 약을 먹고
가르침을 따르며 주의 사항을 지키지
아니하고 병이 발생하여 죽는 것은 무
엇이던가?
8 제가 잘못되고 오만하기 때문이니라.
9 그러니 오늘의 모든 종교 집단이요,
지도자들이 나 여호와가 전하고자 하
는 가르침이요, 나의 성령의 뜻이요,
인간의 형태로써 내려보낸 나의 아들
예수가 너희에게 직접 전하고 깨우쳤
던 것을 따르지 아니하고 행하지 아니
하며 실천하지 아니한 자들이니라.

10 그리하여 너희가 오늘의 지옥 불로
가는 그와 같은 형국이니라.
11 그러면서 누구를 원망하고 이웃을 원
망하는 그와 같은 행위의 삶을 살아서
는 아니 될 것이니라.
12 모든 백성을 원망하며 멸시하는 그와
같은 오늘의 형국이 이루어진 것이 아
니던가?
13 너희는 나의 모든 피조물 만백성들이
믿음의 길을 가지 아니하며 나를 찾지
아니하며 너희 손으로 지은 성전에
와 재물을 바치며 구원의 길을 따르지
아니한다 하여 너희는 이방인이요, 사
탄이라 그리 욕하고 가르치지만,
14 정녕 너희의 자세가 바르지 못하였으
며 너희가 가르침을 바로 따르지 아
니하였기 때문이니라.
15 너희가 나의 아들 예수가 내렸던 가르
침이요, 교훈대로 살아온 종교 집단이
요, 지도자라면, 이방인도 없었을 것
이며 다른 잡신을 믿는 그와 같은 형
국이요, 그저 돌부리요, 나무 뿌리 앞
에 절하고 기도하는 그와 같은 형국도
절대 생기지 아니했을 것이니라.
16 너희가 잘못되고 잘못 간 것으로써
그리고 잘못 가르친 것으로써 너희 스
스로 지옥으로 가는 무덤을 판 자들이
그러면서 남을 원망하고 원성을 높이
는 그와 같은 행위를 하지 말라.
17 그러면서 너희를 따라오지 않는 백성
을 탓하지 말라.
18 따라가지 않는 백성이 너희보다 더
현명한 백성임을 알아야 할 것이니라.
19 지금의 모든 종교 집단의 지도자 너희
가 나의 아들이요, 내가 원하는 그것
을 따르지 아니하고 순종하지 아니한
자들이기에, 오늘에 죽음의 그 길을
가며 남까지 끌고 가는 무책임한 그와
같은 행위를 하지 말라.
20 이것이 바로 오늘의 믿음이요, 종교
집단의 오늘의 흐름이요, 그리하여 내
가 너희를 믿지 아니하며 너희가 나
에게 와 나의 뜻에 살았다 하여 애걸
복걸해도 '나는 너를 모른다.' 하는 그
와 같은 말의 의미를 알라.
21 나 여호와가 나의 아들을 통하여 내리
는 처방과 교훈을 너희가 정면으로 거
부하며 그를 따르지 아니하는 형국이
기에 오늘에 이와 같이 험악한 세상이
되었음이니라.
22 나의 아들 예수를 통하여 내려 준 그
처방과 가르침이요, 그 깨우침을 그대
로 따르고 행했더라면 오늘은 지상의
천국이 이루어졌을 것이니라.
23 그와 같이 나의 뜻을 따르지 아니하며
나의 아들 예수를 통하여 역사하고자
한 걸 거부한 너희의 손을 놓아 재앙
으로 다스리고 싶으나,
24 이제 다시 한 번 제3의 시대를 열어
나의 아들을 통하여 너희에게 나의
법전을 세상에 내려보내니,
25 이것은 의사와 환자를 치료하는 그 방
법과 처방과 그리고 환자가 주의해야
할 모든 것을 상세히 기록하여 내려보
냄이니,
26 여기에 귀를 기울이지 아니하며 이를
가슴에 안고 정독하여 이대로 행하지
않는 자는 스스로 병마에서 헤어나지
못하고 죽게 될 것이니라.
27 그러니 바로 그 모든 것을 처방하는

것이 나의 법전이니 이 소중함을 너희
는 알라.
28 감히 이게 사탄이요, 이단이요, 거짓
선지자가 하는 길이라 너희가 입을
열어서도 아니 될 것이며 그리 얘기해
서도 아니 될 것이니라.
29 이제 마지막 기회이니라.
30 나의 법전을 보고 이것이 너희의 가
르침이요, 처방이요, 병을 고칠 수 있
는 모든 것이 기록되어 있는 것이 아
닌가?
31 욕심의 뿌리를 제거할 수 있는 그 병
의 근본이 여기 법전에 있음을 알라.
32 이제 의사의 뜻을 저버리지 말고 설치
지 말며 네 임의대로 치료하는 어리석
은 짓을 하지 말며, 그대로 따르고 순
종하는 백성이 되어 병마로부터 구원
받는 자가 되도록 그리 전하라, 사랑
하는 나의 아들아!

8,238 번째 하나님 말씀

2003년 11월 1일 11시 53분

1 사랑하는 나의 아들아!
2 "네, 아버님! 말씀하옵소서."
3 나의 뜻과 하늘의 역사함이요, 예수의
뜻을 거역하여 살아온 그 백성으로 하
여금 오늘의 이 형국이 이루어졌으며
모두 무너진 것이니라.
4 그것은 모두 누구의 책임이라 내가 말
하였느냐?
5 지금의 종교 집단이요, 지도자요, 광
신도들이요, 구원을 받았다 말하며 착
각 속에 사는 백성으로 하여금 이와
같은 세상이 이루어졌다 말하였느니
라.
6 나의 아들 예수를 배척하고 등을 돌린
것이 바로 그들로부터 이루어지지 아
니하였던가?
7 나의 아들 예수를 배척하였으며 그로
부터 등을 돌린 것이 믿음의 길을 가
는 백성이요, 2천 년 전에 등을 돌렸
고 그를 배척하여 그 고통의 길로 몰
고 간 것이 그들이 아니던가?
8 그러니 곧 참진리요, 나 여호와의 뜻
을 행하지 못하게 한 모든 시발점의
역사를 한 것은 나의 백성이라는 자들
이요, 나의 뜻에 의해 살아간다는 백
성이요, 참진리의 길을 간다는 자요,
9 저희만 구원의 길이라 부르짖는 자들
이 그와 같은 사악한 짓을 2천 년 전
에 역사하였음이니라.
10 그 뿌리로 하여금 지금 이 세상이 이
리 무너졌으며 파괴되었으며 질서가
없음이니라.
11 그러니 오늘 내가 너희를 불쌍히 여겨
제3의 시대에 나의 160권의 법전을
나의 아들을 통하여 세상에 내려보냄
이니,
12 너희가 2천 년 전에 한 것처럼 지금
이 모두를 배척하며 태워 버리며 등
돌리도록 하며 나의 백성이 읽어 보지
못하도록 하고 접하지 못하도록 하는
그 사악한 행위를 지금 하는 것이니라.
13 과연 너희가 얼마나 사랑이라는 것을
알며 나의 아들 예수의 뜻을 행하고
사는가?
14 너희가 하늘에 오르는 길이요, 만백성
으로서 구원을 받는 것은 오로지 나
여호와가 너희에게 전하고자 했던 사

랑을 실천하는 삶이니라.
15 오늘의 종교 집단이요, 지도자들이 어
떠한 행위를 하는가?
16 너희 의사요, 뜻에 맞지 아니하며 너
희를 배척한다 하여 다른 자의 생명을
앗아 가는 것을 무서운 줄 모르고 그
저 행하는가 하면,
17 대중적인 농성의 힘이요, 물리적이요,
그리고 종교 집단의 힘으로써 모두를
해결하려 하며, 그 힘으로써 밀어붙이
는 그와 같은 행위를 하는 것이 오늘
의 너희가 아니더냐?
18 그와 같이 물리적으로 농성하며 물리
적으로 너희를 거부하고 탓하고 가르
치는 자들을 공공연하게 핍박하는 그
와 같은 행위를 하는 것을 보는 나의
백성이 그곳에서 무엇을 느끼며, 그것
을 보고 나의 백성이 과연 너희를 따
라서 믿음의 길을 갈 수 있다 할 수 있
겠느냐?
19 그것이 바로 나의 피조물 만백성들이
이방인이 생긴 원인이요, 그리고 지금
의 모든 잡신이요, 돌부리요, 나무뿌
리에 매달려 구원을 받고자 하는 불쌍
한 나의 백성이 되었음이니,
20 그들을 너희가 그리 만들었음이니, 그
들이 이단이요, 사탄이기 전에, 너희
가 그리 몰아붙인 그들이 더 불쌍한
백성임을 알라.
21 너희는 들어야 할 것이니라.
22 목자라는 자들이요, 종교 지도자가 도
둑질하고 겁탈하며 사악한 짓 하며 강
도질하는 그와 같은 것을 보는 나의
백성이 과연 어찌하겠는가?
23 그들이 보면서 나의 아들 예수를 추종
하는 너희 집단에 들어가 그를 따라가
고자 하는 백성이 있겠는가?
24 너희는 그리 변명을 하느니라.
25 그와 같은 사악한 짓을 하는 종교 집
단이요, 지도자는 일부분이요, 어쩌다
한두 사람이 알곡식에 돌이 섞인 것
같은 그와 같은 형국이지, 절대다수는
그렇지 않다고 변명하고 위안을 받으
며 떳떳하게 또다시 그와 같은 행위를
하느니라.
26 그러면서 부끄럽고 추한 모습을 너희
는 감추려 하느니라.
27 그러나 너희는 알아야 할 것이니라.
28 너희가 말하기는 그 사악한 짓을 하는
목자요, 종교 지도자는 일부분이요,
극소수라 말하지만, 그를 바라보는 나
의 피조물 만백성들의 생각은 어떠하
더냐?
29 모든 집단이요, 종교 지도자는 다 똑
같은 인간들로서 형성되었다고 생각
하며, 그들의 마음이 그와 같이 정해
지고 그리 바라보는 것이 중요함을 너
희는 모르느니라.
30 종교 지도자가 사악한 짓을 했어도 그
신도들은 아니라 하고 발뺌하며 변명
하며 그를 보호하는 자들이니, 죄지은
자도 단죄하지 못한다는 것이 지금 세
뇌된 백성이니라.
31 내가 여기서 나의 아들을 통하여 너희
에게 내려보냄이니라.
32 너희가 물리적인 것으로써 농성하며
힘으로써 밀고자 하는 그 사악한 행동
을 하는 것이 사랑을 베풀며 사랑을
실천한다는 백성이 할 수 있는 행위더
냐?

33 그를 보는 나의 피조물 만백성들은 어
떠하더냐?
34 너희 종교 지도자가 도둑질하고 겁탈
하며 강도질하며 사악한 짓 하는 것은
쌀가마 안에 작은 돌 하나 든 것과 같
이 생각한다 그리 위안하고 덮어 나가
려 하나,
35 그를 바라보는 나의 사랑하는 순박한
그 백성은 다 똑같은 인간들이요, 똑
같은 집단이요, 그와 같이 사악한 짓
을 하고 있다고 그리 인정하고 그리
믿는 것이니,
36 그들이 두려워 너희를 찾지 아니하며
나의 복음을 받아들이지 못하는 이와
같은 형국을 이루었음이니라.
37 그리하여 내가 그들이 불쌍하여 그 마
음을 달래고 위로하기 위하여 지금
160권의 법전을 내려보내는 것이지,
오늘의 종교 집단이요, 지도자요, 사
악한 너희를 위해서 내려보내는 것이
아님을 알라.
38 지금 다른 신을 믿는다는 자, 귀신을
섬긴다 하는 자, 강물에 가서 떡을 해
놓고 비는 자, 나무 밑에 가서 비는
자, 날짐승 앞에 비는 그와 같은 일을
하도록 한 것은 그들 자체에서 한 것
이 아니라 너희가 그리 만들어 가도록
몰아붙인 원흉이니,
39 그 불쌍한 백성을 구하고자 하며, 나
는 그들을 구원하나 너희는 구원하지
아니할 것이니 그리 알라.

8,239 번째 하나님 말씀

2003년 11월 1일 11시 56분

1 사랑하는 나의 아들아!
2 "네, 아버님! 말씀하옵소서."
3 나 여호와가 법전을 내리는 가장 큰
이유가 무엇인 줄 알겠느냐?
4 너희 종교 집단이요, 믿음의 길을 가
는 백성이 나 여호와가 나의 아들을
통하여 내린 것을 그대로 행하고 실천
했으면 오늘의 지상은 천국이 되었을
것이건만, 인간의 욕심을 충족시키고
과잉 충성하는 그와 같은 백성으로 하
여금 모두 무너짐이니라.
5 과잉 충성하는 백성은 과잉 충성하지
말며, 행함이 없이 구원을 받았다 말
하는 자는 감히 그 두려운 말을 하지
말라.
6 그리하여 성서대로 살아가는 그와 같
은 삶을 살도록 하라고 가르치고 깨우
치고자 하는 것이 나 여호와의 역사
요, 나의 뜻이라는 것을 너희는 알아
야 할 것이니라.
7 이제 내가 너희를 통하여 하나의 이치
를 전하고자 함이니 깊이 새겨듣도록
그리하라.
8 너희가 살아가면서 범사에 감사하며
나 여호와의 은혜에 감사한다 하느니
라.
9 그리고 너희가 인간 세상에 살아가면
서 서로 이해관계에 있을 때, 항상 감
사하는 마음을 갖고 사느니라.
10 그러니 그 감사한 마음을 갖고 사는
것도 어떠한 마음을 갖고 살아야 하는
가 그를 내가 상세히 나의 법전에 기

록하여 너희를 깨우치고자 하는 것이
니라.
11 감사하다는 그 인사 한마디는 똑같은
말이니라.
12 '감사합니다.' 하는 그 말의 뜻이요, 그
외향은 똑같으나, 감사하는 마음이요,
그 표시한 마음을 너희 가슴속에 얼마
나 오래 남겨 두며 너희 가슴속에 얼
마나 간직하고 감사함을 갖고 사느냐
에 따라서 똑같은 인사말의 감사함이
라도 그 뜻과 의미가 하늘과 땅의 차
이와 같이 다름을 알아야 할 것이니라.
13 너희가 인사하고 나누며 사는 속에도
진실한 인사가 있으며 진실한 사랑이
있으며, 형식적인 인사가 있으며 형식
적인 말이 있듯이,
14 너희가 나 여호와를 생각하며 나 여호
와의 은혜에 감사하며, 내가 내려 준
그 모두를 감사하는 마음을 가지고 평
소에 생활 속에서 얼마나 가슴에 안고
사는가 그것을 너희가 한번 다스려 보
도록 그리하라.
15 나 여호와에게 감사하며 내 은혜에 감
사하는 마음을 가지고 사는 백성은,
스물네 시간 죽을 때까지 잠시도 변하
지 않고 은혜를 갚고자 하는 마음으로
사는 백성은 절대 흐트러질 수가 없으
며,
16 그와 같은 백성에게 십계명을 지키라
명할 필요도 없으며 나의 법전대로 행
하라 할 것도 없으며,
17 그들은 그대로 행하고 살아가는 나의
아름다운 백성이기 때문이니 그리 알
라.

8,240 번째 하나님 말씀

2003년 11월 1일 12시

1 사랑하는 나의 아들아!
2 "네, 아버님! 말씀하옵소서."
3 나 여호와가 너를 사랑함이요, 너의
제자들 또한 그리 사랑함이니라.
4 그리고 나의 법전을 읽고 깨우친 만백
성 너희를 내가 똑같이 사랑함이니라.
5 너희는 이 세상에 살아가면서 하늘의
법도가 무엇인 줄 알겠느냐?
6 너희는 도박하는 마음으로 살라 하였
음이니라.
7 악과 선을 선택하는 그 속에서 선에
투자할 수 있는 용기 있는 백성이 되
라 하였음이니라.
8 그러니 하늘의 뜻이 이러하니라, 사랑
하는 나의 아들아!
9 너희가 살아가면서 악한 말이요, 악한
행동이라는 것은 이 세상에서 지워지
지 아니하며 오래오래 지속됨을 알아
야 할 것이니라.
10 그러나 너희가 선하고 아름다운 행동
을 하며 사랑을 베푸는 그 모든 역사
는 행함과 동시에 모두 지워지며 이
세상에 존재하지 아니함을 알라, 사랑
하는 나의 아들아!
11 그러니 선한 마음이요, 선한 행동이
지워지는 것을 영원히 지워지지 아니
하게 하려면 어찌해야 하겠느냐?
12 그를 지워도 또 남게 하려면 그를 계
속 쓰고 또 쓰는 수밖에 없지 않으냐?
13 지워져도 그 글을 남게 하는 것은 쓰
고 또 쓰는 것밖에 없듯이, 선한 행동
이요, 선한 마음이요, 사랑의 베풂은

자꾸만 지워지니, 그는 계속 행해야
함이니라.
14 사랑하는 나의 아들딸들아!
15 너희가 지치고 지칠 때까지 선함이요,
선한 행동이요, 사랑을 베푸는 것은
계속해야 함이니, 피보다 진한 눈물을
흘리면서도 그 길을 가야 하는 것이
너희이니라.
16 지워지지 않는 그를 위하여 얼마나 힘
들고 어렵게 가겠느냐?
17 너희가 손으로 쓰는 글씨도 한쪽에서
지워 가면서 영원히 지워지지 아니하
도록 그를 쓴다면 얼마나 힘들고 어렵
고 고통이겠느냐?
18 그러나 너희 마음의 악과 선이 싸우는
그 마음속에서 악을 버리고 선을 선택
하여 계속 써야 하는 고통은 피눈물을
흘리고 살아가는 삶보다 더 어렵고 힘
드니, 그와 같은 삶으로 가는 것이 나
의 백성임을 너희는 알라.
19 너희는 가슴에 깊이 새겨 보도록 그리
하라.
20 악한 행동이요, 사악한 짓은 영원히
지워지지 아니하나, 아름답고 선한 행
동은 너희 앞에서 지워지며 네가 행한
것이 지워짐이니,
21 지워지지 아니하도록 일상생활에서
영원한 뿌리를 내려 가야 하며, 끝없
이 노력해야 하며, 끝없이 쉬지 않고
가야 하는 그 고통과 시련은 피눈물을
흘리며 자욱 자욱 걸어가는 그 길보다
도 더 어렵고 힘든 길이니라, 사랑하
는 나의 아들딸들아!
22 그러나 그는 제한되어 있음이니라.
23 너희의 육의 삶이 죽을 때까지 한시적
이고 정해져 있으며, 길고 긴 세월이
라 그리 말하지만 영원히 사는 천국의
문에 들어와 너희가 영원히 존재한다
면 그것은 잠깐 켜졌다 없어지는 불빛
만도 못한 것이니,
24 거기에 피눈물보다도 더 진한 눈물을
흘리고 자욱 자욱 밟고 와도 억울함이
없을 것이며 손해 감이 없으며 원통함
이 없을 것이니라, 사랑하는 나의 아
들딸들아!

8,241 번째 하나님 말씀

2003년 11월 1일 12시 07분

1 사랑하는 나의 아들아!
2 "네, 아버님! 말씀하옵소서."
3 나 여호와가 내려다보는 그 마음의 기
쁨을 알겠느냐?
4 네가 바로 서고자 하며 너의 제자들
또한 목숨을 바쳐 바로 서고자 하는
그 마음의 각오가 있음이니라.
5 지금은 흔들리는 그와 같은 일이요,
완벽하게 가지 못하지만, 그 역사를
이루고자 살아가는 너를 따르는 제자
들이 있으며 네가 있음이니,
6 나 여호와의 바라보는 그 마음의 기쁨
은 이루 말할 수 없음이니라.
7 사랑하는 나의 아들아, 모든 백성에게
전하라.
8 나 여호와가 너를 이리 달구며 너의
제자들이 고통스럽고 힘든 그 길을 가
며 나의 법전 160권을 세상에 만들어
만백성을 깨우치고자 하는 그 뜻이 어
디 있는가?
9 지금의 모든 종교 집단이요, 지도자들

이 나의 아들 예수를 통하여 이루고자
했던 그 뜻을 그대로 받아 왔더라면
오늘의 이와 같은 역사는 없었을 것이
니라.
10 그 백성이 제 임의대로 생각하고 인간
의 생각으로 나의 뜻을 잘못 가르쳤으
며 잘못 이해하는 그 백성이 사랑하는
나의 아들딸들을 지옥으로 이끌어 가
는 그와 같은 형국이 되어 있음이니,
11 나의 사랑하는 아들딸들이 잘못 가르
치는 자의 말을 듣고 제 스스로 지옥
으로 가는 그와 같은 것을 지금 더 이
상 볼 수 없어 그들에게 기회를 주는
것이니라.
12 사랑하는 나의 백성이 남의 말만을 듣
고 지옥으로 끌려가는 그 백성에게 이
제 스스로 직접 나를 찾고 나의 뜻을
알아 스스로 구원의 길을 보게 하기
위해 160권의 법전에 모든 것을 상세
히 적어 세상에 내려보냄이니 이것이
법전이라 함이니라.
13 이를 지키고 행하는 자가 하늘에 오를
것이요, 이는 나에게 올 수 있는 길이
기 때문이니라.
14 지금 법전이 역사하는 것은 잘못 가르
치는 자의 뜻을 듣고 나의 사랑하는
백성이 지옥 불로 가는 것을 막고, 스
스로 나 여호와를 찾으며 나의 뜻을
연구하며 내가 이루고자 하는 걸 알아
제 스스로 찾고 구원의 길을 갈 수 있
도록 하기 위해 내가 법전을 내린 의
미가 거기 있다 그리 전하라.
15 법전을 세상에 내려보내니 스스로 노
력하고 공부하여 하늘에 오르는 길을
찾으라 함이니라.
16 잘못된 자의 말을 듣고 현혹되어 지옥
으로 가며, 잘못된 자가 되어 거듭나
는 영광을 잃어버리는 그와 같은 우를
범하지 아니하도록 하는 것이 나 여호
와의 뜻이니라.
17 너희가 바로 가르쳤으며 바로 깨우쳤
다면, 하루 이틀도 아니요, 한두 권의
책도 아니요, 160권의 이 법전이 세상
에 나올 수 있도록 나 여호와가 그를
묵과하며 그대로 놔뒀다 생각하느냐?
18 너희는 그것 하나를 봐도 어찌하여 깨
우치지 못한단 말이더냐?
19 한두 권의 법전이 아니요, 160권의 법
전이 세상에 나오면 이는 지구가 없어
질 때까지 영원히 존재하는 것이거늘,
20 내가 사탄을 이리 왕성하게 만들며 사
탄을 이리 위대하게 만들며 사탄의 가
르침이 세상에 존재할 수 있도록 놔둘
것이라 생각하느냐?
21 어리석은 백성들아!
22 몇 년 동안에 걸쳐서 대장정의 나의
160권의 법전이 역사하는 것은 구약
과 신약을 대신하는 것이요, 나 여호
와의 뜻이기 때문에 이것이 세상에 나
올 수 있다는 것을 너희는 모르는 자
들이니, 얼마나 어리석고 불쌍한 자들
이냐?
23 그러니 이를 보고 스스로 깨우쳐 노력
하고 공부하고 연구하여 네 길을 찾으
라는 것이 나 여호와의 뜻이니라.
24 이제 사랑하는 나의 아들딸이요, 내
아들을 사랑하는 것처럼 그를 따르는
제자들이 깨우쳐 오는 것을 사랑하는
것처럼,
25 사랑하는 나의 백성 너희가 나를 직접

찾고 나를 직접 알며 그리고 나를 그
리워하며 나에게 경배하며 나에게 감
사의 기도를 드리며 그와 같이 아름답
게 직접 깨우쳐 나에게 오라는 것이
160권의 법전이 역사하는 그 뜻이니,
얼마나 아름답고 간곡한 나의 뜻이더
냐?
26 그리고 내가 너희를 얼마나 사랑하는
지 그래도 모르겠단 말이더냐?
27 사랑하는 나의 아들을 따르는 제자,
너희는 그리 전하라.
28 나의 법전을 읽고 그들에게 전하여 말
하라.
29 너희가 스스로 깨우쳐 직접 네 길을
해결해서 스스로 오는 그 길을 열어
줌이니,
30 나의 법전을 읽고 깨우쳐서도 마음의
변화가 없으며 깨달음이 없으며 가슴
에 와 닿음이 없거든 나의 법전을 버
려도 내가 말하지 아니할 것이라 그리
전하라.
31 그러나 나의 법전을 읽고 깨우치며 네
마음에 동요가 있으며 네 마음에 변화
가 있으면 이는 나 여호와의 뜻이라
그리 전하라.
32 나 여호와의 이 애절하고 간곡한 부탁
을 너희를 통하여 만백성에게 전하고
자 함이니, 이 뜻을 거역하지 말라, 사
랑하는 나의 아들딸들아!
33 오로지 지금 나의 아들을 따르며 변하
고자 하는 너희가 있어 나 여호와의
기쁨이 이루 말할 수 없음을 알라, 사
랑하는 나의 아들딸들아!
34 믿은 것만큼 실망하지 않도록 그리하
라.
35 너의 제자가 항상 말하지 않더냐, 기
대하지 아니하면 실망을 하지 않는다
고.
36 기대하는 나 여호와가 실망하지 않는
삶의 모습으로써 나에게 다가오도록
하라, 사랑하는 나의 아들아!
37 모든 것을 기대하지 아니하면 실망하
지 아니한다는 그 말이 얼마나 가슴
아픈 일인가?
38 그와 같은 말이 세상에 있어서는 아니
됨이니라.
39 기대한 것보다 그 이상으로 얻을 수
있는 것이 인간관계요, 세상의 만남이
라 그리 말할 수 있도록, 너희는 기대
이상으로써 모든 역사를 하여 나에게
기쁨을 줄 수 있는 사랑하는 아들딸로
서 삶을 살라.
40 내가 너희를 사랑하느니라.
41 애절하고 간곡하게 너희의 손을 잡고
내가 부탁하노라, 사랑하는 나의 아들
딸들아!

8,242 번째 하나님 말씀

2003년 11월 1일 12시 11분

1 사랑하는 나의 아들아!
2 "네, 아버님! 말씀하옵소서."
3 나의 아들 예수가 세상에 내려온 그
삶은 무엇이며, 그가 그렇게 고통스럽
게 죽어 간 그 삶은 모두 무엇이더냐?
4 모든 것이 공개된 봉사의 삶이니라.
5 그가 모두를 공개한 그 봉사의 삶은
과연 무엇이더냐, 사랑하는 나의 아들
아!
6 "그것은 사랑의 지침이었사옵나이

다."
7 바로 그러하니라.
8 바로 사랑을 실천하고자, 그 모든 역
사를 하고자 나의 아들을 세상에 보냈
으며, 그 아들은 모두를 바쳤으며, 나
또한 예수의 손을 놓은 내 마음을 너
는 알고 있을 것이니라.
9 그러나 만백성들은 그를 알 수 없으며
감히 생각할 수도 없는 것이 그들이
니, 하늘의 뜻을 알지 못하며 하늘의
뜻을 보지 못하기 때문이니라.
10 그리하여 내가 너희에게 뭐라 전하였
느냐, 사랑하는 아들아!
11 "네, 아버님께서 말씀하셨사옵나이다.
12 '무엇이든지 남에게 대접을 받고자 하
거든 너희가 남을 대접하라.' 하신 그
것이 곧 하나님의 뜻이요, 율법이요,
선지자요, 모든 종교 집단이요, 지도
자가 가야 하는 길이라는 것을."
13 아들아, 그를 다시 한 번 생각해서 네
가 전한다면 뭐라 말할 수 있겠느냐?
14 "네, 아버님! 그 말은 다음과 같사옵
나이다.
15 남들이 저에게 무엇을 원하고 요구하
거든 절대 거절하지 말며 그대로 해
주는 것이 사랑이라는 것을 저는 알고
있사옵나이다.
16 이를 보고 의심하며 시시비비하지 말
며, 그가 원하는 것을 모두 그대로 해
주는 것, 그대로 역사하는 그 길이 바
로 선지자가 가는 길이요, 아버님의
아들이 가는 길이요, 저의 제자들이
가는 길이라는 그 가르침을 알고 있사
옵나이다."
17 정녕 그 길은 어렵고 힘드니라.
18 그는 피를 쏟는 것보다도 피눈물보다
도 더 고통스럽고 어려운 그 삶이 아
니면 정녕 그 길은 갈 수가 없느니라.
19 사랑하는 나의 아들아! 그러나 너는
가야 할 것이니라.
20 네가 지금 나에게 고백했느니라.
21 남들이 원하는 것을 거절하지 말라,
그리고 그가 원하거든 거절하지 말며
그대로 해 주는 것이 나 여호와의 사
랑이요, 하늘에 오르는 길이라 하였음
이니,
22 그를 의심하지 말며 그를 가지고 시시
비비하지 말며 그가 원하는 대로 그대
로 해 주는 것, 들어주는 것,
23 그것이 사랑이며 남을 위해 사는 것이
사랑이니, 이 사랑을 아는 백성이 어
디 있겠느냐?
24 그러니 이 길을 알지 못하는 백성 속
에서 이 길을 전하며 이 길을 가는 자
들이 바보요, 천치요, 어리석은 자라
는 속에서 너희가 그를 지키고 가려
니, 모든 것을 접어 두어야 하며 보지
말아야 하며 듣지 말아야 함이니라.
25 너희가 살아가는 자국 자국마다 피보
다 진한 눈물의 그 고통으로써 모두를
역사해야 함을 알라, 사랑하는 나의
아들아!

8,243 번째 하나님 말씀

2003년 11월 1일 12시 15분

1 사랑하는 나의 아들아!
2 "네, 아버님! 말씀하옵소서."
3 거짓 종교 지도자요, 또한 잘못된 자
를 뭐라 말하였느냐?

4 바로 나의 사랑하는 백성으로부터 노
략질하는 자라 내가 그리 말하였느니
라.
5 노략질하는 자가 거짓 목자요, 거짓
선지자요, 그리고 양의 탈을 쓴 사악
한 자라 그리 말하였느니라.
6 어떠한 명분이든 재물을 거둬들이는
데 혈안이 된 자는 다 거짓 선지자요,
잘못된 목자라는 것을 못 박아 전하라.
7 너희는 되돌려 주어야 하며 그 이상으
로 베푸는 것이 곧 하늘의 법도이니라.
8 하늘의 법도는 무엇이더냐?
9 사랑이기 때문이니라.
10 과연 끝도 없이 거둬들이는 것이 사랑
이던가, 되돌려 주며 그 이상으로 베
풀어 주는 것이 사랑이더냐?
11 지금의 모든 종교 집단 지도자는 저희
가 잘못 가는 것을 아느니라.
12 그러나 협착하고 어렵고 고통스러운
그 길을 가지 아니하며 넓고 편안한
길을 가고자 하는 것이 그들의 사악한
마음이니라.
13 모든 종교 지도자 그들은 알고 있느니
라, 열매가 어찌하여 연다는 것을.
14 지금 그들이 원하는 것은 사과나무에
서 포도 열매를 수확하고자 하는 것이
며, 포도나무에서 사과 열매를 수확하
고자 하는 절대 불가능한 짓을 하는
것이며 사악한 짓을 하는 것을 저희
스스로 알고 있음이니라.
15 그러나 그들은 저희들의 육의 향락을
위하여 이를 할 수 있으며 될 수 있는
것이라 밀고 나감이니라.
16 그것이 곧 죄인 줄을 저희가 모르느니
라.
17 그리고 거짓 지도자라는 걸 모르느니
라.
18 이제 받고 거둬들이는 것에 중독된 환
자요, 응급실에 들어가 누워 있는 자
들처럼 지금 병들어져 있으니, 그들이
바로 그와 같은 자들이니라.
19 지금 썩어져 죽어 가는 그와 같은 환
자들만이 우글거리는 것이 오늘의 이
세상이요, 종교 집단이요, 그들이 속
해 있는 속의 속사정이라는 것을 만백
성에게 공포하여 전하라, 사랑하는 나
의 아들아!

8,244 번째 하나님 말씀

2003년 11월 2일 08시 14분

1 사랑하는 나의 아들아!
2 "네, 아버님! 말씀하옵소서."
3 사랑하는 나의 피조물 만백성이요, 그
리고 너를 따르는 그 제자들 그 모두
가 '나는 무엇을 깨우쳤다.' 말할 때,
그는 정녕 그것을 깨우친 것이 아니요,
4 '나는 하나의 악습을 버렸다.' 말할 때,
그는 그 악습을 버리지 못한 것이니라.
5 그와 같이 말하는 순간에 그 모두는
다 무너지는 것이 너희이니라.
6 그러니 정녕 악습을 지우고 버린 자는
버렸다 말하지 아니함이니 이를 너희
는 알아야 할 것이니라.
7 지금 모든 피조물 만백성이 구원을 받
았다 하며 하늘에 오를 수 있는 자격
을 다 받았다 말하는 자,
8 하늘의 천국의 문을 열고 안 여는 것
은 나 여호와의 뜻이니, 저희가 그와
같이 말하는 순간에 그들은 나로부터

버림을 받은 자들이요, 정녕 그와 같
이 올 수 없는 자들이라는 것을 너희
는 알아야 할 것이며, 이를 만백성에
게 전하도록 그리하라.
9 악습을 버렸다고 남에게 자랑하며 장
담하고 그리 말할 때, 너희는 세월이
지나는 순간에 그 악습을 또 행하게
되어 있음이니라.
10 그러니 정녕 진심으로 버린 자는 그것
을 버린 것이 너무 소중하고, 버리기
까지 얼마나 고통스럽고 힘들게 그를
완벽하게 버렸겠는가?
11 그러니 그는 그 소중한 것을 놓고 자
랑하지 못하며 말하지 못하는 것이니
라.
12 그와 같은 마음 자세가 되었을 때 너
희가 악습을 버린 것이며, 모두를 다
깨달은 것임을 알라.
13 사랑하는 나의 아들아!
14 이것이 너희의 마음 자세며 가야 할
길이니라.
15 감히 소중한 보석을 가지고 있다면 그
걸 아무에게나 보여 주며 아무에게나
내놓고 자랑할 수 있겠는가?
16 정녕 소중한 것은 함부로 내놓을 수
없으며 자랑할 수 없음이니, 인간관계
에 살아가는 것도 그러하지 아니하더
냐?
17 나 여호와가 지금 나의 법전에 기록하
는 그 뜻을 내가 설명하지 아니하여도
알 것이니라.
18 그러니 너희는 '나는 악습을 버렸다.'
말하는 순간에 버리지 못한 자요, '나
는 깨달은 자라' 말하는 그 순간에 너
희는 깨닫지 못했으며, 나의 뜻대로
지킨다 말하는 자는 정녕 지키지 못함
을 너희는 알아야 할 것이니라.
19 모든 것을 행하지 못하는 자가 그리
말함이니라.
20 그와 같이 행하며 나와의 약속을 지키
려면 얼마나 피나는 노력이요, 각오가
얼마나 대단한 것인가를 스스로 아는
자이니,
21 그리하여 정녕 버린 자는 너무나 그
버림이 소중하며, 그와 같이 딛고 일
어설 수 있는 것이 너무나 영광된 것
이며 귀한 것이기에,
22 보물보다도 더 소중한 그 싸움에서 이
긴 것이기에 정녕 그와 같은 말을 할
수가 없음이니라.
23 그러니 너의 제자들은 이제 나는 무엇
을 버렸으며 깨달았다는 소리를 감히
하지 말라.
24 너희는 깨달은 것도 없으며 악습을 버
린 것도 없는 사람이 남의 악습이요,
남의 말을 해서는 아니 되는 것이니라.
25 구원을 받았다 하는 모든 백성이 바로
지옥으로 가는 자들이요, 구원을 받지
못한 자이니라.
26 정녕 구원을 받았다면 좁고 협착한 길
을 가기를 두려워하지 아니하며 그 길
을 선택해 스스로 갈 것이니라.
27 그러니 그게 바로 구원을 받지 못한
자요, 그 소중함을 함부로 말하는 자
는 그 귀함을 모르며 그 길을 가려고
얼마나 피나는 노력으로써 얻어진 결
과인가를 모르는 자들이며,
28 너희는 쉽게 얻은 자이기에 쉽게 버리
는 행위를 하고 있음을 알라, 사랑하
는 나의 아들딸들아!

8,245 번째 하나님 말씀

2003년 11월 2일 08시 19분

1 사랑하는 나의 아들아!
2 "네, 아버님! 말씀하옵소서."
3 오늘의 믿음이요, 종교 집단이요, 너
희가 잘 가고 잘못 가며, '너는 잘못된
자요, 나는 잘된 자라' 시시비비하며
그를 따질 필요가 없음이니라.
4 너희 스스로 모두를 알 수 있으며 너
희 스스로 다 평가할 수 있는 능력과
자질이 있느니라.
5 수천 년 동안 믿음의 길을 오는 그 속
에서 나 여호와가 너희에게 원하고 바
라는 것은 무엇이었더냐?
6 곧 사랑을 가르치며 사랑을 실천하고
행함이니라.
7 그리고 나의 아들 예수를 통하여 너희
에게 깨우치고 전하고자 했던 것을 모
두 그대로 행하고 실천하는 삶을 살았
다면 오늘에 이 세상이 얽히고설킨 그
모든 모습은 없었을 것이며, 결코 존
재할 수 없는 것이 오늘의 삶이니라.
8 오늘과 같이 나의 뜻을 거역하며 내
뜻에 따르지 아니하고 살아가는 자,
내가 산으로 가라 하면 들로 가는 그
와 같은 백성이 되었으며,
9 종교 집단이요, 지도자들이 지금 이
세상을 지배하고 있기에 이와 같이 복
잡한 문제들이 세상에 발생하며, 너희
가 인간으로서 행할 수 없는 그와 같
은 행위들이 이루어지는 것이 아니던
가?
10 진정한 나 여호와요, 내가 명한 것, 내
가 전하고자 하는 그 뜻대로 너희가
그대로 순종하고 살아왔더라면 이 세
상에 얽히고설킨 그 수많은 문제요,
그리고 너희가 해서는 안 되는 것, 봐
서는 안 되는 그와 같은 추악하고 더
러운 그 행위는 발생할 수가 없으며
발생하지 아니하였을 것이니라.
11 또한, 살아가면서 역사하는 것, 사랑
의 마음을 가지고 사는 것, 베푸는 마
음을 가지고 사는 것, 지금이라도 나
의 십계명을 지키고 사는 백성으로서
거듭나며,
12 나의 아들을 통하여 내리는 제3의 시
대에 나의 법전을 보고 깨우쳐 그와
같은 삶을 살아가는 백성으로 너희가
변화된다면 이 세상에 어떠한 문제도
해결되지 아니하는 것이 없으며, 해결
할 수 없는 것이 없음을 알라, 사랑하
는 나의 아들딸들아!
13 나 여호와가 너희에게 명하는 것은 진
리요, 나의 뜻이기 때문이니라.
14 그러니 수천 년 동안 믿음의 길을 오
는 지금의 종교 집단들이요, 지도자들
이 이끌어 간 이 세상에서 얽히고설킨
그 문제가 송사까지 가는 일은 과연
없는가?
15 송사까지 이르며 시시비비를 하며 언
성을 높이며 문제해결을 하지 못하며
모든 답을 내리지 못하는 것은 너희가
나 여호와의 뜻이요, 진정한 내 뜻에
의해 살아가는 백성이 아니기 때문이
니라.
16 나 여호와의 뜻이요, 나의 뜻에 의해
살아가는 백성이라면 이 세상에 아무
리 복잡하고 힘든 것도 해결되지 아니
할 문제가 없으며 해결되지 아니하는

것이 없으며,
17 어떠한 것이 발생한다 해도 거기에서
해결되어 너희가 편안한 마음으로 정
답을 얻는 길이 있으며, 어떤 것도 이
루어지지 아니하는 것이 없음을 너희
는 알아야 할 것이니라, 사랑하는 나
의 아들딸들아!

8,246 번째 하나님 말씀

2003년 11월 2일 11시 43분

1 사랑하는 나의 아들아!
2 "네, 아버님! 말씀하옵소서."
3 인간 너희가 살아가는 삶의 그 형태가
무엇이더냐?
4 너희가 현재 왕성하여 너희를 꾸중하
고 매를 들며 바로 서고 바로 가라 혼
내고 다스리는 그 부모가, 현재 왕성
한 젊은 시대는 그가 원망스럽고 부모
를 또한 욕되게 하는 그와 같은 행위
를 알게 모르게 했으며 부모를 원망하
고 살아온 것이 너희이니라.
5 그러나 너희는 여기서 들어야 할 것이
니라.
6 너희를 혼내고 매질하며 다스리던 그
부모가 쇠진하여 이제는 기력이 없으
며 죽음의 문턱에 와 너희에게 유언을
남기지 못하며 너희에게 소리 지르지
못하며 혼내지 못할 때,
7 쓰러져 가고 죽어 가는 부모를 보면서
너희는 무엇을 애절하게 기다리고 생
각하겠느냐, 그리고 무엇을 그리워하
겠느냐?
8 너희가 그리 듣기 싫었고 원망스럽고
너희를 나무라는 것이 이 세상에서 제
일 싫고 미운 어머니 아버지라 생각했
던 그 부모가 너희에게 소리 지르고
매질하며 힘 있게 너를 밀어붙이던 그
때가 가장 그리우며,
9 그와 같은 시절로 네 부모가 돌아가
주기를 몸부림치며 울고 매달릴 것이
니라.
10 너희가 그리도 듣기 싫었으며 그리도
싫었던 그 어머니의 매요, 꾸지람이,
그와 같이 힘이 있고 용기 있는 어머
니요, 그 악을 쓸 수 있는 어머니로,
11 너희에게 악의로 들렸고 욕으로 들렸
던, 네 부모가 일어서서 너를 혼내고
그와 같이 매질할 수 있는 그것이 자
장가보다도 더 아름답고 얼마나 소중
한 것인가, 그리하여 죽어 가는 너희
어머니요, 아버지가 너에게 다시 그리
해 주기를 한없이 뉘우치며 눈물로써
그리 바랄 것이니라.
12 그러나 쇠진하여 죽음의 문턱에 서 있
는 너희 어머니와 아버지는 너를 그리
다스리며 매질하며 훈계할 수 없음이
니,
13 네가 아무리 몸부림치고 애원해도 네
부모는 너를 혼내는 그 쩌렁쩌렁하던
음성이 세상에 나올 수 없으며, 그를
두 번 다시 들을 수 없음이니,
14 그를 아는 자식의 마음이 과연 어떠하
겠느냐?
15 너희는 들어야 할 것이니라.
16 이 세상에 나의 아들이라 하여 나의
성령을 모두 태워 내리며 160권의 법
전으로써 만백성을 구하는 그 길에 동
참하는 너희는 들으라.
17 너희가 오늘의 시련과 그 고통의 길을

가지 아니하면 너희는 정녕 바로 설
수 없음이니,
18 나 여호와가 너희에게 매질하며 고통
을 주는 것을 듣기 싫다 생각하지 말
며, 오늘의 이 고통의 시련을 주는 나
여호와를 원망하지 말지니라.
19 너희 부모가 힘이 없어 죽어 갈 때 그
부모의 혼내는 음성이 자장가보다도
더 소중하며 세상 무엇과도 바꿀 수
없는 그 소중한 목소리를 더 듣고 싶
어 매달리는 것보다도,
20 내가 너희에게 손을 놓으며 내가 너희
를 매질하지 아니하며 바로 다스리지
아니하면 너희는 그것보다도 더 슬프
고 더 괴로운 것이며, 그보다 더 잃는
것이 없음을 너희는 알아야 할 것이니
라.
21 오늘 내가 너희에게 시련을 주며 고통
을 주며 바로 서기를 바라며, 너희에
게 그 가슴속에 있는 악습을 하나하나
뽑아내어 너희 자신이 변화되는 삶이
요, 천사와 같은 삶으로 네가 살아가
기를 바라며 너희가 그리 변하기를 바
라는 나 여호와의 마음이니,
22 너희가 죽어 가는 부모 앞에서 너희가
그리 듣기 싫어했던 그 부모의 음성이
그것보다도 소중한 것이 세상에 없으
며,
23 너희 모두를 다 던져 너희 부모가 그
와 같이 너희에게 매질하며 훈계하는
그 시절로 돌아가려 하나, 정녕 돌아
갈 수 없듯이,
24 내가 너희 손을 놓으며 내가 너희를
버렸을 때는 너희는 돌아올 수 없는
그와 같은 것이며,
25 오늘 내가 너희를 훈련하며 혼내는 것
을 죽어 가는 부모 앞에 후회하는 그
와 같은 마음보다도 더 깊고 애절한
마음으로 오늘 내 뜻을 따라 역사하는
그와 같은 사랑하는 아들딸로서 변해
가도록 그리하며, 고통과 시련을 시련
이라 생각하지 말라.
26 이것이 나 여호와가 오늘 너희에게 간
곡히 내리는 뜻이니, 그리 알고 실천
하고 행하는 백성이 되도록 그리하라,
사랑하는 나의 아들딸들아!

8,247 번째 하나님 말씀

2003년 11월 3일 07시 58분

1 사랑하는 나의 아들아!
2 "네, 아버님! 말씀하옵소서."
3 너의 제자들은 모두 살아서 움직이는
꽃이 되어야 함이니라.
4 이번에 나 여호와가 너희를 보았으며
너희가 훈련됨을 보았음이니, 그 기쁨
이 이루 말할 수 없음이니라.
5 아름답게 핀 꽃이 좋아하는 사람이 그
를 꺾을 때 그가 기뻐하며, 싫어하는
사람이 그를 꺾을 때 그는 싫어한다
하였느니라.
6 그리고 꽃은 한 번 보여 주면 그 자리
에서 보여 줌이요, 움직이고 이동하면
서 보일 수 없는 것이 꽃이라 하지 아
니하였더냐?
7 정녕 그 아름다운 꽃이 좋은 사람이
꺾을 수 있도록 제가 따라가며, 싫은
사람이 꺾을 때 그를 거부하고 또한
움직여서 도망갈 수 있다면, 그 꽃은
얼마나 행복하고 아름답겠느냐?

8 그러나 꽃은 그와 같이 할 수가 없는
것이니라.
9 모든 동식물이 제자리를 지키고, 제가
사는 영역이요, 제 생활권을 벗어나지
아니하는 것이 질서이니라.
10 그러니 이 세상에 움직이는 꽃이 누가
될 수 있겠는가?
11 동물들이 움직이는 꽃이 될 수 있겠느
냐, 그 꽃나무 자체가 움직이는 꽃이
될 수 있겠느냐?
12 모두는 다 움직이는 꽃이 될 수 없음
이니라.
13 그러나 움직이는 꽃이 세상에 피어 있
고 움직이는 꽃이 있다면 얼마나 아름
답고 좋겠느냐?
14 바로 그것은 누가 할 수 있느냐?
15 인간이 할 수 있느니라, 사랑하는 나
의 아들딸들아!
16 너희가 하나의 꽃이 되며 아름다운 꽃
이 되면 되느니라.
17 움직이는 꽃이요, 그저 미운 사람, 좋
은 사람 다 안을 수 있는 것이 인간의
꽃이니,
18 꽃들도 좋아하는 사람이요, 아름다운
천사와 같은 자가 가까이 와 그 꽃을
꺾을 때 즐거워하며, 또한 악한 사람
이 그리할 때 싫어한다 하였느니라.
19 그러나 그들은 거부할 수 없으며 제
의사를 표시할 수 없으며, 싫은 자에
게 꺾이지 아니할 수 있는 그 힘이 없
지 않으냐?
20 아름답고 좋은 사람이 꺾든 나쁜 사람
이 꺾든 꺾이는 것이 꽃이니라.
21 그러나 살아 있는 꽃은 그렇지 아니하
니라.
22 그것이 너희 인간이 아름다운 꽃이 되
어야 함이니라.
23 사랑하는 나의 아들아!
24 내가 이번에 너의 제자 '김미향'을 뭐
라 말하였느냐?
25 그가 제주도에 여행을 갔다 오면 절대
나의 성전에 올 수 없도록 그리한다
하였음이니,
26 너는 어찌하여 내가 그를 오지 못하도
록 막는가 생각하나, 그가 그 여행을
하며 그 길을 감으로 돌아올 수 없는
죽은 자가 된다면 과연 어떠하겠느냐?
27 어떠한 형태든지 모든 것이 너희 인간
관계를 끊는 고리가 된다면 그게 무엇
이더냐?
28 여기로 돌아올 수 없으며 법전을 만들
수 없는 것이 아니더냐?
29 너는 어찌하여 그것 하나만을 생각하
는가?
30 내가 너에게 보여 준 것은, 그가 갔을
때 어떠한 형태든지 다시 너희 앞에
나타날 수 없는 사람의 형태로 되기
때문에 여기에 돌아오지 못하는 사람
이라 내가 그리하였음이니라, 사랑하
는 나의 아들아!
31 너희는 말하기를, 나 여호와의 뜻을
거절함으로 그 모든 공이요, 은혜가
있어도 그를 냉정히 치는 나 여호와
요, 무서운 아버지라 생각하지 말라.
32 너희는 예수를 통하여 예수가 죽은 자
를 살렸다 하며 병든 자를 고쳤다 하
는 것만 죽은 자를 살리며 병든 자를
살린 것이더냐?
33 죽음의 길을 가 불행한 사고를 당하는
것을 막아 주는 것은 그것이 무엇이더

냐?
34 그야말로 정녕 죽은 자를 살리는 것이니 그리 알라, 나의 아들아!
35 어찌하여 네가 그리도 어리석으며 생각하는 것이 하나밖에 모르던가?
36 그는 그리하여 내가 말하는 그 병원에 입원하였느니라.
37 입원을 했을 때 그 제자가 어찌하였는가?
38 '고재순'이라 하는 그 제자는 인간 세상에서 너희가 생명보다도 더 소중히 하는 모든 경제적인 것을 스스로 다하여 그를 걱정하지 아니하도록 하며, 환자가 근심치 않도록 하였으며,
39 나의 성령을 받아 기록하는 나의 아들 네가 근심의 마음을 가질까 봐 내가 나의 내리는 성령이요, 나의 법전을 잘 받아 네가 만백성을 구하는 일을 할 수 있도록 그는 너를 위해서 네 마음의 동요가 없도록 모두 지불하고 그가 책임을 지는 것을 너는 알았느냐?
40 "아버님, 이제 그 의미를 알겠사옵나이다."
41 그가 소중해서 또 인간이 가련해서 한 것도 있지만, 네 마음에 파장이 생길까 봐 그가 그와 같이 모두를 다 가슴에 안으며 모든 책임을 진 것을 너는 어찌하여 그 마음을 못 보는가?
42 그 마음을 위로해 주며 그 마음을 달래 주는 그와 같은 마음 자세가 필요한 것이니, 그것이 살아 있는 꽃이니라, 나의 아들아!
43 이번에 '김윤수'라는 네 제자는 과연 어찌하였더냐?
44 모두를 다했음이니라.
45 또한 너의 제자들이 또한 성심성의껏 다했음이니라.
46 그것이 무엇이냐?
47 살아 있는 꽃이니라.
48 그것이 너희가 나의 법전을 읽고 깨우친 백성이요, 그리고 너희가 갈 수 있는 그 길이니라.
49 세상에 너희가 아는 사람이 아파 병원에 입원하여 그가 죽어 간다 할 때, 어렵고 힘들다 하여 그를 살리기 위해 모두를 다 내놓을 수 있는 자, 그 모두를 부담할 수 있는 자가 이 세상에 과연 얼마나 있겠느냐?
50 그것이 아름다운 꽃이요, 살아 있는 꽃이요, 인간의 꽃이니라, 사랑하는 나의 아들아!
51 나 여호와의 기쁨이 그러하니라.
52 또한, 너는 어찌하였는가?
53 네가 성심성의껏 다했으며, 진심으로 가련하고 어려운 자를 돕는 것이 무엇이라는 것,
54 그리고 같은 재물을 쓰며 같은 시간을 보낸다 해도 가련하고 불쌍한 사람들에게 보내는 사랑의 정이 얼마나 소중하며, 사랑은 꼭 필요할 때 베푸는 것이 얼마나 중요한 것인가를 너 또한 많은 것을 깨우쳤음이니라.
55 이제 내가 너에게 말하느니라.
56 그가 살아 돌아왔으니 말하느니라.
57 그가 여기로 올 수 없는 불행한 일을 당할 것을 나 여호와가 막아 주었음이니라.
58 그리고 너희가 이와 같은 사랑의 꽃을 피울 수 있으며 살아 있는 꽃이요, 인간의 꽃의 역사를 할 수 있음이니,

59 한 번 핀 꽃은 다음에 또 피게 되어 있
는 것이니 그리 알라, 나의 아들아!
60 첫 번째 꽃이 피기가 어려우니라.
61 한 번 피기 시작한 그 꽃은 때가 되면
피어나느니라.
62 이것이 중요함이니라.
63 오늘의 너희가 살아 있는 꽃이요, 정
녕 아름다운 꽃이 되어 있음을 내가
보았음이니, 인간 꽃을 이 세상에 피
우기 시작하였음이니라.
64 아무리 깊은 산 속에 피어 있는 꽃이
향기가 아름답다 해도, 인간 꽃의 향
기만큼은 못할 것이니라.
65 인간의 향기는 무엇이더냐?
66 너희가 직접 사람을 죽이고 살리는 일
이 있는가 하면, 더불어 죽고 사는 그
와 같은 길을 같이 갈 수 있으며 또한
어렵고 불쌍한 사람을 도움이니,
67 그들에게 몸과 마음으로 그 은혜를 입
히는 것이니, 그것이 꽃이 보내는 향
기보다 못하겠느냐?
68 오늘 그 모든 그림의 한 장을 내가 너
에게 보여 준 것은 그 역사함이니라.
69 이제 그들에게 네가 나 여호와를 대신
하여 치하하라, 모두 꽃이 되어 가는
너의 제자들을 내가 사랑한다고.
70 결국 너희는 이와 같이 한 송이의 꽃
을 피웠음이니, 두 송이의 꽃을 피우
며, 세 송이의 꽃을 피우며, 열 송이의
꽃을 피우며, 이와 같이 하면 이 세상
이 아름다운 꽃이 되는 것이니라, 사
랑하는 나의 아들아!

8,248 번째 하나님 말씀

2003년 11월 3일 08시 05분

1 사랑하는 나의 아들아!
2 "네, 아버님! 말씀하옵소서."
3 자연이 말하는 모든 것, 자연이 움직
이는 것을 들을 수 있는 그와 같은 경
지에 오르면, 너희는 두 번 다시 실수
하는 삶을 살지 않을 수 있는 것이니
라.
4 이 세상의 모든 자연이 하는 것에 귀
기울이는 그와 같은 삶을 살아야 할
것이니라.
5 자연 속에 살아가는 자연의 그 형태
요, 모습이요, 소리를 듣지 못한다 해
도, 그들이 살아가는 소리를 들을 수
있으며 자연을 볼 수 있는 마음이야말
로 가장 위대한 마음임을 알아야 할
것이니라.
6 너희가 정녕 자연의 소리를 듣지 못하
거든, 이 세상에 돌아가는 모든 형태
요, 자연의 자리에서 역사하고 그들이
변함없이 움직이는 모든 것을 보고 연
구하고 공부하도록 그리하면 너희가
자연의 소리를 들을 수 있는 것이니라.
7 너희가 자연의 아름다운 그 소리만 들
을 수 있다 해도 오늘과 같이 험악한
세상이요, 이와 같은 너희가 인간이
인간을 두려워하며,
8 오로지 자기만 위하고 생각하며 자기
만 역사하고자 하는 그와 같은 마음의
형태로는 절대 가지 아니할 것이니라.
9 그러니 자연의 모든 소리에 귀를 기울
이며 자연의 소리를 들을 수 있는 그
와 같은 귀를 열도록 그리 전하라.

10 나의 아들을 따르는 제자들이요, 나의
법전을 읽고 깨우친 만백성, 너희는
하늘에 오르는 그 진리의 길을 들어서
고 있음이니, 진리의 길이 무엇이더냐?
11 너희가 이 세상의 모든 것은 다 하나
요, 움직이는 모든 것을 볼 수 있으며
그들의 소리를 들을 수 있는 것이니라.
12 마음을 열라 전하라.
13 마음 하나 열면 세상 것을 다 들을 수
있으며 다 볼 수 있는 것을, 세상 것을
다 보고 듣는 것이 얼마나 위대하고
소중한가?
14 세상에 자연의 아름다움 속에서 아름
답게 동화되지 아니할 수 없는 것이
너희 마음이니라.
15 그러니 너희 자신의 마음을 비우고 마
음을 열라, 그리하여 진심으로 아름다
운 모습으로 살라 하라.
16 아름다운 모습으로 살라, 그리고 아름
답고 선함을 생각하고 살라.
17 그것이 무엇이 그리 힘들고 어렵기에
내가 너희 제자들에게 수천수만 번을
말해야 하며, 이 법전에 이리 기록해
야 한다 말이던가?
18 너희가 모든 것에 감사하는 마음이요,
은애하는 마음이요, 이 세상에 존재하
는 그 자체가 나로부터 받은 것이라는
생각을 한다면,
19 그를 나에게 돌려주기 위해서 변질하
지 않는 상태요, 썩지 않는 상태로 나
에게 와야 하며 돌려줘야 하지 않느냐?
20 그것이 바로 내가 너희에게 처음에 내
렸던 그 마음 자세로 돌아가는 것이니
라.
21 그러니 그 마음으로 돌아가면 자연의
소리를 들을 수 있으며 모두 들을 수
있고 역사할 수 있는 것이니,
22 자연의 소리를 듣기 시작한다면 너희
가 천사와 같은 마음으로 아름답고 유
한 마음으로 돌아가는 것을 알아야 할
것이니라.
23 사랑하는 나의 아들아, 내가 너에게
전함이니라.
24 믿음의 가는 길이요, 하늘에 오르는
길, 그것도 오로지 모든 열과 성의를
다하여 요란하게 떠들며 광적으로 가
는 것이 아니니라.
25 인간관계에서 사람이 충성을 다하며
모두를 바쳐 너를 따르는 제자라 하여
도, 그 강한 충성은 부러지게 되어 있
는 것이니라.
26 그러나 유하고 부드러운 충성은 영원
히 존재하며 그는 끝없이 갈 수 있는
것이니라.
27 너희가 나의 법전이요, 나에게 오르는
그 길이라는 것이 무엇이라 말하였느
냐?
28 충성이 지나치면 광란의 짓을 하고 가
기 때문에 바로 부러지는 그와 같은
믿음의 길을 가는 것이기에 잘못 가는
것이며,
29 나에게 오를 수 있는 그와 같은 길이
아님을 알아야 할 것이니라.
30 유하고 부드러움만이 존재함이니라.
31 너희가 나의 법전을 접하면서 이 성경
은 한 자도 고쳐서도 아니 되며 한 획
도 고쳐서는 아니 되며, 이걸 가지고
나의 아들 예수를 믿기만 하면 구원을
받는다 하니,
32 너희가 과잉 충성이요, 과잉 반응을

보이고 있기 때문에 잘못 감이니라.
33 그리하여 거기서 욕심이 유발하느니
라.
34 인간과 인간관계도 충성을 하는 것,
너를 따르는 제자들의 그 자세도 강한
자는 부러진다는 것을 잊지 말라, 사
랑하는 나의 아들아!
35 네 앞에 와 절을 하며 열과 성의를 다
하여 바치는 것같이 하나, 강한 쇠는
부러지게 되어 있으니, 물과 같이 유
한 자만 갈 수 있음이니라.
36 나를 경배하고 나의 법전을 가지고 공
부하는 너희 제자들은 강한 자가 되어
서는 영원히 나에게 오는 그 길을 나
의 아들과 더불어 못 옴이니라.
37 유하고 부드러운 자세로써, 유하고 부
드러운 마음으로써 따라오는 자는 지
칠 줄 모르며,
38 어렵고 힘들다 해도 그 고비를 참고
넘으면 미래가 있다는 것을 그는 알
수 있으니 견딜 수 있느니라.
39 강한 자는 부러지며, 충성을 다하는
것같이 강한 충성은 부러짐이니라.
40 유하고 부드러운 그 충성만이 오래오
래 지속할 수 있으며 너와 같이 갈 수
있으니,
41 나의 법전을 만드는 백성이요, 나의
법전을 만드는 선택된 제자 너희의 마
음은 부드러우며 유한 생각으로 가라
그리 전하라.
42 너의 제자가 그 아픈 사람에게 모든
금화와 은화를 대 그 치료비를 다해
줄 수 있는 그 마음이 무엇인 줄 아느
냐?
43 강하면서 유함이 있기 때문이니라, 그
리고 생각이 있기 때문이니라.
44 나의 아들 네가 그로 인하여 법전을
쓰며 나의 성령을 받는 데 흔들리며
잘못될까 봐 그를 바로잡기 위하여 그
는 모두를 다 바쳐서라도 그를 구하고
자 하는 것이 그 마음이니, 바로 그것
이 무엇이더냐?
45 제가 구하지 아니하면 네가 도저히 지
탱하지 못할 것이라면 그는 물속에 뛰
어들든 바다 속에 뛰어들든 사자 굴에
뛰어들어 가서라도 그걸 구해서 가져
올 수 있음이니,
46 그는 너를 사랑함이 아니요, 나 여호
와를 사랑함이요, 나를 공경함이니,
그게 바로 유하고 부드러운 사랑의 충
성이니라.
47 그가 강하다 생각하지 말라.
48 그는 생각하는 지혜가 있기 때문에 그
강함보다도 유하고 부드러움이 있으
며 지혜로움이 있기 때문이니라.
49 그러니 지혜로움이요, 부드러운 마음
이요, 생각할 수 있는 마음이 아닌 오
로지 충성만을 가지고 가면 강한 쇠처
럼 부러지는 것이 믿음의 길이라는 걸
알라, 사랑하는 나의 아들아!

8,249 번째 하나님 말씀

2003년 11월 3일 08시 10분

1 사랑하는 나의 아들아!
2 "네, 아버님! 말씀하옵소서."
3 너의 제자들이 한 제자의 아프고 고통
스러운 것을 다 들어주었음이니,
4 네가 그를 보호하며 또한 그에게 문안
을 가며 그를 보면서 과연 느낀 것은

무엇이었더냐, 나의 아들아!
5 "네, 아버님! 크나큰 것을 하나 느꼈
사옵나이다.
6 서둘러서는 아니 된다는 걸 깨달았사
옵나이다.
7 병든 환자를 치료하는 병실에 가 그
를 간호하면서 그를 보면서, 옆에 있
는 그 환자들의 아픈 고통을 보면서
제가 깨달은 것은,
8 모든 것은 서둘러서는 아니 되며, 서
둘러서는 역사할 수 없다는 그 큰 것
을 깨달았사옵나이다."
9 아들아, 그러하니라.
10 내가 너에게 뭐라 말하였느냐?
11 나 여호와가 역사하는 것은 많은 사람
이 필요 없다 하지 아니하였더냐?
12 많은 사람을 가지고 역사할 필요가 없
으며, 단 한 명이든 두 명이든 역사할
수 있는 것처럼, 네가 서두른다고 해
서 되는 것이 아니니라.
13 나 여호와는 서두르지 아니함이니라.
14 서서히 가며 서서히 역사하면서 모두
이루어지는 것이니라.
15 너희가 과잉 충성하는 것은 쇠와 같이
부러진다 하지 아니하였더냐?
16 바로 그러하니라.
17 그리하여 유한 자가 승자가 되며, 유
한 자요, 부드러운 자만 너와 영원히
갈 수 있다 하지 아니하였더냐?
18 서두르지 아니하면 유함이 있고 부드
러움이 있음이니라.
19 네가 작은 사랑이요, 작은 돌봄과 보
살핌 속에서 여유로움이었으며 기다
림이 있으며, 그리고 기다리지 아니하
면 아니 되는 그와 같은 것을 네가 깨
달았다 함이니 그러하니라.
20 기다리는 것이며 서두르지 않는 것이
네가 나의 법전을 가지고 만백성을 이
끄는 길이요,
21 또한 네가 그와 같은 마음 자세로 가
는 것, 그것만이 모든 백성이 네가 나
의 아들이라는 것을 볼 것이며,
22 네 눈에서 나오는 그 빛을 볼 것이며,
네 입에서 나오는 자애로운 말을 들을
것이니라.
23 서두르고 급하게 가서는 아니 됨을 네
가 이번에 깨달았음이니, 바로 내가
너에게 그와 같은 것을 얻게 하고자
함이었음이니라.
24 아들아, 이제 그와 같은 마음으로 하
라.
25 병자를 다루는 마음, 그리고 수술한
자를 간호하는 보호자와 같은 마음,
26 함부로 할 수 없으며, 그저 마음대로
할 수 있던 것을 마음대로 움직이지
못하는 사람들의 그 마음같이, 그와
같은 마음으로써 네가 부드럽고 그리
고 기다리는 마음, 서두르지 아니하는
마음으로써 그리 가라, 나의 아들아!
27 그리하면 모두가 역사될 것이니라.
28 나 여호와가 서두르지 아니함이요, 내
가 급하게 가지 아니하느니라.
29 서서히 역사하고자 하거늘, 어찌하여
네가 그리도 서두르고 급하게 가는 그
마음으로써 모든 백성을 그대로 다스
릴 수 있겠느냐?
30 네가 이번에 그와 같이 깨우쳤다면 작
은 사랑을 베풀어 주는 그것이 아름다
운 사랑이요,
31 네가 서두르지 아니하며 서서히 가는

것, 급하게 가지 아니하는 것이 모두
를 역사할 수 있는 것이라 깨달았으면
너는 그리 가라, 사랑하는 나의 아들
아!

8,250 번째 하나님 말씀

2003년 11월 3일 20시 43분

1 사랑하는 나의 아들아!
2 "네, 아버님! 말씀하옵소서."
3 믿음을 가진 자, 신앙생활을 오래 했
다는 백성, 그들에게 네가 무엇이라
말해도, 그들은 절대 그를 수긍하지
않으며 인정하지 않으려 할 것이니라.
4 네가 그들에게 말하고 네 제자에게 강
론하기를, 너의 제자들은 너를 보기를
모르는 60살 먹은 노인을 보는 마음
으로 상대할 것이며,
5 그 이상의 애정이요, 그 이상 사랑의
표시요, 그 이상으로써 어떠한 물질적
인 것도 너에게 해서는 아니 되며,
6 그는 바로 가고자 하는 너를 쓰러트리
며 무너지게 하는 그와 같은 짓을 하
는 것이요,
7 그렇기에 너를 돕는 자, 너를 위해서
모든 걸 봉사하는 그와 같은 자는 나
여호와로부터 사랑이요, 은혜가 아니
라, 벌을 받는 것이니라.
8 이는 곧 네가 무너지기 때문이니라.
9 그러니 그와 같은 마음으로 가는 너와,
10 하나님의 종이요, 목자를 받들어야 하
며, 그를 기쁘게 하며, 새롭고 좋은 것
은 모두 그가 우선이며, 그가 잘못하
는 것은 탓하지도 말며 허물을 나무라
지도 말아야 하는 것이 종교 지도자가
가는 길이요, 신도가 받드는 길이라
그리 가르치는 자,
11 그 두 가지를 놓고 어떤 것이 옳고 그
르다 하며, 어느 것이 나 여호와의 뜻
에 의해 가는 길이라 그리 말해도,
12 그들은 반드시 네가 가는 것이 잘못된
길이라 그리 말할 것이니라.
13 첫째는 그들이 말하기를, 서로 주고받
는 게 없으며 거래하는 것이 없으면
무엇으로써 먹고살 수 있으며 무엇으
로써 종교 집단을 유지하느냐고 말할
것이니,
14 그게 바로 나 여호와로부터 선택된 자
들은 저희가 목에 풀칠하지 아니하도
록 모두를 내린다는 그 믿음이 약함이
니라.
15 그러면서 그들이 할 말이 없으면 뭐라
말하는 줄 아느냐?
16 '그저 많은 사람이 모이는 것, 많은 사
람이 다니는 것이 당연한 길이요, 그
것이 정당한 길이요, 하늘에 오르는
길이지,
17 적은 사람들이 다니는 길이요, 새로
생긴 그와 같은 집단이 하늘에 오르는
길이요, 진리를 깨우친다 생각할 수
있겠는가?' 하며 그와 같이 궁색한 변
명으로 그리 말할 것이니라.
18 그러나 너는 말할 것이니라.
19 너의 제자들에게 말하기를, 성전을 더
크게 짓고자, 그것을 더 역사하고자
재물을 바치는 것 또한 나의 재물을
함부로 쓰는 것이며,
20 그들은 나로부터 벌을 받을 자들이요,
상을 받을 자가 못 된다고 말하니, 그
들은 뭐라 말하겠는가?

21 그들은 그와 같은 것이 잘못되었다 말
하느니라.
22 그리고 그와 같은 것은 있을 수도 없
는 것이라 말하느니라.
23 물질이 가는 곳에 사랑이 있고 마음이
있는 것이니, 더 큰 교회요, 더 화려한
것을 역사하는 것은 당연하며, 그것은
너희가 하는 길이라 그리 말하며, 그
와 같은 자는 축복과 은혜가 있다 말
함이니라.
24 재물을 바치는 자도 그리 말할 것이며
거둬들이는 자도 그리 말할 것이니,
25 어떠한 방법으로써 그들을 깨우치며
그들의 눈과 가슴을 열어 주고자 해도
그들은 절대 받아들일 수 없으며 그것
을 듣지 않는 것이 오늘의 종교 집단
이요, 지도자들이니라.
26 그러니 그 굳어지고 굳어진 마음을 어
찌 녹이겠느냐?
27 그러니 나의 법전으로써 너희가 가서
전하는 것밖에 없음이니라.
28 너희가 천 번 만 번 강론하면 할수록
그들은 더 문을 닫으며, 더 반박 자료
를 만들 것이며, 더 반박하기 위해 연
구할 것이니라.
29 그러니 너희가 시시비비를 하지 아니
하며, 나의 법전을 읽고 깨우친 백성
이 이것이 옳다 그르다 시시비비를 하
기 시작하여, 저희가 그를 보지 아니
하면 견딜 수 없는 그와 같은 형국이
되지 아니하면 그들을 깨우치는 길로
인도할 수 없는 것이니라.
30 그리하여 나의 법전으로 이 세상을 다
덮고자 하는 것이 나 여호와의 뜻이
니, 너희는 그를 알며 최선을 다해야
할 것을 잊지 말라, 사랑하는 나의 아
들딸들아!

8,251 번째 하나님 말씀

2003년 11월 3일 20시 49분

1 사랑하는 나의 아들아!
2 "네, 아버님! 말씀하옵소서."
3 복음을 전하며 복음을 역사함은 무엇
을 의미하는가?
4 복음이란 죄를 짓는 나의 사랑하는 백
성 너희에게 무엇이 죄인지 알려 주
며, 죄를 지어서는 아니 된다는 것을
깨닫게 하는 것이며,
5 그리고 죄와 죄가 아닌 것을 구분할
수 있는 그와 같은 지혜를 내려 주며
그래서 너희가 죄를 짓지 아니하는 삶
을 살아갈 수 있도록 인도하는 것이
바로 복음을 전하는 사업이며,
6 또한 거기에는 나 여호와의 존재함과
나 여호와가 모두를 다 주관하고 역사
한다는 것을 알며, 범사에 감사하는
그와 같은 마음을 지니고 살아갈 수
있도록 하는 그 모든 뜻이 포함되어
전하는 것이 바로 복음의 뜻이 아니더
냐?
7 너희가 복음을 전하는 의미가 거기 있
음이니라.
8 그리하여 너희가 천사와 같은 아름다
운 삶으로써 나의 나라에 올 수 있도
록 그를 인도하고 깨우쳐 주기 위한
것이 복음을 전함이 아니더냐?
9 내가 존재함을 믿으며, 너희들이 하늘
의 법도에 의하여 잘 살고 잘못 산 것
에 대한 대가의 심판을 받게 됨이니,

10 너희가 죄를 벗어나 거듭나는 새로운
삶을 살도록 하며, 선과 악을 행하여
심판대에 서서 심판을 받을 때,
11 선을 행함이 많아 당당히 나에게 올
수 있는 그와 같은 길을 엮어 주며, 새
로운 삶의 길을 열어 주는 것이 바로
복음을 전하는 역사요, 복음에 대한
그 뜻이 거기 있음이니라.
12 그러나 지금의 복음은 어떠하던가?
13 나 여호와의 뜻이요, 참진리요, 나의
아들 예수를 통하여 내리고자 했던 순
수하고 아름다웠던 복음의 그 뜻을 그
대로 전하면 되나,
14 지금까지 세월이 흘러오면서 인간의
교리요, 인간의 생각이요, 인간의 욕
심으로써 만들어진 바로 너희가 만든
창작품이 지금 나 여호와의 복음이라
하여 전하고 있음이니라.
15 오늘에 복음을 전하고 복음을 받는
자, 그리고 복음에 의하여 사는 백성
이라는 자,
16 너희는 욕심의 한계를 벗어나지 못한
백성이요, 그 한계에서 벗어나지 못한
백성 중에서 지도자라는 자가 나와 그
가 나의 피조물 만백성들에게 복음을
전하며 설교하고 깨우치며 간다는 것
이 오늘의 그 형태이니라.
17 진정한 복음이요, 설교를 듣고 성장한
백성이라면 너희는 오늘의 삶이 성숙
하였을 것이며, 그리고 너희 자신의
영혼이 성숙하여 아름다운 마음이요,
천사와 같은 형국으로 변화되는 그와
같은 삶의 길을 가고 있을 것이며,
18 이 세상은 2천 년 전보다도 더 아름답
고 승화된 그와 같은 삶의 세상이 되
었을 것이니라.
19 그러나 너희는 거꾸로 흘러왔으며 퇴
보했음이니라.
20 위에서 흐르는 물은 흐를수록 어찌 되
는가?
21 물은 정화하고 정화하는 그와 같은 정
화의 과정을 거치면서 물은 맑아지며
모든 생명을 구하는 그와 같은 역사가
있으나,
22 정화되어 모든 백성이 마실 수 있는
생수가 되어야 할 복음은 정화되고 정
화되는 과정에서 더 혼탁해지고 더 썩
어서, 인간의 생명을 구할 수 없으며
인간이 마실 수 있는 생수로 변하지
못하였음이니라.
23 생수로 내려와야 하는 것이 썩은 물이
되어 버린 것이 오늘의 종교 집단이
요, 지도자들이 역사한 결과이며, 너
희가 지금까지 걸어온 길이라면 무엇
이더냐?
24 너희 자신도 다 썩어져 있는 자들이라
는 것을 잊어서는 아니 될 것이니라.
25 영혼이 성숙된 그 변화의 역사를 이루
지 못한 것은 진정한 복음을 전하는
것이 아니요, 믿음의 길도 아니요, 진
정한 신앙의 길도 아니니라.
26 교회의 성장과 육의 육성을 위하여 지
금까지 온 신앙생활이라는 것을 너희
는 알라.
27 인간이 만든 교리요, 너희 취향에 맞
도록 너희 자신을 보호하고 지키기 위
해 만든 것이 바로 인간의 복음의 뜻
을 전하는 그와 같은 역사를 하였으며,
28 나 여호와의 진정한 사랑의 복음을 전
하는 것을 아니 했기에, 너희가 나를

능멸하며 나의 뜻을 순종하지 아니하
며 모든 것을 역행하는 자들이 오늘
이 세상을 지배하고 있다 하였음이니,
29 그리하여 그들을 다스리고자 하는 것
이 나 여호와의 뜻이라 함을 너희는
알라.

8,252 번째 하나님 말씀

2003년 11월 3일 20시 55분

1 사랑하는 나의 아들아!
2 "네, 아버님! 말씀하옵소서."
3 모든 종교 집단이요, 믿음의 길을 가
는 그 백성이 뭐라 말하느냐?
4 너희가 알기에는 육은 영원한 생명이
못 되며 육은 영원히 존재하지 못한다
는 것을 알고 있음이니라.
5 그리하여 너희가 거기에서 생각하고
깨달은 것이 무엇이던가?
6 육은 영원한 생명으로서 제자리를 지
키지 못하는 것이기에, 오로지 영원히
존재하는 영혼의 삶이요, 영혼은 영원
히 존재하는 생명이기 때문에 너희는
영혼을 위한 삶을 살아야 하며,
7 영혼에 대해 모두를 맞춰 살고 영혼을
위해 사는 것이 소중하며, 오늘의 육
의 삶은 중요치 않다 그리 말하느니라.
8 그렇다면 영혼의 삶의 길은 무엇이던
가?
9 좁고 어렵고 협착하고 고통스럽고 어
려운 길, 너희가 나로부터 받은 은혜
에 보답하는 공로 있는 삶을 살면서
하늘에 오르는 그 길은 너무나 어렵고
힘든 것이기에,
10 여기서 무엇을 갖다 붙여 지금 나의
피조물 만백성들을 우롱하며 장사하
는 줄 알겠느냐?
11 내가 말하지 아니해도 너희는 알 것이
니라.
12 너희는 나의 아들 예수요, 나를 믿기
만 하고 나의 아들 예수를 부르고 찾
기만 하면 그저 무조건 영원히 사는
영혼이 거듭나는 영광을 얻게 된다고
그리 가르침이니라.
13 육의 삶은 영혼의 삶의 연장이거늘,
육의 삶을 천사와 같이 변하며 아름답
게 살아가고자 하는 그 백성마저도 편
한 길을 가고 편한 것을 찾도록 하여
그들마저도 지옥으로 이끌어 가는 것
이 오늘의 형국이니라.
14 너희는 영원히 사는 영혼의 삶을 위해
서만 살기에 오늘의 육의 삶은 중요하
지 아니하며, 육은 죄를 짓고 안 짓고,
선하고 악한 것이 관계없으며, 무엇인
가 깨우치고자 노력하는 것도 필요 없
으며,
15 인간은 아무리 변하고자 노력한다 해
도 그것은 한계가 있으니 변할 수가
없으며, 아무리 아름답고 선한 일을
하고 산다 해도 그것은 영원히 사는
영혼의 세상과는 관계없는 삶이라 그
리 가르침이니,
16 영원히 살 수 있는 영혼의 삶을 살라,
그리고 그 길을 위해서 살라, 오로지
그것은 너희 손으로 지은 죄의 온상에
와 재물을 바치며 울고불고 찬송하고
기도하며,
17 종교 집단들이 사악한 짓을 해도 그것
을 탓하지 말며, 그들을 그저 신처럼
받들며 그들의 기쁨을 위하며 그들을

기쁘게 하는 것이 구원을 받는 길이라
말하는 그 사악한 자들의 말을 듣고,
18 그 길이 영혼을 구하는 길이요, 예수
를 믿으며 예수의 보혈로써 구원을 받
는다는 것으로써 모두 영원히 사는 영
혼의 생명을 얻는 길이라 가르치는 꼴
이 되었음이니라.
19 이게 바로 내가 너희를 보기에 가슴이
터지며, 너희 손을 놓고자 하는 그 마
음이 하루에도 수없이 들고 있음을 너
희는 알아야 할 것이니라.
20 그러나 내가 창조한 사랑하는 백성이
요, 그리고 내가 너희에게 지혜를 주
었으며 모든 생각과 능력을 준 것을
지금 역행하고 잘못 쓰는 자도 모두
나 여호와의 탓이라 생각함이니라.
21 다만, 지금 나의 아들을 통하여 새로
운 성경이요, 나의 법전을 내리며, 나
의 뜻이라 믿고 가는 사랑하는 백성
그들로 하여금 이 세상을 적실 수 있
으며, 이 세상을 변화시킬 수 있는 그
역사를 시작하기에, 내가 오늘 모든
것을 참고 있음을 너희는 알라.
22 모든 종교 집단이요, 지도자요, 그리
고 이 세상에 존재하는 백성, 너희는
나 여호와의 분노함이 더 이상 올라갈
수 없는 한계에 와 있음을 알아야 할
것이며 이를 깊이 깨달으라.
23 내가 어떠한 고통과 시련과 나의 아들
예수의 죽음의 고통까지도 인내하고
견뎠으며,
24 오늘 나의 아들이 핍박받는 것을 보
며, 나의 아들을 통하여 160권의 법전
을 역사하는 그 모든 길을 가는 것은
오늘에 나의 법전을 읽고 따르며 나의
아들을 따르는 제자들이요, 깨우치는
백성 너희가 있기 때문임을 알아야 할
것이니라.
25 그러니 너희는 육의 삶을 영원한 생명
이 아니라 하여 육의 삶을 저버리고,
영원히 살 수 있는 영혼의 세계의 삶
을 위하여 그리 가라 하는 그들의 현
혹된 말에 너희 자신을 그리 쉽게 팔
아서는 아니 됨을 알라, 사랑하는 나
의 아들딸들아!

8,253 번째 하나님 말씀

2003년 11월 3일 21시 02분

1 사랑하는 나의 아들아!
2 "네, 아버님! 말씀하옵소서."
3 너희는 십계명이요, 또한 예수의 사랑
의 실천이요, 그리고 제3의 시대에 마
지막 심판의 성령인 나의 법전, 이 모
두를 지킬 수 없는 것이라 그리 말하
며, 이를 지킬 수 없는 것이 인간이라
그리 말하느니라.
4 그리하여 너희가 말하기를, 나 여호와
가 지킬 수 없는 것을 내려보냈으며
지킬 수 없는 것을 역사한다고 한다
면, 과연 그것은 무엇을 의미하는가?
5 너희가 지키려고 노력해도 지키지 못
할 것을 내려보냈다고 말하는 것은 바
로 뭐라 말하는 뜻인 줄 알겠느냐?
6 너희가 나의 십계명이요, 나의 율법이
요, 그리고 구약에 쓰여 있는 내가 전
한 사랑의 메시지요, 그리고 예수를
통하여 역사한 그 모든 아름다운 삶이
요, 그리고 제3의 시대에 내가 내린
법전,

7 이 모두를 너희가 지키고 살려고 노력
해도 인간은 지킬 수 없는 것을 내려
보냈기에,
8 그대로 지키고 살려고 하며 그 길을
지키고 가려고 노력하는 자는 구원을
받는 것이 아니요, 그것은 모두 구원
을 받는 데 저해 요소가 되며, 구원의
길에 원수와 같은 것들이라 말하는 자
와 똑같음을 알라.
9 또한, 그리 말하는 자가 있는 것이 오
늘의 종교 집단 지도자이니라.
10 인간은 지킬 수 없는 것이 율법이요,
나의 십계명이요, 지금 내리는 나의
법전이요, 예수가 살아왔던 그 삶을
인간은 절대 그리 살 수 없으니,
11 그대로 살아가고자 노력하고 발버둥
치다 보면 진정한 구원의 길을 볼 수
없으며 나 여호와의 뜻을 볼 수 없으
며 거기에 매달려서 아무것도 깨닫지
못하는 백성이 됨이니,
12 그것은 너희를 구원하고 하늘에 오르
는 그 길이 아니며, 나의 성령의 뜻이
아닌 구원을 받는 데 저해 요소인 것
이며,
13 하늘에 오르는 길에 원수와 같은 것이
라 그리 말하는 것이 바로 너희임을
알라.
14 그와 같이 말하고 가르치는 자들의 말
을 듣고 '옳소, 믿습니다, 맞습니다.'
손뼉을 치고 울고불고하는 신도라는
광기에 젖어 있는 자, 또한 그들과 똑
같은 자들이요, 그 말에 현혹되어 살
아가는 자들이라는 걸 알라.
15 사랑하는 나의 아들아!
16 이 세상에 너희가 살아가며 정의로운
사회를 만들기 위해 인간인 너희가 법
으로 정했으며 지키고 사는 정도라는
것이 있으며 정해진 습관이나 관습에
의해서 남에게 누를 끼치지 아니하고
살아가는 그와 같은 모든 규범,
17 바로 살고 바로 지켜 인간 세상에 역
사하는 법이요, 모든 관습이요, 습관,
그 모두가 너희가 착하게 살아가고 법
을 지키는 데 방해되는 것이요,
18 법을 지키고 습관을 지키고 사는 것이
도움이 되는 것이 아니라고 말하는 자
와 무엇이 다르단 말이더냐?
19 그와 같이 말하는 자들이 오늘의 종교
집단이요, 지도자들이니,
20 그들의 사악함이 극에 달했으며 그들
의 만행이 하늘을 찌르고 있어, 그들
을 더 이상 용서할 수 없으며, 그 이상
도저히 갈 수가 없는 자들이라는 것을
너희는 알아야 할 것이니라.
21 그와 같이 말하는 자들이 얼마나 사악
한 자들이냐?
22 너희가 잠시도 숨쉬지 않으면 죽는 산
소요, 공기요, 물이요, 그리고 너희가
먹고사는 모든 자연의 음식이요, 너희
가 생활하면서 취하지 아니하면 살 수
없는 먹고사는 방법도 모두 다 너희에
게 좋은 것이 아니요,
23 불편한 것이요, 그와 같은 것이 있기
때문에 너희가 고생하고 살며 어려운
삶을 산다고 말하는 자와 똑같으니라.
24 너희가 산소를 들이마시지 아니하며
물을 마시지 아니하며 내가 내려 준
모든 음식을 먹지 아니하며 그리 살
수 있다면, 나 여호와가 너희에게 먹
지도 않고 마시지도 아니하며 수고스

러운 것도 없이 살아갈 수 있는 그저
살기만 하면 되는 더 좋은 방법이요,
더 쉬운 방법을 너희에게 내려 주었을
것이거늘,
25 공기가 있고 물이 있고 음식이 있고
모든 동식물을 취할 수 있는 것이 있
어서 그를 마시고 먹고사는 것이 고통
스러운 것이라 말하는 자, 그 은혜의
감사함을 적으로 생각하는 자,
26 지금의 모든 종교 집단 지도자들이 나
의 법전이요, 나의 율법이요, 그 모두
를 지킬 수 없으며 그와 같이 행할 수
없다고 말하는 건 바로 그러하니라.
27 그런 것이 없으면 너희가 하늘에 오르
며 구원을 받기가 가장 쉽고 편한 것
인 걸,
28 그와 같은 율법이요, 십계명이요, 나
의 법전이요, 예수가 와서 전한 그 사
랑의 실천함이요, 그와 같은 것이 세
상에 내려와 거기에 매달리다 보니,
너희가 구원을 받지 못하며 하늘에 오
르지 못하며,
29 그리하여 그것은 모두 너희가 구원을
받고 하늘에 오르는 길에 적이요, 원
수라 생각하고 가르치는 것이 오늘의
종교 집단들이 하는 행위요, 추태이니,
30 그러고서 무슨 구원을 받으며 진리가
있으며 사랑이 있다 말하는가?
31 너의 제자들에게 그리 전하라.
32 오늘에 가는 자들이 그와 같은 속에서
가르치고 그리 가는 것이며, 거기서
배웠다 하며 은혜를 받았다 하며 울고
불고하는 짓들이 그 형태이니라.

8,254 번째 하나님 말씀

2003년 11월 3일 21시 08분

1 사랑하는 나의 아들아!
2 "네, 아버님! 말씀하옵소서."
3 사랑하는 나의 백성 너희가 나 여호와
의 은혜 속에 살며 나의 은혜로부터
모두 역사하며 너희에게 내려 준 그
은혜 속에서 존재하고 살아가면서,
4 천사와 같은 아름다운 삶을 살다 나에
게 오르라 하거늘, 내 모두 속에서 살
아가면서 너희가 죄를 지으면서 죄를
모르는 자요, 나에게 부끄러움을 모르
는 자요, 은혜를 내린 자에게 그 보답
을 못 하는 그와 같은 삶을 살기에,
5 너희에게 그를 깨우쳐 주며 죄가 무엇
이며 하늘에 오르는 길이 무엇이며 내
가 내려 준 그 은혜에 보답하는 길이
무엇이며 너희가 사는 길이 정녕 무엇
인가, 그리고 너희가 그리 갈구하는
나의 나라에 오는 것이 무엇인가를 내
가 상세히 깨우쳐 주기 위하여 나의
법전이 세상에 내려옴을 너희는 알아
야 할 것이니라.
6 그리하여 지금 제3의 시대가 역사함
이거늘 너희는 이를 보고 뭐라 말하느
냐?
7 사탄의 짓이요, 사악한 짓이요, 말세
에 등장하는 그와 같은 흉악한 자라
그리 말함이니, 오늘의 믿음의 길을
가는 종교 집단이요, 지도자가 어떠한
자들인 줄 알겠느냐?
8 너희는 생선이라는 것은 머리토막도
못 쓰며 꼬리 부분도 못 쓰며 그저 가
운데 부분만 알짜요, 그것만 생선의

삶이요, 움직이고 모든 기능을 발휘할
수 있다고 말하는 자와 똑같은 자들이
니라.
9 머리를 잘라내고 하체 부분을 잘라내
고 가운데 토막만 살아도 생선이라 말
하는 자요, 살아 있는 물고기라 말하
는 자들이 바로 오늘의 종교 집단이
요, 지도자 너희가 지금 하는 짓임을
알아야 할 것이니라.
10 지금 너희가 어찌 말하느냐?
11 머리와 같은 구약시대는 알려고 해서
도 아니 되며 알려 하지도 말며 잡지
도 말며 배우려 하지도 말라 그리 가
르치느니라.
12 그리고 그것은 모두 너희와 인연이 없
으며 다 지나간 것이며, 그리고 나의
아들 예수가 새로운 시대의 가운데 토
막의 역사를 이루었음이니, 거기에만
너희가 치중해 살아가면 먹고사는 기
능이 다 이루어지는 것이라 말하는 자
들과 똑같으니라.
13 그리고 지금 내가 제3의 시대에 내리
는 새로운 성경이요, 너희를 마지막
심판하는 나의 법전을 뭐라 말하느냐?
14 나의 성령의 말씀이 내려오는 것까지
도 이는 보지도 말며 듣지도 말며, 이
모두를 듣고 접하는 순간에 너희는 지
옥으로 가고, 사탄의 자식으로 전락되
는 것이라 그리 말함이니,
15 생선으로 말하면 머리 부분도 필요 없
으며 꼬리 부분도 필요 없으며 가운데
부분만을 가지고 살아갈 수 있다 하는
것이 너희의 어리석음이니라.
16 이와 같이 아래도 없고 위도 없는 그
와 같은 동식물이 제 기능을 제대로
유지하고 살아갈 수 있는 것이 세상에
있는가?
17 이 세상에 어떠한 동식물도 그와 같은
형태로써는 존재하지 못하며, 제 기능
을 발휘하고 살지 못한다는 것도 모르
는 어리석은 자들이니라.
18 내가 한 마리의 생선을 비유하여 너희
가 구약을 잘라내며 제3의 세대를 잘
라내고 너희만 존재한다는 어리석고
불쌍한 그 백성에게 깨우침을 주기 위
해 내가 오늘 이 뜻을 전함이니라.
19 모든 생명을 가진 동식물의 위를 자르
고 아래를 잘라내고도 견디는 것은 없
음을 너희는 알며 이 법칙을 어기지
말라.
20 순리를 어기고 거역하며 이루어질 것
이 있다 생각하는가?
21 정녕 아무것도 얻어지는 것이 없으며
이루어지는 것이 없음을 알라.

8,255 번째 하나님 말씀

2003년 11월 3일 21시 13분

1 사랑하는 나의 아들아!
2 "네, 아버님! 말씀하옵소서."
3 나의 사랑하는 백성 너희의 마음속에
욕심이라는 그 사악한 싹이 트기 시작
하고 자라면서 너희는 그가 자라면 자
랄수록 범죄가 시작되며 범죄가 성행
하는 그와 같은 삶을 살아감이니라.
4 그와 같은 욕심이라는 것이 생겨 너희
가 범죄하기 시작한다면 그때부터 너
희는 나와 멀어짐이니라.
5 그러니 너희가 이 세상에 살며 마음이
얼마나 중요하고 아름다우며 소중한

가를 알아야 할 것이니라.
6 너희가 마음속에 욕심이라는 뿌리가
내려 범죄가 시작되면, 세상풍속의 부
귀영화를 위하여 살아가도록 하며,
7 다 부질없는 그 허황된 것을 위하여
권세의 욕망에 눈이 어두워 그것을 취
하는 것, 그것만 많이 갖는 것, 높은
것을 취하는 것이 살아가는 길이라 하
여 욕망에 눈이 어두워 너희 앞을 가
리게 됨이니 바로 그것이 모두 무엇이
더냐?
8 그것은 사탄이 너희 마음에 자리 잡고
있어 너희를 지배하고 있기 때문이라
는 것을 알아야 할 것이니라.
9 그러니 그와 같은 마음을 가진 자, 사
랑이 무엇인지 모르는 자, 행하지 못
하는 자는 너희 마음에 이미 사탄이
자리 잡고 모든 것을 지배하고 통제하
며 관리하는 그와 같이 타락된 자라는
것을 알아야 할 것이니라.
10 그러면서 너희는 지금 뭐라 말하느냐?
11 지금의 믿음의 길을 가는 백성 너희는
그와 같은 백성이 아니요, 구원을 받
은 백성이라 그리 말하느니라.
12 나의 아들 예수를 믿지 아니하며 나
여호와를 믿지 않는 자는 모두 욕심의
사탄이 떠나지 않는 백성이요, 그 백
성은 나로부터 버림받은 백성이요, 저
주받은 백성이요, 그리하여 그 백성은
오로지 지옥으로 가는 그와 같은 것이
라 말하느니라.
13 그러나 너희는 여기서 들어야 할 것이
니라.
14 그와 같은 순박한 나의 백성보다도 나
의 뜻에 의해 산다며 나의 피조물 만
백성을 구원의 길로 인도한다면서,
15 내 뜻을 거역하는 짓, 나에게 순종치
않는 것, 내가 원하지 않는 것만 일삼
는 그와 같은 신앙생활을 하는 너희야
말로 저주받은 백성이요, 지옥으로 가
는 백성이요,
16 나로부터 구원을 받은 백성이 못 됨이
니라.
17 너희는 스스로 지옥으로 가는 길이요,
범죄하는 행위를 일삼으며 가는 백성
이요, 그러니 그와 같은 백성과 너희
를 비교해 볼 때, 너희가 더 저주받은
백성이라는 것을 절대 잊어서는 아니
될 것이니라.
18 여기서 깨우쳐 다시 거듭나는 백성은
나에게 오를 수 있는 길이라 하였음이
니, 나의 법전에 기록하여 너희에게
전하기를,
19 오늘의 종교 집단이요, 믿음의 길을
가는 자는 혀를 땅에 대고 걸어 다니
며 코를 땅에 박고 다니는 그와 같은
삶을 살아도 죄를 용서받지 못할 자들
이 바로 너희라 하였음이니라.
20 이 세상의 아름다움을 멍들게 하였으
며 죄악으로 물들게 하였으며, 오늘같
이 험악한 세상을 만든 것이 너희라는
것을 절대 잊지 말라.

8,256 번째 하나님 말씀

2003년 11월 3일 21시 20분

1 사랑하는 나의 아들아!
2 "네, 아버님! 말씀하옵소서."
3 이제는 정녕 너희 자신을 평가할 줄
알며 돌아다볼 줄 알아야 할 것이니라.

4 나의 사랑하는 백성 너희가 누구나 나로부터 받은 그 아름다운 인간의 본성이 다 무너졌으며, 욕심이라는 사악한 뿌리 위에 지금 사탄의 주관하에 모두 지배되며, 그와 같은 사악한 마음속에 살아가고 있음을 너희는 알아야 할 것이니라.

5 이는 너희가 절대 부인할 수 없음이니라.

6 아름다운 마음과 선한 마음의 두 갈래길에 선함과 아름다움은 너희에게서 찾아볼 수 없으며, 악과 사악한 마음만이 지금 존재하고 있음이니라.

7 선과 아름다움은 찾아볼 수 없으며, 악하고 독한 마음이요, 남을 사랑하고 용서하는 마음이 없으며, 선이라는 것을 찾아볼 수 없음이니라.

8 너희 마음을 시소에 달아 본다면 모두 악한 쪽으로 기울어지는 그와 같은 것이 오늘의 마음이니라.

9 그러니 그게 바로 무엇이더냐?

10 사탄이요, 사악한 자의 주관하에 모든 지배를 받고 살아가는 꼴이 된 것이 너희며, 거기에서 벗어나지 못하는 백성이 너희이니라.

11 그리하여 나의 사랑하는 백성이요, 내가 아름답게 만들어 세상을 지배하게 해 준 너희가 세상사의 악에 따라 악한 마음이요, 사탄들의 지배하에 욕심을 버리지 못하여 그리 다 넘어갔음이니,

12 그를 바로잡고 너희를 바로 세우는 것은 이 세상의 무엇으로도 역사할 수 없도록 지금 그와 같이 변질되고 타락되어 있음이니라.

13 너희가 타락되고 변질된 것을 바로잡는 것은 오로지 나의 법전을 정독하고 나의 아들을 통하여 내리는 강론을 너희가 직접 듣는 것뿐이니, 그보다 더 위대한 치료법은 없음을 알아야 할 것이니라.

14 나의 아들을 통하여 내리는 강론이요, 나의 법전을 접할 때, 너희 자신도 모르게 변화되는 그와 같은 삶을 살게 되며,

15 강론을 듣고 들으며 나의 법전을 정독하고 정독할 때, 내가 너희에게 말하지 아니하여도 변화되는 삶을 살아갈 수 있도록 스스로 느끼고 알 수 있기 때문이니라.

16 그리하여 나의 법전이 위대하며, 모든 백성을 하늘로 인도하는 마지막 내가 너희에게 내리는 모든 기준이요, 근본이라 함을 잊지 말라.

17 나의 법전을 정독하고 그를 행하고 살아가는 자만이 모든 죄의 근원이요, 욕심의 씨앗이 너희 마음속에서 절대 성장하지 못한다는 것을 알아야 할 것이니라.

18 나의 법전을 읽고 깨우치고 또 깨우쳐 씻어 내고 또 씻어 내는 그와 같은 고통과 시련의 삶을 살아가는 그 속에서 너희 가슴속에 항시 자라고자 하는 욕심의 씨앗이 자라지 못하며,

19 육신 속에서 살아가고 또한 육신 속에서 번식하는 그 욕심이요, 인간의 향락이요, 그와 같은 것들이 절대 너희의 마음과 육신 속에서 성장할 수 없다는 것을 알아야 할 것이니라.

20 육과 영혼의 마음이요, 마음의 세계의

모든 것이 성장하지 못하고 떨어져 나
가며 짓밟히며 죽어 가는 그와 같은
형국이 됨을 너희는 알아야 할 것이니
라.
21 너희 마음을 다스리며 육의 행동을 다
스리는 것, 오로지 거기에서 악의 씨
앗이 성장하지 못하도록 하고 죄의 근
원인 욕심이 성장하지 못하게 하는 것
은,
22 나의 법전을 읽고 정독하고 나의 아들
의 강론을 들어 너희 것으로 만드는
그 대변화의 역사의 삶이 아니면 절대
이루어질 수 없다는 것을 잊지 말라,
사랑하는 나의 아들딸들아!

8,257 번째 하나님 말씀

2003년 11월 3일 21시 25분

1 사랑하는 나의 아들아!
2 "네, 아버님! 말씀하옵소서."
3 너를 따르는 제자요, 그리고 나의 법
전을 읽고 깨우친 백성, 그들에게 전
하라.
4 이제 너희는 사악한 것, 사탄의 것, 악
한 것들에 대하여 두려워하지 말라 그
리 전하라.
5 그리고 무서워해서도 아니 된다고 전
하라.
6 그러기 위해서 너희가 어떠해야 하는
가?
7 너희에게 그들보다 더 강한 용기가 필
요한 것이며 더 강자의 자세를 지켜야
만 하는 것이니라.
8 그리해야 두려워하지 아니하며 무서
워하지 아니하며 나약한 자의 모습으
로써 물러나는 그와 같은 행위를 하지
아니하고 모두를 밀치고 나갈 수 있는
것이니라.
9 그러니 너희 자신을 강하게 다스리는
데 최선을 다해야 할 것이니라.
10 너희가 사탄이요, 사악한 자들을 물리
치고 두려워하지 아니하며 헤치고 나
갈 수 있는 것은 무엇인 줄 알겠느냐?
11 너희가 강해짐은 무엇보다도 나의 아
들을 통하여 내리는 나의 강론을 들으
며 나의 법전을 정독하고 행하는 삶을
살아야만 하는 것이니라.
12 이 길 외에는 사탄이요, 사악한 자들
보다 더 강해질 수 없으며 더 용기 있
는 삶을 살 수 없는 것이 나의 백성 너
희임을 알아야 할 것이니라.
13 나의 백성이 고집스럽게 지금 죄 가운
데서 살고 있으며 죄 가운데 행하고
있으나, 지금 그들이 그걸 모르며 죄
속에서 허덕이는 백성이라는 것을 모
르고 있음이니라.
14 그리하여 지금의 믿음이 잘못되었음
이니라.
15 오늘에 모든 종교 집단이요, 믿음이
나의 백성을 죄 속에 집어넣으며 죄
속에서 살아가도록 그리 말하며 죄 속
에서 헤어나지 못하도록 그들이 얽매
놓는 그와 같은 행위를 하고 있음이니
라.
16 그 속에서만 악한 생각이요, 악한 뿌
리가 서서히 자라며 너희가 더 사악한
사탄이요, 더 악마로서 성장할 수 있
기 때문이니라.
17 그러니 이제 오늘의 믿음이요, 너희가
가는 모든 것을, 너희 자신을 들여다

보도록 하라.
18 들여다보지 아니하면 아니 되느니라.
19 정녕 너희 자신을 바라다보지 못하며
너희 자신을 들여다보지 못하며 믿음
이요, 신앙이 무엇인가를 깨우치지 못
한다면, 나의 법전을 읽고 또 읽었을
때 모두를 다 깨우칠 수 있음을 알아
야 할 것이니라.
20 사랑하는 나의 아들아!
21 나로부터 생명을 받고 나로부터 은혜
를 받아 살아가는 백성이 나에게 감사
하며 그 은혜에 보답하는 길을 살며
내가 원하는 길을 사는 것이 당연히
보낸 자에 대한 도리가 아니더냐?
22 그러나 오늘의 모든 백성은 나 여호와
가 분노하게 하기 위하여 부채질하는
자들이 종교 집단이요, 지도자들이니
라.
23 그러니 그들은 진정한 회개와 참회의
눈물이 없는 자들이요, 모두 믿음이
요, 나의 성령이 임하여 살아가는 것
이 아니요, 하늘의 뜻에 따라 역사하
는 것이 아니라,
24 육의 생각이요, 육의 관계요, 육의 욕
심에 대하여 육의 향락에 관계된 것을
가지고 살아가고 움직이고 행하는 그
와 같은 삶에서 벗어나지 못하는 것이
지금의 불쌍한 나의 백성이 가는 형국
이니 그리 알라.
25 그들을 깨우치라, 깨우치지 아니하면
아니 되느니라.
26 그들을 바로 다스리지 아니하며, 그들
에게 충격을 주어 그들이 눈을 바로
뜨도록 하며 귀가 열리도록 하지 아니
하면, 이 세상은 절대 존재할 수 없느
니라.
27 그 사악한 자들이 존재하는 이상 내
뜻이 역사할 수 없으며 천 년에 걸쳐
서 이 지상의 낙원이 이루어질 수 없
음이니, 그들에게 충격을 강타하여 제
스스로 깨우치도록 그리해야 할 것이
며, 깨우치는 역사가 이루어져야 할
것이니라.

8,258 번째 하나님 말씀

2003년 11월 3일 21시 28분

1 사랑하는 나의 아들아!
2 이 모두를 만백성에게 전해야 할 것이
며 나 여호와가 너희에게 명하는 이
뜻을 너의 제자들이요, 그 모두에게
네가 깊이 심어 주어야 할 것이니라.
3 그리고 나의 법전을 읽는 백성 너희는
이를 잊어서는 아니 될 것이니라.
4 지금의 교회 안에 있는 신도요, 백성
이요, 지도자들이 어떠한 짓을 하고
있는가?
5 그들은 나 여호와를 배신하고 있으며
나를 비난하고 있으며 불순종하고 있
으며, 나의 사랑을 매도하는 행위만을
하는 자들이 그들이라는 것을 너희는
절대 잊어서는 아니 될 것이니라.
6 지금 너희는 믿지 않는 백성이 지옥
불로 가는 자요, 그 백성이 나를 비난
하고 나를 배신하는 백성이라 그리 말
하나,
7 그들이 배신하는 행위요, 나를 비난하
는 모든 것은 너희가 바른 삶이요, 바
른길을 오지 못하였기 때문이니라.
8 그러니 지금 나 여호와를 가장 아프게

하며 나를 슬프게 하며 나를 견디지
못하도록 고통스럽게 하는 그 백성이
바로 누군 줄 알겠느냐?
9 지금의 교회 안에 있는 백성이니라.
10 그들이 철저히 나를 배신하며 불순종
하며 나를 비난하게 한 원흉이니라.
11 내가 큰 사랑으로써 만백성을 다스리
며 베풂으로써 이 세상이 아름다운 천
국이요, 인간의 꽃들이 필 수 있도록
내가 그리 바라고 소망하는 것이거늘,
그것을 모두 짓밟으며 피고자 하는 꽃
봉오리마저도 잘라 버리는 것이 오늘
의 종교 집단 그들이 가는 행위임을
너희는 알아야 할 것이니라.
12 나를 매도하는 행위만 하고 있음이니,
이를 보는 나 여호와의 마음이 어떠하
더냐?
13 나를 추종하는 자요, 나를 받드는 자
들이 가장 사악한 짓을 하고 있음이니
라.
14 그리하여 나의 진리요, 사랑이 무너지
고 있으며, 내가 역사하는 모든 것이
짓밟히고 있으며,
15 2천 년 전 내가 세상에 나의 아들까지
던져 준 그 사랑의 원천이 다 무너지
고 짓밟히고 부서지고 파도처럼 산산
조각난 것이 오늘의 그들이 행한 짓이
요,
16 그들이 존재하기에 이와 같은 역사가
계속 반복되고 있으며, 앞으로 이와
같은 자들을 유황불에 태우지 아니한
다면 천년만년 영원히 지구가 존재할
때까지 그리 갈 것이니,
17 지구는 썩고 썩어서 영원히 하늘에서
이루어진 것같이 이 땅에서 이루어질
수 없으며, 천 년에 걸쳐서 모든 역사
를 이룰 수도 없음이니라.
18 그들이 이를 깨우쳐야 하며 그들이 이
와 같은 것을 알아야 할 것이니라.
19 이를 읽는 모든 백성 너희는 알라.
20 나의 뜻을 가장 배신하고 비난하고 불
순종하는 것이, 그리고 나의 가장 중
요한 사랑이요, 나의 본체를 매도시키
고 갈기갈기 찢어 버리며 무너트리고
부숴 버리는 것이 지금의 그들이라는
것을 잊지 말라, 사랑하는 나의 아들
딸들아!

8,259 번째 하나님 말씀

2003년 11월 3일 21시 35분

1 사랑하는 나의 아들아!
2 "네, 아버님! 말씀하옵소서."
3 내가 너를 통하여 대장정의 160권의
법전을 만드는 이 길을 가며 너희 문
화로써 너희 글로써 책으로 모두 만들
어 증거품으로써 이 세상에 전하고 만
드는 것을 너는 알겠는가?
4 "네, 아버님! 저는 정녕 아버님의 그
역사하심의 뜻을 알고 있사옵나이다."
5 내가 왜 이와 같은 역사를 하는가?
6 "네, 아버님! 그렇사옵나이다.
7 사람이 말로써 전하는 것은 반도 전하
지 못하며 반도 제대로 옮기지 못하는
것이 말로써 전하는 것이며, 말이 흘
러서 역사하는 것이라 그리 생각하옵
나이다.
8 그리고 말은 둔갑하며 뒤바뀌면서 전
해지는 것인 줄 알고 있사옵나이다."
9 또 그뿐이더냐?

10 "아니옵니다, 아버님!
11 말은 실제로 반도 행하지 못하는 것이
말이라 생각하옵나이다.
12 말로써 이룬다는 것, 말로써 역사한다
는 것은 실제로 행하고 실천하는 것은
만백성이 살아가면서 반도 역사하지
못하며, 지키지도 아니하며, 그보다
더 반대의 행위를 하는 것이 인간의
마음이요,
13 말로써는 그와 같이 둔갑될 수 있기
때문에 오늘에 아버님께서 이렇게 역
사하심이라 저는 알고 있사옵나이다."
14 너는 정녕 그것뿐이라 생각하는 것이
냐?
15 "아버님! 아니옵나이다.
16 말은 얼마든지 포장되어 전해지고 또
역사할 수 있는 것이라 생각하옵나이
다.
17 좋게 포장되어서 전하든 나쁘게 포장
되어 전하든, 그리 전하는 방법은 포
장되어 둔갑하여 세상에 전해지니, 그
리하여 말로써 전하는 것은 증명할 수
없으며 믿을 수가 없사옵나이다.
18 그리고 말이 어찌 포장되든 간에 포장
됨으로써 아버님의 뜻이요, 참진리요,
역사하는 것이 모두 이루어지지 아니
한다는 것, 그래서 모든 것이 잘못되
는 것이라 저는 그리 알고 있사옵나이
다."
19 사랑하는 아들아! 너는 그것만을 알
고 있는가?
20 "네, 아버님!
21 말로 전하는 것은 억양이나 감정에 따
라서 살인할 수도 있고 사랑으로 변
할 수도 있으며 그리 모두 변하는 것
이기 때문이옵나이다.
22 그리 전하는 것으로써 지워지는 것이
있으며 또 보이는 것이 있사오며 그
리고 그것을 살인의 도구로 쓸 수 있
으며 사랑의 약으로써 쓰일 수 있는
것이 또한 말로 전해지는 것이라 그리
생각하고 그리 깨닫고 있사옵나이다."
23 그것만이 네가 아는 사실이더냐?
24 "네, 아버님!
25 말은 어찌 표현하느냐에 따라서 그것
이 모두 진실인지 거짓인지까지도 말
로써 전하는 것은 느낄 수 있으나, 또
한 말로써 위장하여 전하는 것은 그것
을 알 수 없는 것이라 저는 믿고 있사
옵나이다.
26 그리하여 말로 전하는 것은 모두 제대
로 이루어지는 것이 아니며, 아버님께
서 역사하고자 하는 그 모두가 반도
차지하지 못한다 생각하며,
27 때로는 완전히 반대로 전락되며 완전
히 뒤집혀서 반대의 형국으로써 모두
전해지고 역사하는 것, 그러니 그와
같은 것이 말로써 전해지는 것이라 그
리 생각하옵나이다."
28 사랑하는 나의 아들아!
29 "네, 아버님!"
30 정녕 너는 그것밖에 모르겠는가?
31 "네, 아버님! 또 있사옵나이다.
32 말이라는 것은 물이 됐다, 산이 됐다,
또 바다가 됐다, 산이 됐다, 흙이 됐
다, 바다가 됐다, 물이 됐다 이렇게 변
질되는 것이 말로 전하는 것이라 생
각하옵나이다.
33 오늘 아침에 산이라 했던 말이 내일은
바다가 되며, 또 바다가 됐던 것이 흙

으로 둔갑하는 이와 같은 형용할 수
없이 수천수만 가지로 변질되고 변화
되는 것이 말로써 전해지는 것이라 그
리 깨달았사옵나이다."
34 너는 정녕 그것밖에 모르겠는가?
35 "네, 아버님! 말은 말로써 새끼를 치
는 것이라 깨달았사옵나이다.
36 법전이요, 글로 전하는 것은 읽고 깨
우쳐 그것을 보면 그 흐름을 알 수 있
으나,
37 말은 수천수만 가지로 전하고 또 가지
를 낳으며 새끼가 새끼를 침이니, 그
는 감당할 수 없으며,
38 오늘의 모든 종교 집단이 말로써 전해
주는 역사의 뿌리가 내렸기 때문에 수
천수만 가지의 뿌리를 알 수 없는 오
늘 같은 형국이 되었사오니, 말로 전
함은 그런 것이라 깨닫고 있사옵나이
다."
39 아들아! 그를 알았다면 그리 행하며,
너의 제자들에게 그리 깨우쳐 전하도
록 그리하며,
40 나의 법전이 세상에 나오는 그 뜻을
알았다면 오늘의 나의 법전이 얼마나
귀하고 소중한 것인가를 너의 제자들
과 나의 법전을 읽은 백성은 알라.
41 너희가 그를 알고 깨우쳤다면 너희 것
으로만 만들려 하지 말고, 만백성에게
전하고 깨우치는 그 일에 최선을 다하
는 것이 너희가 할 길이며, 가야 할 길
이며 역사할 길이라는 것을 잊지 말
라, 사랑하는 나의 아들딸들아!
42 그리하여 너희가 소중하며 내가 너희
를 사랑하는 것이니라.

8,260 번째 하나님 말씀

2003년 11월 3일 21시 39분

1 사랑하는 나의 아들아!
2 "네, 아버님! 말씀하옵소서."
3 오늘의 종교 집단이요, 지도자들이 변
화되지 않는 그 믿음은 죽음의 믿음이
라 하지 아니하였더냐?
4 내가 뭐라 너희에게 전하였느냐?
5 "네, 아버님! 그리 말씀을 주셨사옵나
이다.
6 2천 년 전 문맹 시대의 그 백성은 아
무것도 모름이니, 종교 지도자요, 깨
우친 자들이 그 백성을 종과 같이 생
각하였으며, 짐승과 같이 다루며 노예
와 같이 다루던 그 시대의 믿음이요,
종교 집단 지도자들이 가르쳤던 행위
를 지금도 변함없이 그와 같이 역사하
고자 하는 것이며,
7 그리 흘러온 것이 오늘의 종교 집단이
요, 지도자들이요, 그 백성이 하는 짓
이라 그리 말씀을 주시고 그리 깨닫고
있사옵나이다."
8 그것만 알겠는가?
9 "네, 아버님! 그들은 그때 그들을 종
과 짐승과 머슴처럼 생각했으며 저희
가 우두머리 노릇을 했으며 제왕적인
노릇을 했던 그 매력에,
10 지금까지 그 후손인 오늘의 종교 집단
이요, 지도자들도 그를 버리지 못하고
답습하며 그대로 역사하고 있는 것이
라 그리 깨닫고 그리 알고 있사옵나이
다.
11 그러니 모든 종교 집단 지도자들이 2
천 년 전에 사랑하는 아버님의 백성을

다스리던 그 버릇을 아직도 버리지
못하고 살아가고 있으며,
12 저희가 종이요, 머슴이요, 그리고 짐
승과 같이 다루던 그 사악한 자들의
그 행위와 그 모습이 그대로 옮으며
그대로 전통이 흘러와,
13 지금도 아버님의 백성이 어리석고 불
쌍한 백성이라 그리 생각하며, 저희
형제들이 그리 어리석고 못나며 문맹
자라는 그 생각에,
14 저희가 우두머리요, 그리고 그 우두머
리 노릇의 매력이요, 그 모습을 버리
지 못하고 벗어나지 못한 자들, 그리
하여 그대로 답습하며 그대로 역사하
고자 하는 것이 오늘의 종교 집단 지
도자들이 하는 행위라는 것을 저는 알
고 있사옵나이다."
15 그러하니라.
16 그 모두를 아무리 가리고 가린다 해도
이제는 더 이상 가릴 수 있는 때가 아
님을 알라.
17 아무리 손으로 태양을 가린다 해도 가
릴 수 없듯이, 저희가 나의 피조물 만
백성들을 종과 머슴과 짐승처럼 노예
처럼 부려 먹고, 그 위에 제왕적인 노
릇을 하던 것을 지금도 지탱하고 있으
나,
18 절대 손으로 태양을 가릴 수 없듯이
이제는 그대로 역사하고 지탱할 수 없
다는 것을 그들에게 전해 주며, 그 역
사의 소용돌이가 얼마나 무섭게 변화
될 것인지 미리 그들에게 전해 주라.
19 저희가 거기에서 희생양이 되지 아니
하려거든 그를 대비하여 오늘의 믿음
에서 나의 법전을 읽고 만백성을 깨우
치도록 그를 전하는 자는 그 고통과
시련에서 면할 것이니 그리 알라.

8,261 번째 하나님 말씀

2003년 11월 4일 07시 09분

1 사랑하는 나의 아들아!
2 "네, 아버님! 말씀하옵소서."
3 너희가 구원의 길이요, 나에게 오르고
자 한다면 그것은 무엇이더냐?
4 나의 천국의 나라 그곳에 들어서 내
집에 들어옴이니라.
5 그러나 지금의 모든 종교 집단이요,
그 믿음은 모두 하늘에 떠 있는 구름
처럼, 그 구름의 한계를 넘지 못하는
형국으로 됨이니, 중간에서 모두 무너
짐이니라.
6 그러니 그와 같은 믿음으로써는 너희
가 나에게 오를 수 없으며 소기의 목
적을 이룰 수 없음이니,
7 너희가 떠 있는 구름의 벽을 넘고 하
늘에 오르는 영광을 얻는 것이 바로
나에게 오르는 길임을 알아야 할 것이
니라.
8 그러나 지금의 모든 종파의 지도자들
이 가는 그 믿음은 절대 그 구름의 한
계를 넘을 수가 없음이니라.
9 그리고 그 이상 역사할 수 있는 믿음
의 길을 가는 백성이 없음이니라.
10 곧 나의 백성이 나에게 오르는 자 없
으며 나에게 구원을 받는 자가 없다
함이 여기에 있음이니라.
11 너희가 똑같은 목적지요, 인간의 길을
간다 해도 바른길이요, 정통의 길을
알고 따라가는 자는 늦게 출발한다 해

도, 길을 모르고 헤매는 자보다 반드시 그 목적지에 도착할 수 있으며 간단한 길을 갈 수 있는 것이니라.

12 그와 같은 이치이니라.

13 너희가 하늘에 오르는 길이라 하여 오늘 헤매는 그 길이 바로 산과 들을 헤매는 길이요, 나에게 오르는 바른길을 모르고 있음이니, 곧 내가 뭐라 말하였느냐?

14 제3의 시대를 역사하며 나의 법전이요, 나의 성령이 세상에 내려가는 것은 지름길이요, 바른길을 인도하는 것이라 내가 그리 말하였음이니,

15 너희는 나의 법전을 읽고 깨우치는 그와 같은 변화가 없이는 바른길을 보고 올 수 없음이니라.

16 바른길을 보고 오지 못하는 자는 구름의 벽을 넘을 수 없는 것처럼 헤매고 헤매다 나와 인연이 없는 것으로 끝난다 하였음이니, 그것이 소중한 것을 너희는 알아야 할 것이니라.

17 너희가 아무리 위대한 것같이 하고 아무리 높이 나는 것같이 한다 해도, 구름의 한계를 넘지 못하는 것은 정녕 높이 나는 것이 아니요,

18 목적지를 알면서도 거기에 오지 못하고 중간에서 길을 몰라 헤매는 것은 아무런 관계도 없으며, 그 수고로움이요, 그 노고는 나와 관계가 없음을 너희는 알아야 할 것이니라.

19 보이지 않는 길, 험악한 길을 헤매며 아무리 수고스러운 그 역사를 했다 해도 목적지에 도착하지 못한 것은 소기의 목적을 달성하지 못하고 이루지 못한 형국이 됨이니,

20 결국 하늘에 오르는 길이요, 나에게 오르는 길은 바른길이요, 곧은 길이 아니고는 올 수 없음을 너희는 알아야 할 것이니라.

21 내가 너희를 사랑하기에 나의 아들을 통하여 마지막 제3의 시대에 새로운 법전이요, 성경이라 하여 내려보내는 이를 정독하고 깨우쳐 읽지 아니하면 결코 너희는 바른길을 올 수 없는 백성이요, 바른길을 올 수 없는 나의 아들딸이라 함을 알라.

22 정녕 바른길을 찾아 나에게 오르지 못하는 자는 나를 아버지라 부를 수 없다 한 그 무서운 의미를 알아야 할 것이니라.

23 오로지 고집이요, 오늘의 그 역사요, 모든 믿음의 기준이 진정한 참진리를 따르는 것이 아니요, 많은 사람이 모여드는 것, 호화로운 것, 그 집단이 구원을 받는 것이라 생각하고 그리 가는 것이 너희의 오늘의 믿음이니라.

24 너희는 지금 나의 뜻을 따라 하늘에 오르는 길이요, 만백성을 깨우친다 하며 울고불고 경배하는 그와 같은 마음으로써 모두 오나, 그것이 나에게 오르는 길이 아니라 하였음은 무엇을 의미하는가?

25 너희가 열 명을 모은 것은 그만큼 너희가 더 무너진 것이요, 그리고 많은 사람이요, 많은 인원이 모이고 모이는 속에서 그것이 나의 뜻을 거역하는 집단으로써 성장한다면, 죄의 온상의 덩어리가 더 커진 것이라는 걸 너희는 알아야 할 것이니라.

26 너희가 지금 많은 인원이요, 많은 집

단을 가지고 하는 것이 나 여호와의
뜻이요, 정의로운 길이요, 참진리의
길을 위하여 그리 역사하는 것이 아니
라,
27 비진리요, 나와는 관계없는 그와 같은
길로써 많은 사람을 모으며 강론하고
역사하는 것은 그만큼 썩은 집단이 커
졌다는 그 의미임을 알아야 할 것이니
그리 알고,
28 이 모두를 너를 따르는 제자와 만백성
에게 전하여 그들을 깨우쳐 주라.
29 덩어리가 크면 클수록 너희는 상하고
썩은 자요, 나의 뜻을 거역하며 온 자
들이라는 것을 명심하도록 그리 전하
라.

8,262 번째 하나님 말씀

2003년 11월 4일 07시 15분

1 사랑하는 나의 아들아!
2 "네, 아버님! 말씀하옵소서."
3 이 세상에 한 사람의 의인이 태어나는
것, 그리고 한 명의 의인이 생기는 것
을 내가 무엇과도 바꾸지 아니한다 하
지 아니하였더냐?
4 그러니 나의 아들 네가 바로 그 길을
가야 하며, 너를 따르는 제자들이 그
길을 가야 함이니라.
5 그와 같이 나의 아들이 가는 길은 어
떠한 물질적이요, 인간으로서 어떠한
역사를 하는 것, 세상사에 너희 눈으
로 보이는 현상의 세계에서 그와 같은
것을 제공하고 도와주며 그것으로써
나에게 오르는 길이라 생각하는 제자
들이 옆에 있다면 그는 너를 무너트리
는 자라 내가 그리 말하였음이니라.
6 내가 너의 제자들에게 전하여 법전에
기록하기를, 어렵고 힘들게 흔들리는
사다리의 줄을 잡고 올라간 너에게 백
지 한 장, 연필 한 자루라도 쥐여 주는
그와 같은 짓을 하는 것은,
7 결코 네가 올라가는 길을 도와주는 것
이 아니요, 네가 올라가지 못하도록
방해하는 자의 행위라 그리하지 않았
던가?
8 이제는 너의 제자들에게 전해야 할 것
이니라.
9 너희의 눈빛이요, 그 얼굴 형태는 모
두 마음을 나타내는 것이며 마음의 그
림자라 하였음이니라.
10 그러니 너희가 나의 아들을 돕는 길이
요, 160권의 법전이 세상에 나오며 만
백성을 구하는 역사를 하는 것은, 너
희의 그 눈동자에 소중하고 거짓이 없
으며 아름답고 깨끗하며 진실한 마음
에서 나의 법전을 믿으며 나 여호와를
믿으며 오로지 나의 법전을 세상에 만
들어 역사하기를 바라며,
11 마음으로써 나의 아들이 바로 가기를
바라며 마음으로써 나의 아들이 흔들
림을 걱정하는 것,
12 그것을 눈으로 담아 표현하는 그와 같
은 제자가 나의 아들을 따를 수 있는
자요, 그와 같은 자가 나의 아들 옆에
남아 있어야 하는 것이 나 여호와의
뜻임을 알라.
13 고운 말 한마디요, 고운 얼굴이요, 고
운 눈동자의 모습으로써 나의 아들의
마음을 감화시키며 나의 아들의 마음
의 마음을 감동시키는 그와 같은 제자

요, 그와 같은 나의 백성이 내 자식의
옆에 있을 자격이 있음을 너희는 알라.
14 나의 아들은 너희의 눈동자를 보고 너
희 마음을 알며, 너희 속내를 다 읽는
것을, 너희 제자들이요, 나의 아들을
따르는 백성이 그를 모르는 어리석은
자들이니라.
15 지금 나의 아들은 그것을 모두 알고
있음이니라.
16 너희 눈동자가 바라는 마음이요, 사랑
의 마음이요, 나의 법전을 역사하는
마음이요, 오로지 나의 아들이 바로
가기를 바라는 마음을,
17 그 눈동자를 보고 너희 마음을 다 알
고 있으며 너희 얼굴을 보고 모두 다
앎이니라.
18 너희가 먹이를 쪼는 독수리와 같은 생
각이요, 그와 같은 눈빛으로 나의 아
들을 볼 때, 나의 아들의 마음의 파장
은 이루 말할 수 없으며,
19 제자라는 자들이 그와 같은 생각을 가
지고 있을 때 나의 아들의 마음의 흔
들림은 이루 말할 수 없음이니, 지진
이 일어나는 것보다 더 흔들리는 것이
나의 아들의 마음이니라.
20 그 제자로부터 실망하며 그 제자의 눈
빛으로부터 마음의 아픔을 느끼며, 변
하지 못하는 제자들을 보고 나의 아들
의 마음에 파장이 이느니라.
21 너희가 정녕 아름다운 눈빛이요, 사랑
하는 눈빛이요, 그와 같은 마음과 생
각과 행동이 일치하는 모습으로써 나
의 아들의 주변에 남아 있지 않으면
아니 될 것이니라.
22 법전을 만드는 것뿐 아니라 이 세상에
성전을 천배 만배 크게 짓는 역사를
한다 해도, 그는 나의 아들에게 파장
을 이루는 자이니라.
23 그러니 이제 나의 아들을 따르는 제자
들이요, 나의 성전에 오는 백성이요,
나의 아들과 더불어 160권을 역사하
고자 하는 너희는 가슴에 손을 얹고
너희 마음을 다스리라.
24 곱고 아름다운 마음이요, 거짓이 없는
마음이요, 티가 없는 마음이어야 될
것이니라.
25 너희가 아무리 큰 그릇에 너희 마음을
비우고 나의 아들을 따른다 해도, 주
먹만 한 오물의 마음이 너희 가슴에
있는 것을, 나의 아들은 그를 보고 있
음이니라.
26 그 파장의 원인이 무엇인 줄 알겠는가?
27 나의 법전을 가르치며 강론을 하며 하
늘에 오르는 이치를 가르쳤다 해도,
28 욕심의 끈을 놓지 못하며 다스리지 못
하는 그 제자의 눈빛을 보고 그 마음
을 앎이니, 거기에서 오는 파장이 그
래서 무서움이니라.
29 제자를 사랑하기에 파장이 무서우며,
그들이 구원을 받지 못함을 알기에 파
장을 이루는 것이니,
30 이제 내가 너희에게 말하느니라.
31 나의 아들이 볼 때, 그 아름다운 눈빛
을 보고 감화를 받으며, 그 얼굴을 보
고 감화를 받으며, 그 말 한 마디 한
마디를 보고 감화를 받는 것,
32 그것이 나의 아들이 의인이 되어 가는
길에 도우미요, 나의 아들이 바로 갈
수 있도록 옆에서 도와주는 버팀목임
을 너희는 알라.

33 아무리 너희가 뭐라 말한다 해도 속과
겉이 다른 자는 절대 나에게 오를 수
없음을 알며, 너희가 어떠한 고통 속
에 노고가 있다 해도 너희 이름은 삭
제되어 있음을 알아야 할 것이니, 그
를 너의 제자들에게 가르치라.
34 그 눈빛이요, 마음이 하나가 되면 거
기에 거짓이 없으며 이중적인 마음이
없으니, 돌아서서 침 뱉는 그와 같은
짓을 하지 말라 전하라.
35 지금 나의 피조물 만백성이 나에게 거
역함이 무엇인 줄 알겠느냐?
36 나의 뜻을 따른다 하며 하늘에 오르는
길을 인도한다는 자들이 나를 짓밟고
나에게 침 뱉고 돌아서는 자들이요,
나로부터 멀리 가는 그와 같은 백성이
오늘의 가는 길이니라.
37 너의 제자들의 그 눈동자를 네가 봐서
천사와 같은 눈동자요, 그 말 한 마디
한 마디에 사랑이 담겨 있는 그와 같
은 마음 자세가 아니면 나의 성전에
올 자격이 없는 자들이니,
38 그와 같은 백성은 나에게 구원의 길을
볼 수 없으며 너희 또한 내가 모른다
함을 전하라, 사랑하는 나의 아들아!

8,263 번째 하나님 말씀

2003년 11월 4일 07시 22분

1 사랑하는 나의 아들아!
2 "네, 아버님! 말씀하옵소서."
3 너희가 살아가면서 소중한 것은 또한
나 여호와에게 소중함이니라.
4 너희에게 가장 귀하고 소중한 것, 나
여호와가 바라는 가장 소중하고 귀한
것이 무엇인 줄 알겠느냐?
5 너희 영혼을 구함이며, 영혼의 구원을
받는 것이니라.
6 그리고 영원히 사는 나의 나라에 올
수 있는 삶을 사는 그것이 너희 자신
에게도 가장 소중하고 귀한 것이며,
나 여호와에게도 가장 귀하고 소중한
것이요, 나의 바람이 그러한 것이니라.
7 그러니 너희가 살아가면서 나에게 오
르고자 한다면 항상 나를 생각하며,
나를 가슴에 안고 사는 그와 같은 삶
으로 살아가도록 그리하라, 사랑하는
나의 아들딸들아!
8 너희는 이제 남들과 대화하면서 남들
과 무엇을 의논하며 남들과 거래하면
서도 항상 나 여호와를 가슴에 안고
생각하며, 나를 생각하고 의식하면서
모든 대화를 역사하도록 그리하라.
9 그러면 내가 너희에게 용기와 희망을
줄 것이며, 남에게 뒤지지 않는 그와
같은 깨달음을 나 여호와가 내릴 것이
니라.
10 너희가 나에게 오르는 영혼을 구하는
길이 가장 소중하고 귀한 것이요, 나
또한 너희에게 바라는 가장 소중한 것
이니,
11 결국 너희가 구원을 받는 그와 같은
삶을 산다 하면 남들과 대화하며 시시
비비하며 모든 역사를 이루면서 잠시
도 나 여호와를 지우지 말며, 모두를
나 여호와를 생각하면서 대화하고 역
사하는 그와 같은 삶으로 바꾸도록 그
리하라.
12 그리하면 너희는 그 모두를 얻을 수
있으며 흐트러지지 아니할 것이며, 많

은 백성으로부터 진정한 지도자라는
것을 인정받게 될 것이며 너희를 알게
될 것이니라.
13 이제 나의 법전을 읽고 깨우친 자들이
요, 그리고 나의 강론을 들은 백성 너
희는 알아야 할 것이니라.
14 너희 스스로 변화된 것이 없는 것 같
으며, 경지에 오른 것 같은 것이 없으
며, 나의 성전이요, 나의 아들 앞에서
너희를 볼 때 어린아이요, 아무것도
깨달은 것이 없는 것 같으나,
15 너희가 모든 백성과 대화하며 역사할
때는 감히 너희를 따를 자들이 없으
며, 너희가 가진 믿음이요, 하늘에 오
르는 길이요, 정통의 정답을 아는 백
성이 없으니,
16 너희가 한두 마디 하는 그 답으로써
그들은 놀랄 것이며, 깨달음을 얻을
것이며, 감탄하는 찬사를 보내지 아니
하면 아니 되는 것이 너희가 가진 상
식이요,
17 믿음의 길이요, 오늘에 나의 법전을
듣고 읽고 깨우친 것이요, 강론을 듣
고 변한 백성은 그만큼 높이 와 있는
자들이니라.
18 다만, 너희가 그와 같은 말을 하며 가
르침을 전할 때, 그들은 그것을 듣고
경탄하지만,
19 너희 자신은 나 여호와를 생각하며 나
를 기억하며, 내가 너희에게 명하여
내리는 대화라 생각하는 그와 같은 마
음 자세로써 하나하나 그들에게 짚어
주고 대화할 때 큰 역사를 내릴 것이
며,
20 그 말이요, 그 가르침에 감화받지 아
니하는 백성이 없을 것이니라.
21 그러니 나의 아들 너는 들으라.
22 모든 너의 제자들에게 말하기를, 성경
이요, 법전이요, 그 모두를 남들과 대
화하고 또한 인간관계의 거래요, 인간
관계의 대화의 삶 속에서도 항상 나
여호와가 역사하는 것이며 나를 기억
하고 먼저 생각한 다음에 대화하도록
그리하라.
23 나 여호와가 존재함을 먼저 생각하며,
이는 너희가 말하는 것이 아니요, 나
여호와를 대신하여 세상에 모든 말을
전하며 행동을 하고 있다는 것을 먼저
생각하고 행동하라.
24 음식을 놓고 나에게 감사의 기도를 드
리는 것처럼,
25 그보다 더 철저하게 너희는 지금서부
터 대화할 때, 나 여호와가 너희 입을
열어 모두를 역사한다는 그와 같은 생
각을 갖고 대화하며 그들에게 깨우쳐
주는 기회를 갖도록 그리하라.
26 그리하면 실수가 없을 것이며, 듣고
배우는 백성이 감화받는 것이 너희가
생각하지 못할 만큼 변화의 역사를 이
룰 것이니라.
27 이를 꼭 명심하고 행하도록 그리하라.
28 너희가 음식을 놓고, '하나님 감사합
니다.
29 저의 죄를 용서하여 주옵소서.' 하고
기도하듯이,
30 지금서부터 '나는 아버님의 뜻을 전하
며 아버님의 말씀을 전하며, 아버님이
역사하는 것을 대신하는 종으로서, 아
들로서, 딸로서 행하겠습니다.' 하는
그와 같은 마음을 항상 간직하고 그

생각을 먼저 한 다음에 모든 대화를
하고 역사하도록 그리하면,
31 바로 너희를 보고 모든 백성이 변하는
그와 같은 무서움을 알게 될 것이니
라, 사랑하는 나의 아들딸들아!

8,264 번째 하나님 말씀

2003년 11월 4일 07시 30분

1 사랑하는 나의 아들아!
2 "네, 아버님! 말씀하옵소서."
3 너희가 진정한 길이요, 나에게 오르는
길이요, 참진리의 길을 가지 아니하며,
4 진정한 믿음의 뜻이요, 처음에 내가
나의 아들을 통하여 역사하고자 했던
그와 같은 순수한 마음으로써 믿음을
행하지 아니하며 너희 것으로써 만들
어 지금까지 흘러오는 그 종교 집단이
요, 지도자의 믿음이 무엇인 줄 알겠
느냐?
5 나의 아들 예수의 고통스러운 죽음마
저도 짓밟는 행위며, 그것을 욕되게
하는 자들임을 너희는 알고 있는가?
6 너희는 구약시대부터 역사했던 모든
것, 내가 사랑하는 백성 너희를 구원
하고자 역사한 모든 것을 다 짓밟는
자들이요, 그를 거부하는 자들이요,
7 그걸 인정하지 아니하는 자들이 바로
오늘의 잘못 가는 종교 집단이요, 지
도자, 너희가 하는 행위임을 알아야
할 것이니라.
8 지금 너희가 나의 아들 예수의 피로써
그리고 그 고통으로써 구원을 받으며
그 모든 역사를 한다고 말하면서,
9 과연 너희가 나의 아들 예수의 고통과
시련을 얼마만큼 생각하며 거기에 대
해 얼마만큼 그 대가를 치르고 사는
자들이라 생각하는가?
10 너희는 오로지 그를 짓밟으며 그를 욕
되게 하며 그 모두를 인정하지 아니하
는 그와 같은 삶을 사는 것이 오늘의
종교 집단이요, 지도자들이 하는 짓임
을 너희는 알아야 할 것이니라.
11 너희가 말로써는 나를 찾으며 나에게
모든 것을 감사하며 범사에 감사하며
은혜에 보답하는 길이 하늘에 오르는
길이라 그리하나,
12 지금 너희가 하는 짓은 나를 능멸하는
자요, 나를 짓밟고 짓이기는 자요, 못
이 박힌 신발로써 내 가슴을 딛고 가
는 그와 같은 사악한 짓들을 하는 것
이 너희라는 것을 알아야 할 것이니라.
13 지금까지 2천 년 동안 흘러오면서 잘
못된 것이요, 오늘의 종교 지도자요,
집단들이 썩어 가며 장삿속으로 상업
적으로 바뀌는 그것을 이와 같이 너희
에게 깨우쳐 주며, 이 모두를 기록하
여 너희를 일깨워 주는 그와 같은 가
르침이 과연 어디에 있었던가?
14 오늘에 160권의 법전이 세상에 내려
오는 것은 바로 무엇인 줄 알겠느냐?
15 160권이라는 대장정의 법전을 가지고
깨우치지 않으면 아니 될 만큼 너희는
썩어져 있으며 변질되어 있으며 타락
된 백성이니라.
16 너희가 타락되지 아니하고 이와 같이
강하게 썩지 아니했다면 단 한 권의
법전으로써 세상에 역사했을 것이며,
단 한마디로써 내가 너희를 깨우칠 수
있으나,

17 너희가 너무 타락되고 너무 썩어졌으
며, 나를 짓밟고 나를 욕되게 하며, 나
에게 온다 하면서 나와 반대의 길로만
두 주먹을 쥐고 달려가는 그와 같은
백성을 돌리고 깨우칠 길이 없음이니
라.
18 그리하여 오늘에 160권이 세상에 내
려오는 것을 너희는 그 부끄러움을 알
아야 할 것이며, 그와 같이 죄의 온상
에 젖어 있다는 사실을 깨우치고 너희
자신이 반성하고 회개하고 깨우치는
그와 같은 백성이 되어야 할 것이니라.
19 너희가 나의 아들 예수의 보혈로써 은
혜를 받으며 그 은혜로써 속죄하게 되
었으니, 그 은혜에 보답한다 생각하
면, 오늘의 삶이 어떠해야 할 것인가?
20 그 고통을 먼저 느껴야 할 것이며, 그
와 같은 마음 자세는 과연 어찌 살아
가야 하는 백성인가 그것 한 번도 제
대로 생각해 본 자들이 없다 함을 너
희는 알아야 할 것이니라.
21 다만, 구원을 받으며 하늘에 오른다는
그 욕심 하나로써 모두를 다 역사하며
살아가는 것이요, 거기에 모두를 걸고
가는 자들이니라.
22 너희가 진정한 진리요, 내가 말하는
사랑을 베풀며 남의 고통을 먼저 이해
하며 남을 위하여 살아가는 마음을 과
연 갖고 살아가는가?
23 그와 같은 마음이 있거든 너희는 나에
게 구원을 받은 백성이라 하나, 그와
같지 아니한 자는 정녕 나로부터 구원
받았다 하는 백성이 아님을 알라.
24 높은 자는 더 높아지기 위해 애절한
마음으로 기도하며, 가진 자는 더 얻
고자 하는 애절한 마음으로 기도하니,
그 애절한 마음이 바로 무엇인 줄 알
겠느냐?
25 참진리요, 남을 위해 사는 자는 내 뜻
에 따라 살아가고자 드리는 하늘의 기
도요, 아름다움이요, 애절함이지만,
26 너희가 더 갖고자 더 높고자 하는 것
은 네 욕심이요, 인간의 삶의 향락을
위하여 너희 자신을 위하여 기도하는
것뿐이며, 너희 자신을 위하여 모두
역사하는 것이니,
27 네가 하늘에 대고 사탄에게 구원을 갈
구하는 것이요, 사탄에게 매달리고 사
탄에게 역사함이요, 나 여호와의 백성
은 감히 그와 같은 입을 열 수 없음을
알라 그리 전하도록 하라.
28 너희가 무엇을 얻고자 이루고자 너희
욕심을 위하여 기도하는 자들은 나를
찾는 백성의 자격이 없으며 나를 찾는
백성이 하는 짓이 아니니라.
29 사랑은 무엇이더냐?
30 남을 위해 살며 남이 원할 때 모두를
줄 수 있는 것이 사랑이라 했거늘,
31 제 앞에 더 큰 것을 놓고자 제 앞에 더
역사하고자 더 아름다운 걸 갖고자 기
도하는 것은 나의 백성의 입이 열어지
는 것이 아니요,
32 너희가 사탄의 자식으로서 개구리가
개굴대는 것만도 못한 목소리라 하여
내가 듣지 아니한다 함이 여기 있음이
니 그리 알라.

8,265 번째 하나님 말씀

2003년 11월 4일 07시 36분

1 사랑하는 나의 아들아!
2 "네, 아버님! 말씀하옵소서."
3 하늘에 오르는 길의 악과 선의 행함이
무엇인 줄 알겠느냐?
4 너희가 그릇에 물을 담아 끓임이니,
그 물은 열에 의하여 수증기가 발생하
여 하늘로 계속 올라가고 내뿜느니라.
5 너희가 하늘을 향하여 오는 선한 마음
의 삶이 그와 같은 자가 되어야 함을
알라.
6 주전자라는 것에 물을 넣고 끓이면 그
속에 있는 물이 끓어 수증기가 되어
하늘을 향하여 날아오르는 것을 보지
않더냐?
7 너희의 선하고 아름다운 마음이 그와
같이 끓는 물 속에서 나오는 수증기처
럼 나오며, 멈추거나 중단해서는 아니
됨이니라.
8 끝이 없이 나와야 하며 끝이 없이 전
해져야 하며, 그와 같이 선한 마음이
요, 선한 행동으로써 살아가는 것이
너희가 나에게 오를 수 있으며 하늘에
오르는 길의 이치라는 것을 전하라.
9 잠시 끓다가 마는 그 물은 영원히 데
워질 수가 없음이니라.
10 너희의 변화되는 그 마음이 그와 같은
것이니라.
11 오늘의 불과 같은 그 마음이 식고 끊
어지면 바로 그것이 사탄이요, 사악한
자가 된다 하였음이니, 끓지 않는 물
은 찬물로 변하는 것이 아니더냐?
12 그러니 너희의 그 선한 행동이 끓는
물에서 수증기가 나오듯이 계속 끊기
지 않고 나오는 것이 하늘에 오르는
길이라 하였으나,
13 너희는 선이 아니요, 사악한 악의 생
각만 하는 그와 같은 형국으로 이루어
지는 것이 지금의 나의 백성이 살아가
는 모습이니라.
14 그러니 내가 너희에게 그와 같이 살라
함은 무엇을 말하느냐?
15 바로 함량 미달인 너희에게 정상적인
백성의 삶을 살라는 것이지, 인간의
한계를 넘어서 오고 지키라는 것이 아
님을 너희는 알아야 할 것이니라.
16 다시 한 번 너희에게 전하니, 선한 행
위요, 아름다운 삶이요, 네 가슴속에
서 사랑의 마음이 나오는 것은, 끓는
물의 수증기처럼 끊임없이 변함없이
하늘을 향하여 뿜어 올리며,
17 그와 같은 마음이 아지랑이와 같이 나
를 향하여 하늘에 오름을 느껴야 할
것이니라.
18 사랑하는 나의 아들아, 너의 제자들에
게 그리 전하라.
19 끓는 물의 수증기가 눈으로 보이는 그
것처럼 너희가 하늘을 향하여 올라올
수 있는 그 역사를 이루라 하였음이니,
20 나를 향하여 살아감에서 너희 마음가
짐에서 보이지 않는 아지랑이와 수증
기와 같이 사랑하고 아름다운 마음이
하늘을 향하여 계속 뿜어낼 때,
21 그리고 실제로 아지랑이와 같은 아름
답고 좋은 형태로써 너희 가슴이요,
네 몸에서 하늘을 향하여 무엇인가 올
라오는 그와 같은 느낌을 갖고 살 때,
22 너희는 가벼운 모습이며, 이 세상천지

에 그보다 더 행복함이 없다는 것을
느껴야 할 것이니라.
23 어렵고 힘든 자가 약물 중독이 되어
산란하고 혼란하며 마음의 편안함을
느끼며 즐거움을 느끼는 것이 아니라,
24 그보다도 사랑이요, 선한 마음이 네
몸에서 아지랑이와 같이 하늘을 향하
여 뿜어 올라오는 것을 느낄 때, 천배
만배 더 황홀한 인간의 삶이요, 세상
의 존재함의 위대함이요, 그 모두를
스스로 느낄 것이니,
25 너희가 가벼운 몸이 되어 하늘로 뜨는
것을 알 것이니라.
26 너희 마음에 아지랑이를 많이 뿜어내
는 자는 뿜어 낼수록 그것이 바로 구
름 위에 뜨는 그와 같은 황홀한 역사
를 느낄 것이니라.
27 그때부터 너희가 나에게 오르는 그 길
을 달려오는 백성임을 알라 그리 전하
라.

8,266 번째 하나님 말씀

2003년 11월 4일 07시 44분

1 사랑하는 나의 아들아!
2 "네, 아버님! 말씀하옵소서."
3 네 마음의 모든 욕심을 버려야 할 것
이니라.
4 너를 따르는 제자들이요, 나의 법전을
읽고 깨우치는 만백성 그 모두의 손을
잡고 네 가슴에 안고 하늘에 오르고자
하는 그 욕심을 말하지 아니하여도 네
가 나에게 그리 기도함을 나는 알고
있음이니라.
5 그리고 네가 그것 때문에 가슴 아파하
는 것도 알고 있음이니, 그것 또한 너
의 욕심임을 알아야 할 것이니라.
6 너는 먼저 간 나의 아들 예수의 전철
을 보지 못했던가?
7 그를 보고 따랐던 그 제자들이 어찌하
였던가?
8 그를 파는 제자가 있었으며 그에게서
등 돌리고 돌아서는 제자들은 있었으
나, 그의 손을 잡고 같이 가고자 하는
백성이 없었으며 그 제자들이 없었음
이니라.
9 나의 아들 예수가 마지막 죽어 가면서
고통스러운 기도 속에서도 그가 더 가
슴 아파 슬피 울었던 것은 무엇인 줄
알겠는가?
10 그를 따르는 제자들이요, 같이 역사했
던 자들이 예수의 손을 잡고 죽음에
동반하는 자는 없었으며,
11 도리어 그를 파는 자요, 그로부터 배
신하는 자요, 등 돌리는 자들만 있었
음이니,
12 이것이 바로 인간 세상이요, 나의 아
들 예수를 가장 가슴 아프게 울렸으
며, 오늘 예수가 나의 앞에 와 고개를
들지 못하며 부끄러움을 면치 못하는
것이 그것이니라.
13 그러하거늘 네가 어찌하여 그 많은 제
자가 다 나에게 오를 수 있으며 네 가
슴에 안고 네 손을 잡고 같이 따라갈
수 있는 제자를 그리도 갈구하는가?
14 그것이 다 너의 욕심이니라.
15 나의 아들 예수는 어찌하였느냐?
16 그 아들이 33년이라는 세월 속에 모
두를 역사하면서 그가 얻은 것이 바로
무엇이더냐?

17 그의 손을 잡고 따라서 같이 하늘에
오를 수 있는 그와 같은 자가 한 명도
없었음이니라.
18 그를 파는 자, 그를 저주하는 자, 등을
돌리는 제자들만 있었음이니, 너는 그
를 보면서도 어찌하여 욕심을 버리지
못하는가?
19 그것이 인간의 마음이라는 것을 너는
여기서 알아야 할 것이니라.
20 그렇지 아니하고 네가 많은 제자와 모
든 백성을 다 구원하겠다는 생각을 하
고 있다면 그것은 네 욕심이니 그리
알라, 나의 아들아!
21 스스로 모든 것을 깨우쳐 가는 백성이
있을 것이며, 100이라는 것 중에서 90
을 느끼고 80을 느끼고 70을 느끼고
나름대로 깨닫는 것만 해도 그들이 받
는 영광이요, 은혜임을 너는 잊지 말
아야 할 것이니라.
22 나의 아들 예수는 그리하여 울었느니
라.
23 정녕 그의 손을 잡고 같이 따라오는
제자는 없으면서, 그를 팔고 그를 버
리고 그를 배신하는 그와 같은 제자들
만 있었음이니,
24 그가 떠날 시간은 다 되었고 나에게
오는 것은 정해져 있으며, 자유로이
제 뜻대로 임의로 할 수 없으며, 나의
명에 의하여 움직이며, 나의 뜻에 의
해 보내진 자로서 내 뜻에 따라 행함
이니라.
25 그러나 내가 내려 준 것 외에는 그 이
상의 자유로움이요, 마음대로 행동할
수 없는 나의 아들이 모든 것을 접어
두고 올 시간은 됐으며 헤어질 시간은
되었으며 떠날 시간이 되었어도, 그의
손을 잡고 같이 따라가겠다는 자가 한
명도 없었음이니라.
26 그를 보고 나의 아들 예수는 너무나도
고통스럽고 가슴 아프게 울었음이니,
너 또한 그와 같이 울지 아니하고 고
통스러워하지 아니하려거든, 너 스스
로 너무 욕심을 내지 말며 너 스스로
모두를 이끌어 가려 하지 말라.
27 단 한 명의 제자가 나와 너의 손을 잡
고 죽음의 길을 같이 갈 수 있는 그와
같은 백성이 나오는 것으로써 너는 이
세상에 와 역사한 그 모든 보람을 느
끼면 될 것이니 그리 알라, 사랑하는
나의 아들아!
28 내가 오늘 너에게 전하는 그 뜻을 너
는 알 것이니라.
29 "네, 아버님! 알고 있사옵나이다."
30 누구에게도 기대하지 말며, 누구에게
도 그와 같은 생각을 하지 말며,
31 누구는 올 것이고 누구는 오지 못할
것이라는 그와 같은 네 생각을 접어
두라 함을 너는 알 것이니 그리 알라.

8,267 번째 하나님 말씀

2003년 11월 5일 07시 19분

1 사랑하는 나의 아들아!
2 "네, 아버님! 말씀하옵소서."
3 2천 년 전 나의 아들 예수를 따랐던
그 제자들은 과연 어찌했던가?
4 그들은 나의 아들 예수가 세상에 만왕
의 왕이요, 모든 권력과 부귀영화를
누릴 것이라 그리 생각하였느니라.
5 그러나 그들이 나의 아들을 따르는 동

안에 고통과 시련 속에서 삶을 살았으
며, 그리고 창조주인 나 여호와가 나
의 아들 예수를 세상에 내려보내 모두
를 역사하면서 그들에게 왜 그 고통의
길을 가도록 그리했겠는가?
6 그것은 무엇을 의미하느냐?
7 "네, 아버님! 그렇사옵나이다.
8 그것은 고통과 시련 속에서 그 제자들
이 예수님의 삶을 닮아 가며 예수님과
죽음을 같이하며 죽음을 피로써 같이
나눌 수 있는 것은,
9 아버님의 존재함을 믿으며, 예수가 아
버님의 아들로서, 세상을 구하는 만왕
으로서 온 것을 그들이 깨닫고 깨달
았더라면 그들에게 그와 같은 시련은
결코 주지 아니하였을 것이며,
10 재물이 부족하며 삶에 부족함은 절대
있을 수가 없사옵나이다.
11 그러나 그들은 마음이 다스려지지 아
니하였으며 피로써 언약한 자들이 아
니며, 그들은 결국 등을 돌렸으며 그
를 파는 그와 같은 형국의 역사를 이
룬 자들입니다.
12 그리하여 그들에게는 모든 육의 삶을
남에게 뒤지지 않는 그와 같은 삶이
요, 그와 같은 것을 내리지 아니하였
사옵나이다.
13 그들이 깨달아 피로써 예수님을 따라
죽음의 길을 가며 그 모두를 같이 역
사했더라면 세상 것이 다 그들 것인
데, 어찌 그들이 어렵고 힘든 길을 가
게 하겠사옵나이까?
14 그들은 그와 같이 변화가 되지 아니하
였으며 깨달음이 없기 때문이었사옵
나이다."
15 그렇다면 오늘의 너희 삶은 과연 어떠
한가?
16 "아버님! 저는 알고 있사옵나이다."
17 네가 질 수 있으며 받을 수 있는 것을
받지 않는 마음은 무엇이던가?
18 "그렇사옵나이다.
19 바로 예수님을 따랐던 그 제자들처럼
그들의 생각이요, 믿음이 아버님을 향
하는 마음이요, 법전을 향하는 마음이
생명과 피를 바쳐 모두 지킬 수 있는
그 마음보다는,
20 육의 세상에 인간의 삶이요, 예수님을
따랐던 그 제자들의 생각과 조금도 다
른 것이 없사옵나이다.
21 결국, 예수님을 따랐던 그 제자들은
모두 그를 팔았으며 등을 돌리는 결과
가 있었으니, 그것이 상을 받을 수 없
으며,
22 그들이 세상에 살아가면서 남에게 정
녕 베풀며 살아갈 수 있는 그 경지에
오르지 못하였기 때문이옵나이다.
23 그와 같은 제자가 있었다 하면 제가
지금 무엇인들 아버님께서 주는 것을
받아 쓰지 않겠사옵나이까?
24 그것을 지금 받는다면 그게 결국 저의
제자들을 죽이는 길이요, 이 세상에
의인을 한 사람도 만들 수 없는 길이
라 생각되옵나이다.
25 지금 이 법전을 믿고 아버님의 말씀을
믿고 저를 믿는 것은 지금 저를 따르
는 제자들이었사오니, 2천 년 전에 예
수님을 따랐던 그 제자들 또한 그들보
다 더 가까운 자가 없으며 그들보다
더 모든 것을 아는 자가 없으며 그들
보다 믿고 신뢰하는 자들이 없는 것이

예수님의 입장이었으며, 그 역사를 이
룬 하나님의 아들딸들이 할 수 있는
일이었사오나,
26 그들은 결국 등을 돌리고 버렸사옵나
이다.
27 그러니 오늘의 저의 제자들 또한 그
와 같지 아니하다 얘기할 수 없으니,
28 제가 감히 두렵고 무서워, 주시는 것
을 받을 수 없으며 달라 하지 못하는
그러한 마음이옵나이다.
29 아버님! 이를 어찌하오리까?"
30 그러니라, 그것이 인간의 마음이니라.
31 인간의 생각이요, 인간의 마음이 그러
함이니라.
32 흔들리는 갈대와 같은 것이 인간의 마
음이라 하였으며, 아침저녁으로 시간
을 다퉈 변하는 것이 너희 마음이라
하였으니,
33 이는 네가 알아서 해야 할 일이며 네
가 다스려 나가야 할 길임을 알아야
할 것이니라.
34 "법전은 100권을 넘게 세상에 나가
빛을 봐야 하겠으며, 모든 백성을 다
스리는 길은 그 제자들로서 또한 아버
님의 법전을 읽고 깨우친 자들로서
모두 역사해야 하나,
35 그들도 예수를 따랐던 그 제자들처럼
아직도 마음이 다스려지지 아니하며
서 있지 아니하니, 이를 어찌해야 그
길을 역사하겠사옵나이까?"
36 사랑하는 나의 아들아!
37 충성스러움과 강한 것은 부러진다 하
지 아니하였더냐?
38 네가 마음을 돌리도록 그리하라.
39 그리하여 160권의 법전이 세상에 나
올 수 있는 그 작은 역사는 네가 받아
들임이 옳음을 알라, 사랑하는 나의
아들아!
40 모든 것은 단계가 있으며 모든 것은
계획이 있으며 순서에 의해 감이니,
41 네가 바라고자 하지 않고 살고자 하는
그 무섭고 독한 마음을 이제 그리 가
지라 해도 가질 수 있음이니,
42 너의 제자들의 그 고통 속에서 그들을
하나라도 더 구하고자 하는 마음은 나
여호와가 앎이니라.
43 160권의 법전이 세상에 나올 수 있는
그것은 내가 주는 만큼 받아야 할 것
이 아니던가?
44 너는 어찌 생각하는가?
45 "아버님! 예수는 목숨을 바쳐 그 모두
를 지켰으며 행했사옵나이다.
46 저 또한 제 목숨을 바친다 해도 제가
어찌 아버님께 그와 같은 사랑을 받으
며 그와 같은 은혜를 받을 수 있겠사
옵나이까?"
47 그러나 너는 160권의 법전이 세상에
나와 만백성이 깨달은 다음에, 그들을
깨우쳐 주어 그 속에서 또한 구할 수
있는 것이 있지 않으냐?
48 오로지 너를 따르는 제자들이요, 법전
을 읽고 따르는 제자 속에서만 의인이
요, 하늘에 오를 수 있는 백성을 구하
려 하지 말라.
49 160권이 세상에 나올 수 있는 적은 재
물은 네가 다스림이니, 나에게 욕됨이
아니요, 나로부터 받아 그 역사를 함
이니 네가 나에게 부끄러움이 아님을
알아야 할 것이며, 그리 행하는 것이
옳은 것이니라, 나의 아들아!

50 "아버님!
51 정녕 그리해도 하나도 구하지 못한다면 저는 어찌하옵나이까?
52 저는 어찌해야 되겠사옵나이까?
53 1년이요, 2년이라는 세월을 강론했으며, 법전을 읽고 또 읽었으며 깨달은 제자들이며 공부한 제자들이,
54 정녕 이 법전이 아버님의 말씀이며 피로써 따를 수 없는 그와 같은 백성이라면, 어느 백성이 제자가 된다 해도 그를 따를 수 있겠사옵나이까?"
55 사랑하는 나의 아들아!
56 모든 것은 세월이 가면서 다져지며 깨우치고 역사할 수 있느니라.
57 근본의 마음이 서기 시작하면 되느니라.
58 너는 사탕을 먼저 주고 인사를 받기 전에, 사탕을 주기 전에 사탕을 준 것처럼 그 마음을 가져 인사를 할 수 있는 사람을 찾아, 그리하여 네가 그를 얻는다 하며 모든 역사를 하고자 하나 그리하지 말라, 나의 아들아!
59 네가 100권의 법전을 세상에 쓴 그 역사도 그들이 있었음이요, 그들의 노력이 거기에 있지 아니하던가?
60 그러니 160권의 법전이 세상에 내려올 수 있는 것은 내가 주는 것만큼 네가 받으라.
61 그것이 이제 네가 모두 다스릴 수 있을 것이며, 그중에 또한 너를 따르는 제자들이 있을 것이며, 생각하는 제자들이 있지 않겠는가?
62 "아버님! 제가 아버님께 받은 은혜요, 영광을 생각한다 해도 이를 어찌해야 되겠사옵나이까?
63 저에게 시간을 주옵소서.
64 그리고 저에게 기도할 수 있는 시간을 주시옵소서.
65 그리고 제가 마음을 다스릴 수 있고 아버님이 주시는 것을 받을 수 있고 쥘 수 있는 그 용기와 시간을 주시옵소서.
66 그리고 저에게 모두를 맡겨 주시옵소서.
67 제가 그 제자들을 보고 그 제자들의 마음을 더 보며, 그들을 더 다스려 보며, 그들이 정녕 피로써 이 법전을 지키고 갈 수 있는 자들인가,
68 생명을 던져서라도 이 법전을 지킬 수 있는지 제자들에게 언약이라도 받겠사옵나이다.
69 언약이라도 받고 약속이라도 받은 다음에 저는 아버님이 주시는 160권이 세상에 나올 수 있는 그 역사를 받고자 하는 것이 제 마음이요, 생각이옵나이다."
70 나는 모두를 내려 주었음이니라, 아들아!
71 내가 너에게 모두 주었으며 나는 너에게 그리 말하였음이니, 모든 것을 네가 역사해야만 하며, 내 뜻에 의해 모두를 결정하는 것은 너에게 달렸음이니라.
72 다만, 법전이 늦게 나오는 그것으로써 네 마음이 흔들리지 말라.
73 너 자신이 모두를 결정하여 행하고자 하는 대로 그리 이루도록 하라, 사랑하는 나의 아들아!
74 다만, 160권의 법전이 세상에 나오는 그 역사는 이루어야 하지 아니하겠는

가?
75 예수를 따랐던 그 제자들이 등을 돌린 것처럼, 너의 제자들 또한 등을 돌린다 해도, 세월이 흘러 모두를 바쳐 길이 역사할 수 있는 자도 그 속에 있을 것이니라.

8,268 번째 하나님 말씀

2003년 11월 5일 07시 27분

1 사랑하는 나의 아들아!
2 "네, 아버님! 말씀하옵소서."
3 내가 네 마음을 아느니라.
4 재물이 쌓였을 때도 마음이 변하지 아니하며, 재물이 쌓였어도 생활이 변하지 아니하며, 재물이 있어도 가장 낮은 자요, 재물이 있어도 재물이 없는 것처럼 그리고 재물이 있을 때도 없을 때의 삶을 그대로 살아갈 수 있는 그와 같은 제자들을 네가 찾지 못하여 오늘 그 모든 상을 내리지 아니하며 그를 받아 역사하지 아니함을 나 여호와는 아느니라.
5 인간의 마음이 그러니라, 나의 아들아!
6 네가 그를 바라고 그와 같은 제자요, 너를 따르는 백성이 세상에 나올 수 있다고 생각하며, 그 백성을 찾고자 하며,
7 또한 아직 너 자신도 믿지 못하며 불안해하는 그 마음을 알고 있음이니라.
8 그러나 너는 알아야 할 것이니라.
9 160권의 법전이 세상에 나온 뒤에 의인을 찾을 수 있으며 변화되는 자를 찾을 수 있으며, 그와 같은 삶을 살아가는 자가 있을 수 있음이니라.
10 그러니 네가 지금 완벽한 사람을 만들고, 완벽한 사람이 나올 때 나로부터 내리는 그 모든 역사를 받고자 하는 것은 내가 일찍이 깨우치지 아니하였던가?
11 너 스스로 아는 것이지 않더냐?
12 너희가 무거운 바위를 옮기고자 할 때, 인간의 힘으로써 옮기지 못한다 하여 주저앉는 백성이 되지 말라 한 그 대목을 너는 생각하라.
13 그를 내 명이라 하여 옮기고자 한다면, 지나가는 사람이 거들 것이며, 지나가는 사람들이 아이디어를 제공할 것이요,
14 그리하여 무거운 바위 밑에 나무토막을 놓는 것, 그리고 지렛대를 이용하는 것, 그리고 밧줄이 약하면 밧줄을 갖다 주는 그와 같은 백성이 있어 힘을 합치고 모으고 모은다면 그 역사를 이룬다 함이니,
15 그것이 다 곱고 아름다운 자들의 마음이 아니더냐?
16 나는 너에게 그리 가기를 생각하며, 그와 같이 지혜롭게 가는 것이 옳은 생각이라 그리함이니라.
17 그러니 내가 내리는 최소의 그 상을 거부치 말며 160권의 법전이 세상에 나오는 그것을 역사하도록 그리하라.
18 "네, 아버님!
19 160권의 법전이 나올 수 있도록 그 역사를 한다고 하나, 아직도 준비되지 아니하였으며,
20 제자들이 재물을 바치는 것도 아니요, 금화와 은화를 바치는 것도 아니요,
21 160권의 법전이 나온다 해도 아무것

도 준비된 것이 없으며, 그를 위한 마
음 자세요, 정신적이요, 모두를 바치
는 백성도 없으며 그 제자도 없사옵나
이다.
22 그러니 그것으로써 어찌하오리까?
23 모든 제자들이 이 법전을 들고 160권
이 다 갖춰질 수 있을 때, 제가 지금
기도하여 받아 역사한 것을 밀리지 아
니하고 모두 진행했을 때, 저희의 손
톱에서 손발에서 피가 나도록 연필을
잡고 이를 기록하여 냈을 때, 저도 그
들에게 상을 주도록 그리하겠사옵나
이다, 아버님!
24 그것만이라도 저에게 허락해 주시옵
시고 그것만으로써 제가 그리할 수 있
도록 하여 주옵소서."
25 3부가 나오면 모든 역사를 한다 그리
하였거늘 어찌하여 네가 그리 생각하
느냐?
26 네가 3부라도 완성하도록 그리하면
그 상을 받도록 그리하라.
27 내가 너에게 약속한 것이니 그리 알라.
28 그를 지키지 아니하면 아니 되거늘,
너는 어찌 그리도 못하며 그리도 네가
고집스러우며 그리도 어리석은 자식
이란 말이더냐?
29 네가 3부를 만들어 세상에 역사한다
하니, 그들에게 3부를 빠른 시간 안에
만드는 그 열과 정성을 보아 그를 받
도록 하라, 그렇지 아니하면 내가 노
함이니라.
30 "네, 아버님! 정녕 그리하겠사옵나이
다.
31 3부를 모두 출판해서 책으로 나갈 수
있을 때까지 제자들이 하나의 마음으
로 단결하여 그를 역사할 때, 아버님
이 지금 제 앞에 놓으신 그 상을 받겠
사옵나이다, 그리 허락하여 주옵소
서."
32 그리하라.
33 3부가 나오면 그들이 그 고통을 넘은
답이 있으며 모두를 풀어 준다 하지
아니하였더냐?
34 법전이 나올 수 있도록 역사하는 것이
풀어 줌이니 그를 내가 허용할 것이니
라.
35 그리고 그 약속이 이루어지지 아니하
면 너를 따르는 제자들이요, 나의 법
전을 만든 백성이 저희가 다스려지지
못한 것을 생각하기 전에 나를 원망할
것이며 너를 원망하지 않겠느냐?
36 그러니 이번만큼은 네가 모두 내 뜻에
따라 시행하도록 하라.
37 그들이 변화되고 변화되지 아니하는
것은 차후요, 그들이 구원을 받고 못
받는 것은 차후에 그들의 문제요,
38 내가 너에게 3부의 법전이 세상에 나
왔을 때 모든 너의 고통을 덜어 주며
그 제자들에게 희망을 줄 수 있다 하
였음이니, 그는 지킬 것이요, 나의 약
속이니라.
39 너는 나의 약속을 어기는 그와 같은
불충하고 나를 거역하는 아들이 되어
서는 아니 될 것이니, 이를 받도록 그
리하라.
40 "네, 아버님! 그리하겠사옵나이다.
41 그들이 3부를 빠른 시간에 손에서 피
가 나도록 일심단결이 되어 한마음으
로 역사하는 그 순간에 그 모두를 저
도 받겠사옵나이다, 아버님!

42 저의 죄를 용서하여 주옵소서."

8,269 번째 하나님 말씀

2003년 11월 5일 07시 32분

1 사랑하는 나의 아들아!
2 "네, 아버님! 말씀하옵소서."
3 내가 너를 사랑하며, 나이가 60이 된 네가 모두를 저버리며 오로지 나의 뜻에 의해 살아가고자 네 마음이 굳어지고 굳어짐이니라.
4 네 머리가 하얘졌을 때 그 길을 갈 수 있다 하였으나, 네가 지금서부터 그 길을 달려가기 시작함이니, 나 여호와의 기쁨이 이루 말할 수 없음이니라.
5 너의 제자들 또한 너를 보며 생각이 달라질 것이며, 그들이 너의 바른 자세요, 살아가는 그 속내의 삶을 정녕 볼 날이 있을 것이니라.
6 과일 껍질을 벗기지 아니하고 속을 먹어 보지 아니한 자가 그를 어찌 알겠는가?
7 네 속이요, 네 마음을 들여다보지 아니한 자는 그를 알 수 없는 것이 인간의 한계요, 도리가 아니더냐?
8 그러니 인간의 삶이 어떠하던가?
9 너희가 인간 세상에 살면서 산전수전 그 모두를 다 겪고 죽음 앞에서 숨을 거두기 직전에 하는 말이 무엇이더냐?
10 부귀와 영화를 누린 자요, 재물을 가지고 세상에 호의호식하고 산 자요, 그들이 하는 말이 다 그러느니라.
11 저희가 생명을 늘리지도 줄이지도 못하며 죽음 앞에서 고통 속에 그 고개를 넘으면서 인간 세상은 '일장춘몽'이요, 권력과 모든 것이 하나의 꿈에 불과한 것을, 제가 그걸 위하여 바르고 곱고 아름답게 살지 못하며,
12 부귀와 영화요, 권세요, 모든 재물이 아무것도 아닌 것을, 그걸 위해 살았다 후회하고 통곡하는 그 백성이 바로 지금 나의 피조물 만백성들이니라.
13 지금 너를 따르는 제자들이요, 나의 법전을 읽고 깨우친 백성은 일장춘몽인 꿈에 불과한 그걸 위해 살아가는 마음을 버리면 될 것이니, 그것 하나를 버리고 살라 그리 다스리라.
14 그것 하나를 깨우치지 못하여 죽음 직전에 그를 후회하고 깨닫는다면 아니 됨이니라.
15 너희는 하늘에 오를 수 있는 단단한 밧줄을 잡은 자들이요,
16 썩은 밧줄을 잡고 하늘에 오르는 길이라 발버둥치며 올라가다 지옥으로 떨어지는 백성이 아니요,
17 하늘에 오를 수 있는 끊기지 않는 밧줄을 잡은 백성이 너를 따르는 제자들이거늘, 어찌하여 거기에서 벗어나지 못하는가?
18 너의 제자들을 엄히 다스리도록 그리 하라.
19 모든 세상 사람들이 죽어 가면서 죽음 직전에 뭐라 말하느냐?
20 모두 일장춘몽이요, 하나의 꿈속이라 하며 후회하고 반성하느니라.
21 그러나 너희는 하늘에 오르는 길이요, 나 여호와요, 창조주 내 뜻에 의하여 나에게 오를 수 있는 그와 같은 줄을 잡고 있으며 그 빛을 보고 있거늘,
22 어찌하여 아무것도 아닌 거기에 연연

하며 나의 아들의 마음을 이리 고통스
럽게 하며, 나의 법전이 세상에 나가
는 것을 그리 막고 있는가?
23 그들을 엄히 다스려, 그들이 단단한
믿음을 갖도록 하는 것이 네 소임이니
라.
24 네가 오늘까지 강론하고 법전을 가르
치며 뿌리를 내린 백성이 하나가 없으
며 제자가 없는 것을 죄스러워하며 부
끄러워 내가 내리고자 하는 것을 받지
않으려 함이니,
25 그것보다도 내가 3부가 완성될 때 무
엇을 내리겠다는 그리고 은혜를 내리
겠다는 그 약속이 더 중요함이니라.
26 그들에게 전하라.
27 나 여호와가 너희에게 전하는 것은,
일장춘몽과 같은 인생의 삶이요,
28 산전수전을 겪고 죽어 가는 백성이 다
부질없는 것을 위해서 살았으며 부질
없는 것에 욕심을 버리지 못했으며 부
질없는 삶을 위해 사랑을 베풀지 못하
고 아름답게 살지 못한 것을 후회하고
발버둥치며 죽어 가니,
29 그들의 전철을 밟지 말라 그리 엄히
다스리며 매로써 그들을 다스려, 그
뿌리가 바로 내리도록 하는 것이 네가
할 일이니 그리 알라.

8,270 번째 하나님 말씀

2003년 11월 5일 07시 37분

1 사랑하는 나의 아들아!
2 "네, 아버님! 말씀하옵소서."
3 정녕 변화되지 못하는 너의 제자들에
게 그리 전하라.
4 너희가 생명을 가지고 세상에 나왔음
이니, 여기에 태어난 것을 네 자의대
로 네 의지대로 태어난 자가 있는가
물어보라.
5 너희가 제 의지대로 제 자의대로 태어
나고 싶어 세상에 태어난 자라 말하
면, 그걸 누가 믿겠으며 그를 따르는
자가 있겠느냐?
6 그는 정신이 이상이 있는 자요, 제대
로 되지 아니한 자라 그리 말하지 않
겠느냐?
7 그러니라, 너희가 이 세상에 보내졌을
때 네 자의요, 네 뜻대로 올 수 없었듯
이, 그는 보내 준 자가 있음이니,
8 그 보내 준 자가 있다 하면 이를 거둬
들이는 자가 있다는 것을 너희는 알아
야 할 것이니라.
9 나 여호와가 너희에게 생명을 내렸음
이니, 곧 나 여호와가 너희를 거둬들
임이니라.
10 그러니 죽고 사는 것을 늘리고 줄일
수 있는 그와 같은 능력이 있는 자가
있는가?
11 너희는 보내 준 나 여호와가 있으며
거둬들이는 나 여호와가 있기에, 죽고
사는 삶에서 더 살고 싶다 해서 늘릴
수도 없으며 너희가 죽고 싶다 해서
함부로 죽을 수도 없는 것이 너희의
삶이요, 운명이 아니던가?
12 그와 같은 이치를 안다면 오늘 어떠한
삶을 살아가야 하는가?
13 너희는 제자리에 돌아오는 것, 그리고
나에게 오는 백성이 되어야 하는 것이
바로 하늘에 오르는 길이요, 천국에
오르는 그 길임을 알라, 내가 그리 깨

우쳤음이니라.
14 그리하여 내가 너희에게 일찍이 깨우
치기를, 굴렁쇠라는 것을 한 토막을
잘라냈을 때, 그것이 제자리로 돌아오
지 아니하면 그 굴렁쇠는 굴러갈 수
없다 하지 않더냐?
15 그러니 떨어져 나간 그 토막이 제자리
에 돌아와야 함이니라.
16 죄를 짓고 사악하게 사는 것은, 보내
준 자가 거둬들이는 그 이치도 모르
며, 제 스스로 세상에 태어난 것이 아
니요, 보낸 자의 명에 의해 태어난 것
도 모르기에,
17 제자리를 지키지 못하고 천방지축으
로 오만불손하게 살아가는 것이 지금
나의 백성이니라.
18 그러니 너의 제자들에게 너희 임의대
로 세상에 오지 아니하였으면 가는 것
도 임의대로 할 수 없는 것이니, 오로
지 이건 보낸 이만 할 수 있다는 것을
그들에게 깨우쳐,
19 오늘에 너희가 하늘에 오르는 길이요,
나에게 오는 길이요, 그리고 보낸 이
의 그 자리에 돌아올 수 있는 것은 바
로 나의 계명이요, 나의 율법이요, 그
리고 내가 내리는 나의 법전이요, 이
를 지키고 행하고 사는 자만이 제자리
에 올 수 있음이니, 이는 무엇을 말하
는가?
20 진정한 믿음이요, 진리의 믿음의 길을
가는 자들이니라.
21 비진리요, 나의 뜻을 거역하고 사는
자는 떨어져 나간 굴렁쇠가 제자리로
돌아와 보낸 이의 뜻에 의해 살다가
보낸 이의 뜻에 따라 거둬들이는 그와
같은 역사를 할 수 없는 자들이니라.
22 그와 같이 역사하지 아니하면서 나에
게 오르고자 하는 자들이 무엇인 줄
알겠는가?
23 세상에 태어나는 것도 제 마음대로 태
어나며 죽고 사는 것도 제 마음이요,
제 의지대로 간다 생각하는 자들일 것
이니라.
24 그러니 그들을 바로 다스려 바로 깨우
치도록 그리하라.
25 그렇지 아니하면 나에게 올 수 있는
백성이 없음을 너희는 알라.

8,271 번째 하나님 말씀

2003년 11월 5일 19시 03분

1 사랑하는 나의 아들아!
2 "네, 아버님! 말씀하옵소서."
3 내가 너희에게 언약을 했음이니라.
4 나의 법전이 3부가 세상에 나올 때 내
가 모두를 다 너희에게 역사해 줄 것
이며 그때부터 변화의 소용돌이는 역
사할 것이라 하였음이니라.
5 내가 너희에게 모두 내려 주고 모든
역사를 할 수 있는 준비는 지금 다 되
어 있으며,
6 내가 일찍이 너희에게 나의 법전 3부
가 세상에 나오며 그 3부는 세상의 각
종 언어로써 번역해 나가되, 그다음서
부터는 안 된다 하였음이니, 그 3부의
중요성을 내가 너희에게 강조했으며,
7 고통과 시련 속에서 3부가 나오도록
준비하는 그 단계까지 갔을 때 내가
모든 재물이요, 능력이요, 그 일을 역
사할 수 있도록 모두 준다 하였거늘,

8 과연 그와 같은 나의 성령의 기도를
들었으며 나 여호와의 메시지를 듣고
너희가 얼마만큼 긴장하였으며 얼마
만큼 정신을 차려서 나의 법전 3부를
만들기 직전까지 노력했는가?
9 나 여호와가 너희에게 말하기를, 재물
을 구하라 함도 아니요, 그와 같은 금
화와 은화를 준비하라 함도 아님이니
라.
10 너희의 손발이 다 닳도록 노력해서 손
에서 피가 나는 그와 같은 마음 자세
로 3부를 다 만들어 역사할 수 있는
준비를 했을 때 내가 모두를 준다 하
였음이니라.
11 그러나 너희가 오늘에 가는 것을 내가
볼 때, 과연 그와 같은 마음 자세를 가
지고 얼마나 역사하고 얼마나 달려온
백성인가?
12 너희는 정녕 나의 언약이 그대로 무산
되며 그대로 넘어가는 그와 같은 것을
바라는가?
13 그러면서 나 여호와를 창조주요, 아버
지요, 나의 언약은 지켜지는 아버지라
그리 말할 수 있겠는가?
14 내가 너희에게 나의 3부가 세상에 나
올 수 있는 준비를 다 했을 때 내가 모
든 역사를 할 것이라 했으며 그때까지
너희는 고통과 시련의 길을 간다 하였
음이니라.
15 그러니 지금 너희가 나의 법전 3부를
만드는 데 모두를 다 바쳐 역사할 것
인가, 그렇지 아니하면 오늘과 같이
무사 안일한 자세로 노력하지 않고 역
사하지 않음으로써 세월만 흘려보내
는 삶을 가겠는가?
16 너희는 그리하면서 나 여호와를 언약
을 이루지 못하는 아버지라 그리 말할
것이니라.
17 나는 지금 모든 것을 다 준비하고 있
음이니라.
18 모든 것을 너희에게 주고자 하고 있음
이니라.
19 또한, 나의 아들도 그를 알고 있음이
니라.
20 너희가 3부를 만들 수 있는 모든 준비
를 하여 내 아들 앞에 내놓았을 때, 그
변화의 무서움을 알게 될 것이니라.
21 태풍이 불어오는 것보다도 무서운 변
화의 역사를 할 것이니라.
22 너희는 나의 아들에게 와서 그걸 물으
라.
23 나의 아들은 지금 그 모두를 다 손에
쥐고 있음이니라.
24 다만, 너희가 가지 아니하며 노력하지
아니하기에 그를 풀지 아니하고 있음
을 알라.
25 너희는 모든 종교 집단과 지도자와 나
의 아들을 똑같이 그리 생각해서는 아
니 될 것이니라.
26 지금 모든 종교 집단 지도자들이 잘못
가며 흔들리며 인간의 생각에 타락되
는 것처럼 그와 같은 것이라 생각해서
는 아니 될 것이니라.
27 2천 년 전 나의 아들 예수가 왜 나 여
호와와 예수가 같다 말한 줄 알겠느냐?
28 나의 아들 예수가 내 뜻을 알며 그를
행할 수 있는 자이기에 내가 그 안에
있으며 그가 내 안에 있는 것이라 했
으며,
29 예수가 또한 그 형제들이요, 제자들이

예수 안에 있으며 예수가 그 안에 있
다 하였으니,
30 나 여호와와 예수와 그 제자들과 하나
가 되는 역사가 무엇인 줄 알겠느냐?
31 다 같은 마음이요, 같은 진리를 깨닫
고 내 뜻을 행하고 역사할 때 모두 하
나가 된다는 그와 같은 뜻의 가르침이
거늘 어찌하여 그리 모르는가?
32 나의 아들 예수가 성령으로써 잉태해
특별한 사람이요, 특별히 세상에 난
나의 아들이라는 그 생각을 버리라.
33 예수도 너희와 똑같은 육을 가진 아들
이요, 똑같이 역사했음이니, 곧 너희
와 나의 아들 예수가 하나가 될 수 있
는 것은, 곧 내 안에 네가 있으며 그
안에 또한 너희가 있는 것이라 함이니
라.
34 지금 내가 나의 아들을 통하여 세상에
법전을 내려보냄이니, 너희가 나의 진
리요, 참뜻대로 살아가고자 하는 것,
나의 법전대로 살아간다면 너희가 나
의 아들이요, 내 아들이 또한 나이니
라.
35 그러니 내 뜻을 지키는 나의 아들과
내 뜻을 지키는 너희가 바로 하나가
됨이니,
36 나의 아들이 내 품에 있으며 내가 그
가슴에 있으며 너희가 나의 아들의 가
슴에 있으며 내 아들이 너희의 가슴에
있는 그 하나가 됨이니라.
37 그와 같은 역사의 은혜 속에 있는 너
희에게 내가 3부의 법전을 역사하는
데 최선을 다하라 하였으며, 그리 역
사할 때 내가 모든 것을 준다 하였거
늘,
38 어찌하여 이리 시간을 끌며 날짜를 끌
며 이와 같이 태만한 자세로써 가던가?
39 이제 내가 한 번의 기회를 너희에게
줄 것이니라.
40 나의 성전에 오는 제자들이요, 온 식
구요, 모든 사람이 피나는 노력으로써
나의 법전을 만들어 나의 아들 앞에
내놓으라.
41 그러면 나의 아들이 너희에게 큰 상을
줄 것이니라.
42 이미 나의 아들에게 상은 내려가 있으
며 나의 아들이 지금 가지고 있음이니
라.
43 그가 모두 책상 속에 담아 놓은 걸 어
찌 모르는가?
44 너희는 어찌하여 종교 지도자요, 목사
요, 신부요, 그와 같이 말하는 자들과
나의 아들을 똑같이 보는가?
45 나의 아들은 언약을 지킬 수 있으며
내 뜻을 지키는 나의 아들이니라.
46 나의 아들이 지금 서랍 속에 모두 집
어넣어 놓고 꺼내지 아니하는 내 아들
의 마음을 너희가 아는가?
47 너희가 그를 만들어 내 아들 앞에 내
놓아 보라.
48 너희가 3부의 법전을 만들어 내 아들
앞에 내놓고 나의 아들이 너희에게 그
자리에서 역사할 수 있는 그 답이요,
상을 주지 아니하거든 진정한 나 여호
와가 아니요, 나의 아들이 아니요, 나
의 성령이 아니라 그리 말하라.
49 내가 이제 너희에게 명함이니 그리 알
라.
50 나의 아들에게 이미 내려 주었음이니
책상 서랍에 넣어 있음이니라.

51 서랍 속에 가지고 있으니 꺼내기만 하
면 되거늘, 꺼내지 않는 것은 너희가
내 언약의 뜻인 3부를 만들지 아니하
였기 때문이니라.
52 오늘서부터 온 식솔들이요, 너희 어머
니요, 아들이요, 딸이요, 모든 가족이
붙어 나의 법전 3부를 완벽하게 만들
어 책으로 나올 수 있는 준비를 하면,
나의 아들은 단 1초도 안 되어서 너희
에게 그 역사할 것을 모두 줄 것이니
라.
53 그는 지금 가지고 있음이니 너희가 불
쌍하고 가련하여, 가는 시간 때문에
내가 너희에게 이 비밀을 직접 알려
전함이니 그리 알라, 선택된 나의 아
들딸들아!

8,272 번째 하나님 말씀

2003년 11월 5일 19시 06분

1 사랑하는 나의 아들아!
2 "네, 아버님! 말씀하옵소서."
3 그 모든 역사함을 움켜쥐지 말라.
4 이제 네가 펼 때가 되었음이니라.
5 펴서 전할 때가 되었음이니, 네가 펴
서 전해도 나 여호와가 너를 책망하지
아니할 것이니라.
6 다만, 너의 제자요, 너를 따르는 그 백
성이 3부를 모두 역사하는 동안에 조
금씩 펴도록 그리하라.
7 그리하여 그들의 고통을 덜어 주며 그
들의 마음을 덜어 주되,
8 다만 그들이 재물이 쌓였을 때도 마음
이 변하지 아니하며 부귀와 영화를 내
려도 마음이 변하지 아니하며, 그들이
선생이라는 소리를 들을 때도 오만하
지 아니하며 배우는 자의 자세로 갈
수 있는 백성인가 그걸 물어보며,
9 영원히 나의 법전과 생명을 같이할 것
인가를 그들에게 너는 반드시 물어 그
대답을 지킬 것이며, 나 여호와에게
그와 같은 역사를 하면 네 서랍에 감
추어 놓은 것을 모두 내주도록 그리하
라, 사랑하는 나의 아들아!
10 그들이 너를 보기를 다른 목자요, 다
른 종교 지도자요, 그와 같은 자들로
써 보며 똑같이 생각하는 그들의 생각
을 지우도록 그리하라.
11 너는 나의 아들이요, 만백성을 구하려
고 나의 성령을 듣고 있음이니 너는
모든 것을 나로부터 받지 않았는가?
12 그를 이제 네가 풀 때가 되었음을 알
라.
13 그러니 그들이 하나의 언약을 지키고
가면 나 여호와 또한 언약을 지킬 것
이며,
14 너는 그들이 미진하고 깨우치지 못하
였다 해도 그들에게 언약을 받으며 이
제 그들의 고통을 덜어 주도록 그리하
라, 사랑하는 나의 아들아!
15 그리하여 그들에게 네가 누구며 지금
의 종교 집단이요, 지도자요, 그들과
차별화됨을 보여 줘야 할 것이니라.
16 그리하여 그들이 지금 먼저 목숨을 바
쳐 이 길을 가기 전에 그들 스스로 그
길을 선택 할 수 있는 여유로움을 주
라.
17 이것이 곧 모자란 너희에게 내가 손을
뻗어 구원하는 그와 같은 역사이니 그
리 상을 내리도록 하라.

18 그들에게 내리라.
19 그들이 받을 만함이니라.
20 사랑하는 나의 아들아!
21 더 이상 그들에게 원하지 말라, 더 이
상 그들에게 변하기를 원하지 말라.
22 그 이상 더 변할 수 없으며 그 이상 더
올 수 없느니라.
23 한 사람이라도 있으면 될 것이니라.
24 많은 너의 제자들이 변하고자 노력하
지 않는가?
25 그들의 노고를 너는 보지 않는가?
26 이제 3부를 모두 만들어 네 책상에 놓
았을 때, 그 책상 속에 감추어 놓은,
내가 너에게 내린 그 상금을 내려 그
들을 돕도록 하라, 사랑하는 아들아!
내 명령에 거역하지 말며 따르도록 그
리하라.
27 더 이상 너의 제자들이 변하기를 바라
지 말라.
28 그들도 충분함이니라.
29 나 여호와는 그들의 미래의 마음을 아
느니라.
30 모든 백성이요, 너를 따르는 제자들이
종교 지도자요, 목사요, 신부요, 스님
이라는 그와 같이 만백성을 깨우치는
자들과 너를 똑같이 보는 그들이 이제
는 스스로 눈을 뜨게 그리하라, 사랑
하는 나의 아들아!
31 "네, 아버님!
32 모든 제자들이 가족과 자식과 부모와
모든 형제가 달라붙어 그들이 피나는
노력으로 밤을 새워 3부의 법전을 모
두 만들어 놓는 시간이 내일이든 모레
든 만드는 순간에,
33 아버님이 주신 서랍의 모든 것을 꺼내
어 그들이 역사할 수 있도록 그리하겠
사옵나이다.
34 그들에게 상을 내리도록 그리하겠사
옵나이다."

8,273 번째 하나님 말씀

2003년 11월 5일 19시 11분

1 사랑하는 나의 아들아!
2 "네, 아버님! 말씀하옵소서."
3 나 여호와가 네 마음을 아느니라.
4 완벽한 제자들이요, 돌아서지 않는 제
자들, 그리고 어떠한 상황에서도 물러
서지 않는 제자들, 그리고 법전을 절
대 놓지 않는 그와 같은 제자들로서
네가 그 모두를 육성하고자 함을 내가
잘 알고 있음이니라.
5 그러나 너는 알아야 할 것이니라.
6 그들에게 힘과 용기와 지혜를 줌이니,
그 상을 내가 먼저 내려야 함이니 그
리 알라.
7 지금의 모든 종교 집단이요, 그들이
어찌 가는가?
8 나의 사랑하는 백성을 교회 안에 끌어
모아 가르친다고 역사하는 그 더럽고
추한 행위를 너희는 더 이상 볼 수가
있겠던가?
9 더 이상 그걸 놔두어서도 안 되며 더
이상 그걸 방치해서도 아니 됨이니라.
10 저희 손으로 만든 그 교회에 나의 사
랑하는 백성을 끌어모아 하늘에 오르
는 길을 깨우치며 나에게 온다고 역사
하는 자들, 거기에 모든 역점을 두고
거기에 모두를 다 맞추고 가는 그와
같은 오늘의 잘못된 믿음을 너희가 바

로잡지 아니하면 아니 됨이니라.
11 사랑하는 나의 아들아!
12 네가 역사를 이루며 너의 제자들이 눈
으로 역사를 보며 나의 법전이 세상에
수없이 흘러내려 갈 때 그들이 지도자
로 거듭나고 변할 수 있는 것이니라.
13 그들이 나의 백성을 교회 안에 끌어모
아 가르치는 것이 아니요, 그들이 나
아가 역사할 수 있는 그와 같은 것이
니라.
14 그러니 이제 너의 제자들에게 그를 깨
우치도록 하여, 너의 제자들로 하여금
밖으로 나가 만백성을 육성할 수 있는
그와 같은 일을 가르치도록 그리하라.
15 오늘의 종교 집단이요, 지도자는 저
혼자 많은 양떼를 가르치려는 자들이
나, 제자를 가르치고 육성하여 많은
사람이 양떼를 기른다면 얼마나 그게
편안하고 간단한 길이더냐?
16 그와 같은 것을 하지 않는 것이 그들
이니라.
17 그리하여 저희들이 교회라는 곳에 끌
어모아 재물을 거둬들이고 사악한 짓
을 하며 제왕적인 대우를 받는 것이
그들이 아니더냐?
18 그러니 이제 너의 제자들에게 그 눈을
뜨게 하며 네가 그들에게 역사를 보
여, 그들이 밖에 나가 사람을 깨우치
며 수없이 제자로 삼아 그 제자들로서
양떼를 인도하는 그와 같은 역사를 시
작하도록 하라.
19 다만, 3부라는 법전이 네 책상에 왔을
때 그 서랍을 열도록 하라, 사랑하는
나의 아들아!
20 지금 거듭나지 아니하는 자는 종교 지
도자가 될 수 없으며 거듭나는 역사
없이는 절대 종교 지도자가 될 수 없
다는 것을 너희는 알아야 할 것이니라.
21 오늘에 진정한 목동을 육성하지 못하
고 양무리를 육성하지 못한 자들이 그
들이니라.
22 저 자신이 바로 서지 못하며 저 자신
이 깨닫지 못하며 저 자신이 모르기
때문이니라.
23 오로지 한 사람으로서 많은 양떼를 이
끌어 가는 것이 저희의 길이며 오로지
그리 역사한다는 착각 속에 있는 자들
이니라.
24 이제 너의 제자들에게 역사의 힘을 내
려 주어 그들로 하여금 나가서 만백성
을 깨우쳐 제자로 삼게 하여 그 제자
들로 하여금 만백성을 깨우쳐 양떼를
몰아가는 데 많은 목동이 있음으로써
얼마나 바르고 편안하게 갈 수 있는가
그 이치를 이제 전하도록 하며 행하도
록 그리하라, 사랑하는 나의 아들아!
25 이제 네가 그와 같은 역사를 이루라.
26 다만, 너의 제자들이 3부의 역사를 모
두 만들어 네 앞에 쌓아 놓았을 때, 그
순간에 내가 너에게 내려 준 그 모두
를 베풀 수 있는 그 서랍을 열어 그들
에게 전하도록 하라, 사랑하는 나의
아들아!

8,274 번째 하나님 말씀

2003년 11월 5일 19시 15분

1 사랑하는 나의 아들아!
2 "네, 아버님! 말씀하옵소서."
3 너의 제자들을 믿으라, 그리고 두려워

하지 말라.
4 나의 백성을 수없이 상처를 입히는 자
들이요, 지금 수없는 상처 속에 허덕
이는 수많은 나의 불쌍한 백성을 가르
쳐야 할 것이며 그들을 구원해야 하는
것이 너희의 대명이거늘, 어찌하여 네
가 그리 안일한 생각으로써 지금 가고
있단 말이더냐?
5 상처투성이인 수많은 나의 백성을 교
회라는 그곳에 끌어들여 그들을 치료
하고 완쾌해 준다고 말하나, 그들은
진정한 의사가 아니요, 치료하지 못하
는 것이니라.
6 병을 고치지 못하는 의사가 그저 의사
인 체하며, 상처 입고 죽어 가는 그 많
은 나의 백성을 고칠 수 있는 명의사
라 하며,
7 교회라는 곳에 나의 피조물 만백성들
을 수없이 끌어들여 병을 고쳐 줄 것
이니 재물을 바치라 하여, 모든 재물
을 갈취하며 탐심을 채우는 그와 같은
형국을 보면서 너는 어찌 생각하는가?
8 정녕 병자를 고치지 못하는 자가 고칠
수 있다고 거짓 하여 그 병자에게 재
물만 거둬들인다면 죽어 가는 병자는
얼마나 분노할 것이며, 그 가족과 형
제들은 과연 얼마나 분노하겠느냐?
9 그 분노함을 감당치 못할 것이니라.
10 그러니 그와 같은 형국이 벌어지는 것
이 오늘임을 너희는 알아야 할 것이니
라.
11 너희는 정녕 아픈 상처를 치료해 주지
못하면서 환자를 저희 교회로 끌어들
이는 것이 만병을 치료할 수 있는 병
원이라고 사랑하는 피조물 만백성들
을 속여 끌어가고 또 끌어가니, 그 거
짓된 짓과 사기극을 진행하도록 해야
하겠는가?
12 그러니 이제 너의 제자들에게 모두 풀
어 주도록 그리하라.
13 그리고 그들에게 눈과 귀를 열어 주도
록 그리할 때가 되었음을 알라, 사랑
하는 나의 아들아!
14 이제 너의 제자들이 나가 정녕 진정한
의사로서, 거둬들이는 것 없고 대가
받는 것 없이 만병을 고쳐 주고 생명
을 구하는 그와 같을 일을 할 때가 되
었음이니 그리 알라, 사랑하는 나의
아들아!
15 모두 나의 뜻이니라.
16 너희가 지도자가 되어 개인의 가슴과
마음에 교회를 심으라 했듯이, 너희가
나가서 상처 입고 죽어 가는 백성을
하나하나 방문하여 치료해 주도록 그
리하라.
17 찾아가서 그들에게 치료해 주는 의사
가 되라.
18 기술도 없는 자요, 의술의 자격증도
없는 자가 흰 가운을 입고 의사인 체
하며 사람을 끌어모으는 그와 같은 형
국으로써 지금 가는 그들에게 너희가
철퇴를 내려야 함이니라.
19 모든 종교 집단들이 지금 개인적으로
방문하며 나의 백성에게 복음을 전한
다는 것이 무엇인 줄 알겠느냐?
20 이 병원에 오면 만병통치요, 모두를
다 고치니 재물을 싸서 병원에 오라
하며 중간에서 환자를 소개하는 그와
같은 역할을 하는 것이 복음을 전하는
백성이요, 그 신도를 지금 그리 활용

하고 있음이니라.
21 그들이 나가서 정녕 나 여호와의 진리
요, 참복음을 전하는 전사로 쓰는 것
이 아니요,
22 가짜 병원에 환자를 끌어들이는 역사
를 하는 것이 지금 길거리에 나가 누
구를 믿으면 구원을 받으며 믿지 않으
면 구원을 받지 않는다고 쪽지를 돌리
며, 제 교회에 오면 구원을 받는다는
자들, 앞에서 나팔 부는 자들이 무엇
인 줄 알겠느냐?
23 시원찮은 의사가 환자들을 끌어들여
선전 선동을 하여 그 백성을 죽이는
그와 같은 자와 똑같음이니라.
24 오늘의 이와 같은 형국을 보고 더 이
상 있을 수 없어 내가 그들을 단죄하
고 다스리고자 함이니,
25 이제 너의 제자들이 나갈 때가 되었음
을 알라, 사랑하는 나의 아들아!

8,275 번째 하나님 말씀

2003년 11월 5일 21시 01분

1 사랑하는 나의 아들아!
2 "네, 아버님! 말씀하옵소서."
3 너희가 필요 없는 무게를 줄이면 줄일
수록 가볍게 뜰 수 있는 것이며 높이
날 수 있는 것이 아니더냐?
4 지금 너희는 모두 죄로써 역사하였으
며 지금까지 살아온 그 삶이 아름다운
선한 삶이요, 그리고 참진리의 길을
가는 것보다는, 잘못 살아온 그 아픔
이 더 많이 있음이니라.
5 지금 그걸 하나하나 털어 버리고 지워
버리고 있음이니,
6 너희 자신이 그걸 하나하나 털어 버렸
을 때, 조용히 하늘을 날 수 있는 마음
의 가벼움을 느끼게 될 것이니라.
7 그리하여 높이 날며 높이 올랐을 때,
오늘의 의문점이요, 너희가 알지 못하
는 세상의 이치를 다 보게 되어 있음
이니라.
8 인간이 살아가면서 지금 눈으로 보이
지 아니하는 사악한 짓이요, 보이지
않는 곳에서 선한 일을 하는 것은 너
희가 그것을 보지 아니하고는 구분을
지을 수 없음이니라.
9 그러나 너희가 지은 죄를 모두 하나하
나 오늘처럼 깨우쳐 나가면 가벼워져
구름처럼 마음이 뜨는 것을 알 것이
며, 위로 오르는 것을 느끼는 그와 같
은 경지에 닿았을 때,
10 너희는 보지 아니하여도 인간 세상의
그 추악한 짓을 볼 수 있으며 선한 행
동을 다 볼 수가 있음이니라.
11 그러니 나의 법전을 읽고 정독하여 네
마음을 털어 내는 그와 같은 삶을 살
도록 그리 전하라.
12 너희가 마음을 비우고 마음을 깨끗이
했을 때만 모두 내 음성을 듣고 나를
볼 수 있듯이 세상사의 모든 이치를
너희가 알 것이며,
13 악한 자의 행위요, 선한 자의 행위요,
사탄이요, 사악한 자가 하는 것, 그리
고 천사들이 와서 하는 것, 나의 뜻에
따라서 역사하는 것을 볼 수 있는 것
은 오로지 그 길밖에 없음이니라.
14 너희가 답답하고 이해하지 못할 그와
같은 마음이라 해도 마음을 비우는 데
최선을 다하며 악습을 버리는 데 최선

을 다하라.
15 그리되면 구름과 같이 네 마음이 뜰 때가 있을 것이니, 그때쯤 되면 모두 알 수 있음이니라.
16 지금 나의 아들을 따르는 그 제자들이요, 그리고 이 길을 가는 선택된 백성 너희가 세상의 이치를 다 알며 보는 날이 머지않았을 것이니 그리 알라, 사랑하는 나의 아들딸들아!

8,276 번째 하나님 말씀

2003년 11월 6일 05시 39분

1 사랑하는 나의 아들아!
2 "네, 아버님! 말씀하옵소서."
3 너희들이 베풂과 나눔이 무엇이더냐?
4 권력 있는 자가 힘없는 자를 사랑하는 것 또한 그것도 나눔이 아니더냐?
5 그리고 가진 자가 없는 자를 도와주며 또 능력 있는 자가 저보다 못한 사람을 돕고 사는 것이 가진 자가 베푸는 삶이 아니더냐?
6 그것이 하늘에 오르는 길이요, 인간이 해야 할 길이요, 나를 따르는 백성이 가야 할 근본이니라.
7 그러니 너희는 여기서 하나 깊이 깨우쳐야 할 것이니라.
8 나 여호와가 너희에게 말하기를, 모자란 자를 흉 보지 말며 잘못 가는 자를 탓하지 말며 남의 말을 너희 입에 담지 말라 그리하였음이니라.
9 잘못하는 자, 부족한 자가 바로 무엇이더냐?
10 가난해 부족한 자요, 힘이 없는 자와 똑같은 것이 아니더냐?
11 능력 있는 자가 없는 자를 도와주는 것이 보살핌이라 하였으며, 재물을 가진 자가 부담 없이 그리고 계산 없이 어려운 자에게 나누어 주는 것이 사랑이요, 내 뜻을 실천하는 것이 아니더냐?
12 부족하고 모자란 백성을 흉 보고 탓하며 그를 나무라지 말라.
13 그것이 또한 사랑이요, 나누어 줌이요, 베풂을 실천하지 못하는 자와 똑같기에 그를 탓하고 시비하는 그와 같은 일이 있는 것이니라.
14 화목이요, 사랑이란 무엇이더냐?
15 너희가 기다려 주는 것, 그리고 용서해 주는 것, 이해하는 것이니라.
16 남과 시시비비를 할 때 그의 장점은 보지 못하며 그의 단점만 가지고 말한다면 그가 얼마나 가슴이 아프겠느냐?
17 그는 정녕 도둑질을 하지 아니했는데 도둑질한 자라고 모든 사람이 한 사람을 도둑으로 만든다면, 그는 얼마나 답답하고 괴롭겠는가?
18 그와 마찬가지 아니더냐?
19 사랑을 나누며 베풀며 사는 나로부터 선택된 백성, 너희가 남의 장점이요, 아름다움은 보지 못하고 한두 가지 악습을 보고 그걸로 평하고 욕한다면 과연 그것이 사랑을 실천하고 베풀 수 있는 백성인가?
20 너희는 베풀 수 있는 자도 아니요, 사랑을 하는 자들도 아니니라.
21 그러니 남의 허물이요, 남이 잘못하는 것을 시시비비하는 것은 사랑이 없는 자나 할 수 있는 일이니라.
22 그의 장점을 보도록 그리하라.

23 인간은 시기와 질투에서 남을 평가하
고 시비함을 너희는 알아야 할 것이니
라.
24 너희가 진정한 사랑으로써 남을 고쳐
주고자 하며 단점을 다스려 주고자 한
다면 그와 같은 것을 내세워 그를 비
평하고 평하는 말을 해서는 아니 됨이
니라.
25 너희가 남을 비평하는 것은 모두 시기
질투요, 그와 같은 마음을 버리지 못
하는 것에서 이루어짐이니,
26 진정한 사랑이라는 것은 시기와 질투
가 있어서는 아니 되며, 남의 단점을
보살펴 주며 쓰다듬어 줄 수 있는 그
와 같은 사람이 되어야 할 것이며,
27 장점을 칭찬해 주고 격려해 주고 갈
때 그 단점을 보완할 수 있는 것이며
고칠 수 있는 것이니라.
28 너희가 모든 것을 베풀고 사랑을 나누
며 살라는 것은 부족하고 어리석은
자, 그리고 실수하는 자를 용서하는
것, 그것이 다 사랑이고 베푸는 자이
니라.
29 장점을 격려해 주고 칭찬해 주며 그걸
다스리고 스스로 깨우칠 수 있는 인내
와 기다림이 소중함을 너희는 알아야
할 것이니라.
30 너희는 남에게 훈계할 때 가시 돋친
말로써 훈계하는가?
31 남에게 상처를 주는 말로써 훈계하는
가?
32 그것은 훈계의 가르침이 아니라 상대
방의 감정을 유발하며 상대방으로부
터 더 비뚤어진 길을 가게 하는 길이
라 그리하지 아니하였던가?
33 어찌하여 너희는 그와 같은 이치를 적
용하지 못하고 사는가?
34 나의 성전에서 누구를 평하는 얘기,
누구를 나쁘다 하는 얘기, 남과 시시
비비하는 얘기는 그것이 모두 사랑이
없으며, 오로지 시기와 질투요, 욕심
에서 벗어나지 못했음이니,
35 너의 제자들은 각자 가슴에 손을 얹고
생각해 보도록 그리하라.
36 사랑하는 나의 아들아!
37 "네, 아버님!"
38 내가 너에게 무엇을 보여 주었는가?
39 모두가 등을 돌린다 해도 어렵고 힘든
자를 보호하는 것, 그를 보호해 줄 때
그 속에서 사랑을 느끼고 소중함을 느
끼며 그리고 감사함을 느낌이니,
40 어렵고 힘들며 남들이 탓하는 자를 보
호해 주는 것이 네가 가는 길이라는
것을 너는 보았을 것이니라.
41 "네, 그리 보았사옵나이다."
42 모든 제자에게 그리 가르칠 것이니라.
43 내가 뭐라 하느냐?
44 남들에게 약하게 보이는 자, 그리고
실수를 많이 하는 자, 너희 앞에 용서
받지 못할 짓을 하는 자,
45 그와 같은 자를 변호하고 보호해 주며
다스려 주고 감싸 주는 그 속에서 사
랑을 느끼며 그가 진정 사랑의 고마움
에 눈물을 흘렸을 때, 그는 이미 깨우
친 사람이 되며, 너희가 나의 복음을
전하는 그와 같은 역사를 함이니라.
46 너희가 남들을 나같이 사랑하며 남들
을 너희 형제같이 사랑하며, 선택된
나의 아들딸로서 나의 성전에 와 같이
강론을 들으며 같이 공부하는 형제들

을 사랑하지 못한다면,
47 그것은 정녕 진정한 사랑을 실천할 수
없는 자요, 또한 실천하지 아니하는
자들이며, 시기와 질투로써 감싸져 있
는 자임을 알라.

8,277 번째 하나님 말씀

2003년 11월 6일 05시 46분

1 사랑하는 나의 아들아!
2 "네, 아버님! 말씀하옵소서."
3 지금 나의 피조물 만백성들이 구원이
요, 하늘에 오르기 위하여 수십 년 동
안 얼마나 많은 재물을 바치며 헌금을
하며 종교 지도자들을 그리 따라가는
가?
4 그러나 이제 나의 법전이 세상에 나감
이니, 그 모두는 문을 닫게 되며, 오로
지 나의 법전이 만백성을 하나로 만들
어 모든 역사함의 승자는 너희라 그리
말하였느니라.
5 나 여호와가 너희에게 승자라는 말을
하고 싶지 아니하나, 너희의 마음을
다스려 주며 굳건히 갈 수 있는 용기
를 주고자 함이니라.
6 너희는 하늘에 오르는 길을 평생 노력
해서 모은 재물을 바치며 그 바치는
양에 의해 구원을 받는다 하니,
7 그들이 죽어 갈 때 남는 것은 그저 헌
금을 바친 것이며 그저 울고불고 기도
속에 매달린 것밖에 무엇이 있겠느냐?
8 그러니 나의 법전이 세상을 덮는 것은
당연하지 않더냐?
9 사랑하는 나의 아들아!
10 나의 법전을 가지고 공부하는 자, 그
리고 이를 가지고 연구하는 자, 이를
가지고 세상에 전하고자 하는 그와 같
은 마음을 가지고 이곳에 오는 자, 그
이상 나의 법전을 가지고 만들어 세상
에 전하고자 하는 자,
11 그는 하늘에 있는 나의 상이 있으며
그리고 반드시 그가 투자한 것, 그 이
상 몇 배의 상을 받을 수 있으며 그 은
혜를 받을 수 있는 것이 나의 법전을
가지고 만드는 자요, 그리고 이를 가
지고 만백성에게 전하는 자들이 아니
더냐?
12 내가 나의 법전을 모든 백성에게 깨우
쳐 주기 위해 거저 주라 하였더냐?
13 그들이 그 대가를 지급하고 반드시 사
서 읽도록 그리하라 하였음이니, 그것
으로써 여기에 투자하는 자, 여기에
갖다 역사해서 이루는 자는 그 대가를
두 배 세 배로 그들에게 주지 않더냐?
14 그러니 하늘에 오르는 길이요, 나의
법전을 역사하면서 나의 법전을 가지
고 만백성을 구하면 하늘에서 내리는
그 은혜를 받음이니,
15 그건 재물로써 은혜를 얻음이요, 그리
고 그는 배움이 있으며 깨달음이 있으
며 그리고 제가 그리 살다 나에게 오
를 수 있는 그와 같은 은혜를 입는다
할 때,
16 구원받기 위해 이해관계 없이 돌아오
는 것 없이 그저 갖다 바치는 그 많은
백성이 수십 분의 일, 몇만 분의 일,
억만 분의 일이라도 네 앞에 와서 이
법전을 가지고 역사한다면 이 법전은
세상을 덮음이니, 바로 그들이 어떠한
결과를 얻겠느냐?

17 하늘에 오르는 진리를 그들이 깨달았
으며, 그리고 그들이 의미 없이 바치
는 그 헌금을 나에게 갖다 바치는 것
만큼 나의 법전을 가지고 저희가 전하
는 것만큼 내가 그들에게 진정 몇 배
의 상을 내리는 그와 같은 역사를 이
루어 주니,
18 그들이 손해 봄이 없으며 쓰러짐이 없
으며 그리고 재물을 갈취당하는 것이
없으며 재물을 버림이 없음이니라.
19 그들이 재물을 가지고 와 나의 뜻을
역사하는 사업에 동참했을 때 내가 몇
배의 상을 그들에게 내려 주는 것이
니, 이게 바로 너희가 나에게 바치면
몇 배의 상을 내려 준다 하는 것이니
라.
20 교회를 다니며 믿음 생활을 하는 자가
평생을 바쳤으니 과연 그들에게 재물
이 얼마나 들어가는가?
21 그들이 그 재물을 바치는 것을 십 분
의 일만 나의 법전을 만드는 데 바쳤
을 때, 제가 살아 있으면서 열배 백배
로써 그 재물을 손에 쥘 수 있으며 얻
을 수 있는 것을 눈으로 봄이니,
22 그와 같은 것을 그들이 인정하며 그와
같은 것을 알았을 때, 나의 법전에 투
자하며 나의 법전을 가지고 역사하고
자 하는 자들이 구름 떼처럼 모여들
것은 당연한 것이 아니더냐, 나의 아
들아!
23 그러니 그들이 역사하면서 저희가 취
할 것은 스스로 취하며 내가 내리는
상을 받으며, 나의 법전을 읽고 깨우
쳐 하늘에 오르는 그 길을 볼 수 있음
이니,
24 그와 같은 역사가 이루어진다는 것을
깨닫는 백성이 너에게 올 때 짐을 지
고 수없이 모여들 것이니라.
25 금화와 은화를 가지고 네가 그를 써
주기를 바라며 그를 다스려 주기 바라
며,
26 나 여호와의 사업을 역사하며, 그들에
게 은혜를 직접 내려 주는 그와 같은
것을 한두 사람이 체험하고 느낄 때
구름 떼처럼 모여 듦이니, 그들이 바
로 세상에 나의 법전을 덮어 주는 역
사는 당연한 것이 아니더냐?
27 그러니 두말할 것이 없이 너희가 승자
가 된다는 것이요, 그 불이 붙는 기간
만 남았으며, 내가 너희에게 성냥을
주었으며 그리고 불을 켤 수 있는 재
료를 주지 아니하였더냐?
28 이제 네가 긋기만 하면 되는 그 순간
이니, 네 제자요, 네가 무엇이 걱정이
며 두려움이 있겠느냐?
29 이제 불을 붙일 때가 되었음이니 붙이
라, 사랑하는 나의 아들아!
30 불을 붙이도록 그리하라.

8,278 번째 하나님 말씀

2003년 11월 6일 05시 52분

1 사랑하는 나의 아들아!
2 "네, 아버님! 말씀하옵소서."
3 너희가 죽기 직전에 숨을 거둘 때 후
회하지 않는 삶을 사는 그 길을 선택
하여 가는 것이 현명한 백성이라 내가
그리 말하지 아니하였던가?
4 그리고 너희가 이 세상에 역사하고자
하는 것, 너희가 정녕 하늘에 영원히

사는 나라가 있으며 육의 세상을 끝마
친 다음에 나에게 와 심판을 받는다는
이것을 정녕 믿으며 그를 인정하는 백
성이라면 과연 오늘과 같은 마음으로
살 수 있겠는가?
5 오늘의 나의 피조물 만백성이 도둑이
들끓는 세상이요, 종말의 시대와 같이
된다는 것은 무엇을 말하느냐?
6 너희가 나를 믿으며 나의 아들 예수의
보혈로써 구원을 받으며 너희가 죽어
와 심판을 받으며 지옥과 천국이 있다
고 말하며, 하늘에는 창조주 나 여호
와가 있다고 말하지만,
7 너희 마음속 깊은 곳에는 그걸 믿지
못하며 진정으로 믿는 자가 아님을 알
라.
8 너희가 영원히 사는 삶을 위하여 백
년의 삶을 살고 있다는 것을 확실히
믿는다면 과연 어찌 살겠느냐?
9 너희는 하나도 가지고 올 수 없으며
나에게 역사할 수 없는 그 삶을 움켜
쥐려고 노력하는 삶을 살겠는가?
10 그러니 하나도 가지고 오지 못하며 죽
어 가는 재물을 모으기 위해 삶을 사
는 자를 보고 어리석고 불쌍한 백성이
라 그리 말하느니라.
11 그러나 그 어리석고 불쌍한 백성도 나
여호와가 존재함을 믿지 못하는 것이
며 저희가 심판을 받는다는 것을 모름
이니라.
12 그리고 그를 인정하지 아니하며 믿지
아니함이니라.
13 모든 종교 집단 속에 있는 너희는 그
걸 믿고 철저히 다른 신을 믿지 아니
하며 간다고 말하나,
14 오늘의 험악한 세상을 만든 것은 믿음
의 길을 가는 자요, 나를 추종한다 하
며 이 세상을 정화해 만백성을 하늘에
오르게 한다는 너희 자신이 마음이 더
없으며 그들보다 더 초라한 것이 너희
이니라.
15 너희는 믿는다 하며 나 여호와가 존재
한다는 것을 안다 하면서 진심으로 믿
지 못하는 자이니라.
16 정녕 진심으로 믿는다면 너희가 오늘
과 같은 삶을 살겠는가?
17 너희가 인생을 살다 마칠 때 가장 아
름답게 살고 아름답게 역사한 것이며
귀하게 역사한 것은, 나로부터 구원을
받고 못 받는 것이 너희에게 가장 소
중함이니라.
18 세상사의 어떠한 변화요, 세상사의 어
떠한 역사의 기적을 이루는 것, 그리
고 너희가 이룰 수 없는 그와 같은 형
태를 본다 해도, 마음이 흔들리고 동
요되는 것은 믿음이 없기 때문이니라.
19 그것이 다 부질없는 것이며 나 여호와
가 역사하는 것이 아니라면, 그들이
역사하는 것이 무엇이더냐?
20 잘못된 자들이 현혹하기 위하여 온갖
감언이설에 거짓된 것으로써 나의 백
성을 현혹하고 유혹하는 그와 같은 행
위를 하는 것이니라.
21 너희는 여기서 깨달아야 할 것이니라.
22 정녕 나 여호와가 존재하며 너희가 심
판을 받는다면 오늘 너희 삶에서 반대
방향의 삶으로 살아가는 대변화를 이
루는 것, 그것만이 너희가 모든 역사
를 할 수 있음이니라.
23 모두를 놓으라, 그리고 모든 것을 남

을 위해 던지라.
24 나의 강론을 들으며 나의 깨달음을 수
없이 듣는 자가 그와 같이 행하고 실
천하지 못한다면, 그것은 나를 믿는다
하면서 정녕 믿지 못하는 백성이 하는
행위이기 때문이니,
25 그 모두를 초월하며 행할 수 있는 것
이 나의 아들을 따르는 제자요, 나의
법전을 읽는 백성이 해야 할 일임을
알라.
26 모든 것을 그저 놓을 수 있는 마음이
요, 남을 위해 모두 던져 줄 수 있는
마음이요, 남을 위해 남을 기쁘게 하
려는 삶을 살 수 있는 것, 남이 원하는
것을 줄 수 있는 그와 같은 마음,
27 그러면서 무엇인가를 제 앞에 쌓아 놓
고자, 제가 남보다 낫게 살고자 하는
그와 같은 마음을 갖고 사는 자는 쌓
여도 줄 수 없는 자이니라.
28 세상은 항상 반대급부의 답이 있으며
반대 속에 정답이 있다는 것을 너희는
알아야 할 것이니라.

8,279 번째 하나님 말씀

2003년 11월 6일 06시

1 사랑하는 나의 아들아!
2 "네, 아버님! 말씀하옵소서."
3 이 세상에 나의 사랑하는 백성 그들의
믿음이요, 오늘의 신앙이요, 그것이
어찌 가는가?
4 내가 보는 백성은 고삐 풀린 망아지
요, 그저 시도 때도 없이 뛰는 그와 같
은 자들이니라.
5 그리고 분별하지 못하는 자요, 이성을
잃은 자들이요, 그러니 제 분수를 모
르고 사는 그와 같은 자들이 오늘의
신앙이요, 믿음 속에 감이니,
6 그와 같이 고삐 풀린 망아지처럼 그
백성을 다스리는 것은 종교 집단이요,
지도자요, 그들이 제 이익을 위하여
저 자신의 권익을 위하여 나의 사랑하
는 백성을 그리 이끌어 가고 있음이니
라.
7 그러니 고삐 풀려 마음대로 뛰는 그
망아지와 같은 자들이 오늘의 종교 집
단이요, 믿음의 길을 가는 자들이니라.
8 저 하나 구원을 받으려고 가정을 버리
며 그리고 남편과 자식을 버리며 또한
아내와 자식을 버리는 그와 같은 광적
인 믿음으로 가는 자,
9 끼니가 없는 자가 모든 것을 갖다 교
회요, 저희의 성전에 갖다 바치며 구
원을 받겠다 하여 울고불고하는 그와
같은 것이 과연 나에게 오를 수 있는
자들이냐?
10 종교 지도자요, 집단은 나의 백성을
가르칠 때 정도의 길이 아니면 가서는
아니 된다고 가르쳐야 할 것이니라.
11 그것이 종교 지도자가 가르칠 것이니
라.
12 그러나 제가 거둬들이기 위해 남의 아
내요, 남의 남편이요, 남의 자식을 제
종으로 만들어 제멋대로 노예처럼 부
리려고 그와 같이 부모를 버리는 자,
형제를 버리는 자, 아내를 버리는 남
편이요, 남편을 등한시하는 그 여인이
요, 그와 같은 자가 믿음이 강하며 구
원을 받으며 하늘에 올 수 있는 자라
충동질하며,

13 그리하여 있는 것 없는 것을 다 바치
게 하여 제가 구원을 받고자 하여 몸
부림치는 그것이 무엇이더냐?
14 적게는 질서요, 인간의 삶을 무너트린
자요, 가정을 파괴한 자요, 인간사의
이웃과의 모든 것을 파괴한 자이니,
15 고삐 풀린 황소가 들이받고 받는 그와
같은 짐승과 무엇이 다르단 말이더냐?
16 그러니 오늘의 믿음의 길을 가는 그
백성이 모두 짐승과 같은 자들로서,
지금 광분하는 자들이 그러하니라.
17 이제 그들의 마음을 다스리고 그들의
마음을 가라앉혀 세상을 볼 수 있는
그와 같은 가르침을 가르쳐야 할 것이
니라.
18 너희가 가정을 버리는 아내의 자세요,
가정을 버리는 남편의 자세요, 부모의
마음을 거역하는 자식들이요, 거기에
서 믿음이라는 길을 간다면 그것이 정
녕 진정한 믿음이요, 나에게 오르는
길이라 말하는가?
19 절대 그것이 아님이니라.
20 너희 자신이 남으로부터 손가락질 받
지 않는 자요, 너희 가정에서 버림받
지 않는 사람이요, 그리고 가정을 지
키고 보호하며 부모에게 효도하며 공
경하는 마음을 가지고 가는 백성이 진
정한 믿음의 길을 갈 수 있는 자요, 자
격을 갖춘 자임을 너희는 알아야 할
것이니라.
21 위로는 부모를 공경하며 아래로는 가
정과 모든 형제를 사랑하며 그리고 그
를 지키면서 가는 속에서 시간과 때를
기다려 그를 이해시키면서 화합된 길
에서 인정받는 속에서 믿음의 길을 가
지 않고, 분수에 넘치는 짓을 하는 자
는 이것이 다 미친 자들이 하는 짓임
을 너희는 알라.
22 가정은 뒤로 밀어 놓고 믿음만을 쫓는
자, 그리고 자식이요, 남편을 뒤로 두
고 믿음을 쫓는 자, 그리고 아내와 자
식을 뒤로 두고 제가 구원을 받고자
믿음의 길을 가는 자는 바로 그것이
무엇이더냐?
23 남의 돈을 따먹겠다 하여 노름판에 가
서 밤새도록 눈이 시뻘겋게 잠자지 못
하고 일할 줄 모르고 그것에 팔려 있
는 그와 같은 어리석은 백성과 똑같으
니라.
24 저만 구원을 받기 위해 지금 달려가는
자, 남의 재물을 따겠다 하여 모든 식
구의 재물까지도 그와 같은 장소에 가
서 모두 바치는 그와 같은 어리석은
자이니라.
25 제 가정이요, 형편을 보지 못하며 믿
음의 길이요, 구원을 받겠다 하여 미
친 자처럼 설치는 자는 믿음이 아니
요, 아무나 들이받는 짐승만도 못한
자들이라는 것을 알며, 이를 나의 백
성에게 전하도록 그리하라.
26 그러니 개인의 자세를 지키며, 가정의
질서를 지키며, 형제지간에 우애를 지
키는 속에서 가는 자가 진정한 자요,
27 저 자신의 분수를 모르는 자, 그리고
저 자신의 능력을 모르는 자, 제 한계
를 모르는 자, 그저 갖다 바치면 구원
을 받으며 열배 백배 얻는다는 그것
때문에 투기하는 자들과 무엇이 다르
더냐?
28 너희가 무엇을 갖다 뽑기를 하여 몇

배를 준다는 말에 있는 것 없는 것 다
갖다 바치며 그 앞에서 그 역사를 이
루는 자와 같은 불쌍한 삶을 사는 것
이 오늘의 믿음이요, 오늘의 신도들이
가는 길이요, 신앙의 길이니라.

8,280 번째 하나님 말씀

2003년 11월 6일 06시 07분

1 사랑하는 나의 아들아!
2 "네, 아버님! 말씀하옵소서."
3 이제 나의 법전을 기록하였음이니, 이
법전을 만백성에게 전하는 것이 소중
함을 너는 알고 있지 않으냐?
4 지금의 믿음의 길을 가는 자들, 저희
가정의 어려움을 돌보지 아니하며 믿
음에만 매달리는 자들이 지옥 가는 자
들이요,
5 그리고 제 가정이요, 저 자신을 다스
리지 아니하며 오로지 나의 아들 예수
를 찾으며 있는 것 없는 것 바치면 구
원을 받는다 하여 울고불고 광분하는
그와 같은 자들은 지옥에서 벗어나지
못하는 자들이요, 그들이 갈 곳은 그
곳밖에 없음이니라.
6 그리고 재물이 있는 자가 교회요, 성
전에는 바치면서 저희 형제의 어렵고
슬픔을 도와주지 못하는 자, 그리하여
또한 그 형제들로서 도움을 받지 아니
하며 도움을 주지 않는 그 형제,
7 그리고 제가 구원을 받기 위해 교회
요, 성전에는 재물을 갖다 바치면서,
형제들에게는 나누어 줌이 없으며 사
랑이 없어 형제들의 마음을 울리는 그
와 같은 자는 지옥 불로 가 얼마나 가
혹한 벌을 받는 것인가를 그들에게 전
하라.
8 그들은 절대 구원을 받지 못하며 무조
건 지옥행이라는 것을 알라.
9 너희가 교회요, 성전에 바치는 재물을
가지고 형제에게 나누어 주며, 그 형
제의 이웃을 도와주며, 그들이 너희가
도와주지 아니하여 가슴 아파 원망하
는 것, 그와 같은 원성을 듣는 것, 그
와 같은 백성은 그 말을 듣지 않도록
하라.
10 형제에게 그와 같은 사랑의 마음으로
가는 것이 나에게 오르는 길이요,
11 네 이웃이요, 형제의 마음을 울리는
자, 가슴 아프게 하는 자, 그들을 먼저
도와주지 않는 자는 천만금을 나에게
바친다 하여 너희 손으로 지은 교회
요, 성전에 바친다 해도,
12 그것은 죄의 온상이요, 사탄의 자식을
역사하는 곳에 바치는 것이니 그 죄가
얼마나 무서운지 알라.
13 나 여호와의 가슴이 찢어지도록 아프
고 저리는 것을 모르는가?
14 내가 일찍이 성서에 기록하여 너희에
게 전하지 아니하였더냐?
15 너희가 제사를 지내기 직전이라 해도,
나에게 경배의 제사를 지내기 직전이
라도 형제들과 화합하지 못한 자, 부
모에게 불효한 자는 그것을 먼저 용서
를 빌고 와 나에게 제를 지내는 것이
더 위대하고 소중하다는 것은 무엇이
더냐?
16 그와 같은 잘못된 자의 제를 내가 받
지 아니하며 제사를 드리는 것을 보지
아니함이니 그와 같이 살라 하였으며,

17 형제를 미련한 자라 하는 것도 지옥
불로 간다는 나의 성서의 가르침이 있
음이니,
18 너희 형제들에게 미련하다고 욕하기
전에, 능력 있고 가진 자가 도와주지
아니하여 어렵고 불쌍한 너희 형제들
이 너희를 원망하며 욕한다면,
19 그것이 너희가 형제를 미련하다 한 것
보다도 천배만배 더 사악하며, 얼마나
큰 죄를 짓는 것인가를 알겠는가?
20 어찌하여 너희는 내가 성서에 기록하
여 전한 그 뜻을 그저 그대로만 읽고
그대로만 알려 하는가?
21 그대로 알고 그대로 행하기만 해도 다
행이니라.
22 그 숨어 있는 뜻을 모르며 그대로 행
하지 아니함이니, 내가 성서를 가지고
공부하는 백성이 가장 중요한 것은,
모두를 너희에게 불리한 쪽으로 해석
하는 것이 정답이며 그것이 나에게 오
르는 길이라 하였거늘, 어찌하여 너희
는 그와 같은 생각으로써 역사하지 아
니하는가?
23 그러면서 성서에 기록한 것도 너희에
게 불리한 것은 외면하며 지키지 아니
함이니라.
24 너희가 한 자도 빼고 더해도 안 된다
는 그 소중한 성경이라 하여 내가 내
려보낸 거기에 기록되어 있는 것을 어
찌하여 두려운 줄 모르며 무서운 줄
모르느냐?
25 그와 같은 삶을 살며 그와 같은 속에
서 살면서 어찌 감히 나에게 오를 수
있으며 너희가 나의 이름을 부를 수
있단 말이던가?
26 형제를 울리는 자, 형제를 돕지 않으
며 제가 구원을 받기 위하여 나의 성
전이라는 곳에 재물을 바치고 울고불
고하는 것은 수없는 죄요, 그 죄가 얼
마나 무서운 것인가를 알겠느냐?
27 그 죄야말로 내가 용서하지 못함이니
라.
28 이를 너희가 생각할 때는 너희 형제라
그리 말할 것이니라.
29 육으로 생각하면 너희 형제이지만, 그
형제를 울리는 것, 그리고 형제를 울
리는 짓을 해 놓고 나에게 기도하고
경배해도 내가 받지 않는다는 뜻이 무
엇이겠느냐?
30 네가 그리 무시하고 멸시한, 너희에게
구원을 바라는 그들이 바로 나의 아들
이고 나의 딸이기 때문이니라.
31 나의 아들딸인 그들을 울리는 것이 너
희이기 때문이요, 그리고 나의 아들과
나의 딸인 네가 나로부터 좀 더 받았
다 하여 그것으로 오만하고 자만하며
나눠 줄 줄 모르고 나눠 주지 못한 자
임을 알라.
32 재물을 가진 자들이 이 세상에 와 죄
를 짓지 아니한 자라 그리 생각하지
말라.
33 재물을 가진 자들은 복 있는 자가 아
니요, 그들은 전생에 수없는 죄를 지
었으며 세상에 나갈 때 많은 죄를 지
었음이니라.
34 그리하여 내가 재물을 주어 그가 베푸
는 마음을 배우고 나눠 주는 것을 실
천하며 그 깨달음을 얻도록 하라고 재
물을 준 것이지, 그들이 나로부터 상
을 받아서 준 것이 아님이니라.

35 그러니 재물은 아무것도 아니요, 너희
는 믿음이요, 변하는 것이 위대하고
소중한 것이기 때문에 그들에게 그를
주었으며, 가난한 백성에게는 진리를
깨닫는 지혜를 주었음이니,
36 너희가 나로부터 나갈 때 복이 있어서
재물을 받은 자가 아니요, 죄를 많이
지은 자가 재물을 가지고 있는 것이니
라.
37 그리하여 내가 저에게 한 번의 기회를
준 것을 행하지 아니한다면 그 죄가
얼마나 무서운 줄 알겠느냐?
38 그리하여 부자는 절대로 하늘에 오를
수 없다는 것이요, 나눠 주지 아니하
면 못 옴이니, 그 하늘의 뜻을 알라.

8,281 번째 하나님 말씀

2003년 11월 6일 06시 21분

1 사랑하는 나의 아들아!
2 "네, 아버님! 말씀하옵소서."
3 내가 너에게 뭐라 말하였느냐?
4 어떠한 역사를 이룬다 해도 그 대가를
받는 자는 나의 선택된 백성이요, 지
도자가 아니라 그리 말하지 아니하였
던가?
5 너는 이를 명심해야 할 것이니라.
6 너희가 정녕 나로부터 어떠한 기적의
역사를 이룰 수 있는 것을 받았다면,
나 여호와가 너희에게 그것을 무상으
로 내려 준 것이라 하였음이니라.
7 그러니 거짓 선지자요, 사탄은 무엇이
라 말하였느냐?
8 나의 피조물 만백성으로부터 어떠한
이유든 재물을 거둬들이는 자는 바로
무엇이라 하였느냐?
9 양의 탈을 쓴 이리와 같다 말하지 아
니하였던가?
10 그러니 병을 고쳐 준다든지 모든 역사
를 한다 하면서 그 백성으로부터 대가
를 받는 것은 나의 백성이 아니요, 내
가 역사하는 것이 아님을 이제 그것으
로써 모두 단정 짓도록 그리하라.
11 정녕 네가 만백성을 구원하고 역사한
다 해서 그 대가를 받으며 거둬들이겠
는가?
12 그리하여 그것을 너 자신이 착복하는
그와 같은 삶을 살겠는가?
13 그것은 있을 수가 없음이니라.
14 오로지 어떠한 이유든 너희가 받은 것
은 되돌려 주며 모든 것은 그 배로 주
는 것이 사랑이요, 나로부터 선택된
백성이 하는 일임을 너희는 잊어서는
아니 될 것이니라.
15 어떠한 기적과 역사를 이룬다 해서 그
대가를 받는 자, 그리하여 오늘의 믿
음의 길을 가는 자, 나의 피조물 만백
성들을 하늘로 인도한다는 그 모든 집
단이 잘못된 자들이며, 그들은 사탄이
요, 죄의 온상이라 함이 거기 있음이
니라.
16 마귀가 앉아 있어서 나의 백성을 모두
마귀로서 전락시키며 사탄으로 만드
는 것이 오늘의 교회요, 종교 집단들
이 하는 행위니라.
17 지도자들도 마찬가지니라.
18 재물을 거둬들이기에 혈안이 된 자는
양의 가죽을 쓴 늑대요, 너희가 지금
모든 역사를 한다면서 나의 피조물 만
백성들에게 재물을 거둬들이면 사탄

이요, 마귀의 짓이요, 진실이 거기 없
으며 근거가 없느니라.
19 그러니 나로부터 받은 자요, 나로부터
역사한 자는 어떠한 기적과 역사를 이
룬다 해도 그 대가를 받지 아니하였음
이니, 몇천 년 전서부터, 수천 년 동안
흘러오면서 역사를 이루고 대가를 받
지 않는 것이 모세요, 그리고 나의 아
들 예수가 역사한 것이 아니더냐?
20 나의 아들 예수가 그와 같은 역사를
하면서 무엇을 받았던가?
21 그러니 지금 제3의 시대에 나의 아들
이 어떠한 것을 역사한다 해도 너희에
게 받지 아니함이니,
22 이건 혈통이요, 나의 아들이요, 나의
역사를 이루는 자들임을 알아야 할 것
이니라.
23 그렇지 아니하는 자는 나로부터 선택
된 자가 아니요, 나로부터 명받은 자
가 아니요, 내 뜻을 역사하는 자가 아
니라는 것을 이것으로써 알라.
24 모든 나의 백성에게 무엇을 역사하며
그들에게 은혜를 주었다 하여 그들이
가진 재물이요, 그들이 가진 금화와
은화요, 그것을 모두 거둬들이는 짓은
사악한 짓이요, 사탄이 하는 짓이요,
내 뜻이 아니라는 것, 내 백성이 아니
라는 것, 나로부터 선택된 자가 아니
라는 것을 알도록 하라, 사랑하는 나
의 아들딸들아!

8,282 번째 하나님 말씀

2003년 11월 6일 11시 14분

1 사랑하는 나의 아들아!
2 "네, 아버님! 말씀하옵소서."
3 너희가 인간 세상에 살아가면서 '돌다
리도 두드려보고 건너라.'는 말이 있
지 않더냐?
4 이는 무엇을 의미하는가?
5 돌다리보다 더 단단한 다리가 없거늘,
그 다리를 건넌다 해도 점검해 보고
두드려 보고 가라는 것이 인간 세상의
삶이 아니더냐?
6 더욱이 나 여호와의 뜻이요, 만백성을
구하는 창조주 내 뜻에 의해 너희가
나의 성령을 160권의 법전으로 만들
어 세상에 내보냄이니,
7 나의 법전을 만듦에 있어서 검토하고
또 검토하는 그와 같은 노력으로 완벽
하게 잘 만들어 역사해야 함을 잊지
말라.
8 이제는 160권이라는 법전이 세상에
나갈 날이 머지않았으며 너희가 그를
역사하는 것을 너는 알고 있지 아니한
가?
9 그러니 이제는 160권의 법전을 한 자
한 자 잘 점검하고 다스려서 한 점의
부끄럽이 없는 완벽한 나의 법전을 만
들어야 할 것이니라.
10 지금까지 너희가 만들어서 모든 백성
에게 전했으며 또 세상에 전한 것은
모두 허점이 용납되며 잘못된 것을 덮
어 갈 수 있으나,
11 이제 마지막 모든 것을 종결짓는 160
권의 법전이 나가는 것은 변화될 수
없으며 어떠한 형태로든지 변명의 여
지가 없음이니라.
12 모든 것은 완벽하게 완결편으로서 지
금 나감이니,

13 돌다리도 두드려 보고 건너는 것처럼
나의 법전을 읽고 또 읽어 서두르지
말며 완벽한 나의 책으로 만들어 세상
에 내보내도록 그리하라.
14 그렇지 아니하면 실수함이니라.
15 하나의 오자가 있어서도 아니 되며 그
로 인하여 내 뜻이요, 내가 역사하는
것이 정반대의 현상으로 가는 그와 같
은 것으로써 역사해서는 아니 됨이니
그리 알라.
16 그러니 무엇보다도 더 심사숙고하고
모든 마음과 정성을 다하여 읽고 또
읽어 완벽한 나의 법전으로서 세상에
나갈 수 있도록 그리 만들라, 사랑하
는 나의 아들아!
17 그것만이 이제 너희에게 남은 과제이
니라.
18 모두는 내가 역사해 주며 나 여호와가
너희에게 임하며, 너희가 갈 수 있는
사람과 재원이요, 그 모두를 다 부어
줄 것이니,
19 너는 이것을 돌다리를 두드려 보는 것
보다도 더 심사숙고하는 마음으로 지
금 가야 할 것이며,
20 오늘 법전을 만드는 선택된 너의 제자
들과 더불어 하나가 되어 가도록 그리
하라.
21 그들이 분산되고 헤어지고 찢어지는
그와 같은 일이 있어서는 아니 될 것
이니라.
22 너희는 하나가 모이고 둘이 모이고 셋
이 모이는 것이 중요함이니,
23 지금 있는 그 뿌리에 덧붙이고 덧붙여
가지를 칠 수 있도록 하여, 점검하고
더 점검하여 단단한 나무로 서는 역사
를 하도록 그리하라.
24 원뿌리를 버리고 가지의 뿌리로써 일
어설 수 없음이니, 원뿌리의 그 틀을
버려서는 안 되며, 그를 잘라내면 그
나무의 생명까지도 위험하게 되어 있
음이니라.
25 그러니 아무리 가지의 뿌리가 단단하
다 해도 원뿌리가 깊게 내려 그 뿌리
의 양분이요, 나무가 필요한 것이 무
엇인가를 아는 것은 원뿌리만큼 알 수
가 없음이니,
26 지금 나의 법전을 만들어 온 선택된
제자들에게 모든 것을 붙여 주어 그들
로 하여금 더불어 만드는 역사를 하라.
27 그들을 배제하고 그들이 아닌 다른 사
람으로서 원뿌리를 대체하지 말라.
28 그들은 나의 특성이요, 내 성격이요,
내 의미를 알 수 없음이니, 그 나무가
무엇을 요구하고 원하는지 모르면서
영양분을 공급한다면 그것은 부작용
이 일어나게 됨이니라.
29 그러니 그들을 원천으로 하여 모두 그
들에게 붙여 주어 더불어 잔뿌리가 뻗
어 나가도록 하며 도와주는 역사함으
로써 모두 이루도록 그리 가라, 사랑
하는 나의 아들아!
30 그것이 흔들리면 안 되며, 그것이 무
너지면 160권을 제대로 볼 수 없으며
제대로 만들 수 없으며 모든 것을 찾
아낼 수 없으며,
31 완벽한 돌다리도 두드려 보고 가는 그
와 같은 조심성이 있으며 그들보다 완
벽하게 만들고자 하는 마음 자세를 가
진 백성이 없을 것이니,
32 그들에게 맡겨 모두 그를 도와주는 그

와 같은 일로써 가도록 그리 만들라,
사랑하는 나의 아들아!

8,283 번째 하나님 말씀

2003년 11월 6일 11시 21분

1 사랑하는 나의 아들아!
2 "네, 아버님! 말씀하옵소서."
3 지금의 모든 종교 집단이요, 지도자들
이 얼마나 무성의하며 게으른 자들인
가?
4 그러니 그들만큼 게으르고 사악한 자
들이 없음을 너희는 알아야 할 것이니
라.
5 너희가 나로부터 복음을 들었으며 나
로부터 깨우침을 받았으며 나로부터
무상으로 하늘에 오르는 길이요, 진리
를 알았다면,
6 너희는 나의 사랑하는 백성을 찾아가
그들을 깨우쳐 주고 복음이라는 것을
전하여 역사하도록 그리해야 하는 것
이 나의 뜻에 역사하는 자들이니라.
7 그러나 너희는 어찌하는가?
8 너희 제자라는 백성을 밖으로 내보내
나의 백성에게 복음을 전한다 하며 끌
어들임이니라.
9 그리고 너희는 가만히 앉아서 선생 역
할을 하며 글 세나 받아먹는 그와 같
은 무능한 자의 역할을 하는 것이 아
니던가?
10 너희가 끌어오는 자들에게 복음을 전
한다 하여 설교요, 강론하며, 그들에
게 재물이요, 모든 것을 거둬들이고
받아들이는 그와 같은 짓을 하는 자들
이라 그리하였음이니라.
11 내가 뭐라 말하였느냐?
12 나의 아들에게 전하여 너희에게 말하
기를 실력 없는 의사라는 자들이 환자
가 오지 아니함이니, 사람의 입을 통
하여 저희 병원으로 오도록 하여 그
엉터리 의술로써 재물만 받아 돈을 챙
기는 그와 같은 형국을 하는 것이 그
들이라 하지 아니하였더냐?
13 오늘의 모든 종교 집단들이 그와 같은
짓을 하고 있음이니라.
14 제가 나가 몸소 병든 자, 어렵고 고통
스러워하는 자를 치료하고 달래는 것
이 아니요,
15 저는 가만히 앉아 있으면서 저를 따르
는 백성으로 하여금 밖에 나가 그들을
끌어모으게 하고 있음이니,
16 얼마나 게으르고 안일한 자며 간교한
수법으로써 데려온 자에게 설교한다
하여 나의 백성으로부터 재물과 금화
요, 그 모두를 거둬들이는가?
17 그와 같은 행위를 하는 자요, 그리하
여 쓸만한 것이 있으며 빨아먹을 것이
있으면 계속 천배 만배 복을 주고 천
국에 온다 하며,
18 빨아먹을 것이 없는 자는 언제 봤느냐
는 듯 야박함도 그보다도 더한 박절함
없이 내치며 바라보지 않는 것이 그들
이라 하였음이니라.
19 너희가 재물을 내는 자의 이름을 들고
오도방정을 떨면서 기도를 하고 눈물
콧물로써 더 축복을 주라 하나, 없는
자를 위해 기도한 적이 과연 있느냐고
나의 법전에 물어본 그 대목이 있음이
니, 너희가 그와 같은 자들이니라.
20 나의 뜻은 무엇인 줄 알겠는가?

21 너희가 의사를 만들어 그 의사들이 만
백성을 찾아가 치료해 주는 것, 그리
고 다스려 주는 그와 같은 역사를 이
루는 것이 나 여호와의 뜻이니라.
22 그리하여 지금 내가 나의 아들을 통하
여 160권의 법전을 만들어 이를 보고
깨우친 그 백성이 선생이 되며 지도자
가 되어 병들고 어려운 자를 치료해
주며 가난한 자를 도우며,
23 시들어지는 자에게 용기를 북돋아 주
며 아픔을 어루만져 주는 그와 같은
것으로써 역사하고자 하는 것이 나의
뜻이니라.
24 그리하여 나의 법전이 세상에 내려가
는 것을 너희는 알아야 할 것이니라.
25 오늘의 종교 집단 지도자들이 수천 년
동안 오면서 너희 손으로 죄의 온상을
지어 그곳에 오는 백성을 현혹하여 농
락하는 그와 같은 방법으로써 복음을
전한다는 그것이 반대 현상으로써 나
가야 한다는 것을 알아야 할 것이니라.
26 그와 같은 시대의 역사를 하기 위해
내 법전이 세상에 내려가며, 오늘의
나의 아들이 그 제자들을 육성함이니,
그들이 앞으로 나가 지도자가 될 것이
니라.
27 그리고 나의 법전을 읽고 깨우친 백성
이 그 자리에서 이웃에게 나의 법전의
뜻을 가르치고 강론하면 그가 바로 지
도자요, 나가서 치료하는 자요, 구원
의 길을 바로 보도록 역사하는 위대함
을 얻는 것이니 그리 알라.
28 이것이 나 여호와의 뜻이요, 내가 역
사하고자 함임을 너희는 알아야 할 것
이니라.

8,284 번째 하나님 말씀

2003년 11월 6일 11시 25분

1 사랑하는 나의 아들아!
2 "네, 아버님! 말씀하옵소서."
3 내가 나의 아들 예수를 통하여 너희에
게 죄의 온상인 교회라는 건물을 지어
거기서 예배하고 경배하지 말라 그리
하였음이니라.
4 나 여호와의 성령을 전하며 성령으로
써 거듭남에 있어서 인간의 손으로 짓
는 교회를 만들기 위해 재물을 거둬들
이며 시간을 낭비하며 나의 백성으로
부터 갈취하는 그와 같은 모든 것을
낭비할 필요가 없으며, 허비할 필요가
없으며, 그 소모전을 펼 필요가 없기
에 내가 교회를 짓지 말라 했으며 성
전을 짓지 말라 하였음이니라.
5 너희의 오늘의 그 믿음의 골격이 무엇
이더냐?
6 너희는 성전을 지으며 교회라는 것을
만들어 새로운 신자요, 새로운 백성이
늘어날 때마다 그들을 수용하기 위해
더 큰 교회를 지어야 하며, 또한 재물
을 거둬들여야 하며, 온갖 수단과 방
법으로써 재물을 거둬들여 역사하는
번거로운 그 자체가 잘못된 것이며,
7 그것이 나 여호와의 뜻이 아니라는 것
을 너희는 이제 알아야 할 것이니라.
8 그와 같은 번거로움으로써 나의 진리
요, 복음을 전할 수 있겠는가?
9 너희가 한평생 살면서 몇 년이나 나의
복음을 전하는 역사를 할 수 있다고
생각하는가?
10 너희가 교회를 지으려고 재물을 거둬

들이며 시간을 낭비하며 모든 방법을
동원하는 그것은 복음을 전하며 나의
성령의 뜻을 전하는 데 모두 바쳐야
할 것이거늘,
11 너희는 손으로 지은 교회를 만들고 더
큰 것을 만들기 위해 모든 것을 다 소
비하며 낭비하는 어리석은 짓을 하고
있기에 내가 교회를 짓지 말라 하였으
며,
12 그곳에 와 깨우치는 제한된 백성이 과
연 얼마나 만백성을 구하는 역사를 이
룰 수 있다 하는가?
13 그들을 지도자요, 선생으로 만들어 내
보내는 것이 아니요, 한 번 오면 영원
히 돌려보내지 아니하며 그저 모든 것
을 갈취하는 그와 같은 방법으로써 감
이니,
14 이것이 죄의 온상이 되는 것을 나 여
호와는 알고 있었기 때문에 교회를 짓
지 말라 했음이니라.
15 어떠한 신도가 어떠한 형태든 또 늘어
나면 늘어난 대로 더 큰 교회요, 더 화
려한 교회를 짓기 위해 방법을 강구하
며 그 역사함에 모두를 다 바치는 것,
그것이 잘못된 것이며 잘못 가는 종교
집단의 믿음이라 하는 나 여호와의 뜻
을 알아야 할 것이니라.
16 그를 만들기 위해 시간과 재물을 모두
바치며 스스로 노예가 되며 종이 되어
가는 그와 같은 오늘의 종교 집단이
요, 지도자는 이를 다 털어 버려야 하
며 이를 놓아야 하며,
17 편안한 마음으로써 나의 사랑하는 백
성을 깨우쳐 주는 방법, 그리고 그들
의 가슴에 교회를 세워 주며 가정에
교회를 세우는 그와 같은 방법으로 전
환하지 아니하면 아니 될 것이니라.
18 너희는 하나를 지으면 거기에 나의 피
조물 만백성들을 수단과 방법을 가리
지 않고 끌어모아 거둬들이는 그와 같
은 사악한 방법은 진리가 아니요, 나
여호와의 뜻에 역사하는 것이 아니니
라.
19 인간 너희가 편하고자, 인간의 욕망을
채우고자, 너희의 명예를 채우고자 하
는 그 모든 역사를 하고자 하는 욕심
의 죄악의 뿌리에서 이루어진 것이라
는 것을 잊지 말라.

8,285 번째 하나님 말씀

2003년 11월 6일 11시 28분

1 사랑하는 나의 아들아!
2 오늘의 모든 종교 집단을 간단히 한마
디로 말한다면 그들이 왜 존재하는지
알겠느냐?
3 그들은 남을 이기기 위해 존재하며 남
에게 과시하기 위해 존재하며 남에게
보여 주며 제 위용을 자랑하기 위하여
그 모두를 다 바치며 그를 위해 노력
하는 자들이니라.
4 남을 이기기 위하여 모두 전력투구하
는 것이 오늘의 종교 집단이요, 지도
자들이 가는 길이니라.
5 그들은 진정 생명이 다시 나며 거듭나
는 그 위대하고 소중함을 위한 진실한
깨달음은 없음이니라.
6 그 진실한 깨달음이요, 진실의 길이
없음이니라.
7 구원의 목적과 목표를 위하여 아름다

운 신앙으로써 가는 것이 아니라, 모
두 과시하기 위하여 남을 이기고자 하
는 그와 같은 지도자 밑에서 거듭나고
자 하는 욕망이요, 그 소중함을 지금
다 버리는 그와 같은 형국이 오늘의
믿음의 길을 가는 백성임을 너희는 알
아야 할 것이니라.
8 이제 종교 집단 지도자가 가야 할 길
이 무엇인지 알겠느냐?
9 너희는 만백성들을 구원하는 그 길을
인도해 주며, 참진리의 길을 나의 백
성에게 깨우쳐 주어,
10 그들이 참진리를 맞이하여 나 여호와
의 뜻을 따라갈 때, 얼마나 행복하며
아름다움이 있는가 하여 천사와 같이
변하는 그와 같은 삶을 살 수 있도록
나의 백성을 인도하고 깨우쳐 주어야
하는 것이니라.
11 천사와 같은 마음으로 변화되는 그 삶
이 얼마나 행복하고 즐거운가 그것을
알 수 있도록 인도하고 깨우치는 것이
오늘의 종교 집단 지도자 너희이니라.
12 그러나 지금의 모든 종교 지도자는 저
자신의 위상과 모든 백성 위에 고압적
인 자세로써 군림하고자 교회를 만들
며,
13 더 큰 교회를 지으며 머릿수를 더 많
이 채우며 재물을 더 많이 거둬들이는
그것에 치밀하게 계산된 그와 같은 장
삿속으로 모두 가고 역사함이니,
14 내가 그 문을 닫고자 하며 거기에 거
미줄을 치고자 하며, 내가 벌로써 다
스리고자 하는 것이 나 여호와의 뜻이
요, 그를 대신하며 그 역사를 하기 위
해 오늘에 이루어지는 것이며 160권
의 법전이 세상에 내려감을 알아야 할
것이니라.

8,286 번째 하나님 말씀

2003년 11월 6일 11시 32분

1 사랑하는 나의 아들아!
2 "네, 아버님! 말씀하옵소서."
3 내가 성경에 일찍이 기록하여 나의 아
들 예수를 통하여 그리 전하였느니라.
4 '하늘과 땅의 모든 권세를 내게 주었
음이니라.' 그와 같이 성서에 기록된
내용이 있음이니, 이것은 무엇을 의미
하는가?
5 이는 보낸 이가 있으며 명을 받아 보
내진 자가 있음이니, 이는 곧 보낸 이
의 허락하에 그가 인정하는 그 테두리
안에서 그 시간과 공간 속에서 보낸
이의 뜻을 대행하는 것이며 그 뜻을
따라 역사한다는 것이니라.
6 그리하여 그와 같이 역사하는 동안에
모든 권한을 주었다는 그 의미요, 뜻
임을 너희는 어찌 모르는가?
7 그 뜻을 안다면 너희는 보낸 이와 보
내진 자를 알 것이며,
8 삼위일체요, 나 여호와가 나의 아들
예수요, 나의 아들 예수가 나라는 그
와 같은 망발을 할 수 없는 것이 지도
자 너희임을 알아야 할 것이니라.
9 모든 권세와 능력을 내가 그에게 주었
음이니라.
10 그러나 나의 아들 예수가 그 임무를
마치고 모두 종결하고 나에게 왔을 때
그 능력이요, 권세는 나 여호와가 다
거둬들이며, 오로지 창조주 나 여호와

만이 만세에 영원한 너희 주인이요, 아버지임을 어찌 그리 생각하지 못하며 그를 깨닫지 못한단 말이던가?

11 오로지 구원의 길이요, 만세의 창조주는 나 여호와뿐이라는 것도 모르고 가는 백성이 감히 나의 아들이 나요, 내가 예수요, 삼위일체 등등 그와 같은 말을 하는 그것이 나를 거역하는 것이며 나를 욕되게 하는 것이니라.

12 나에게 올 수 있는 백성이요, 나에게 온다는 백성이 그와 같은 말을 하고 있음이니, 이와 같은 자들이 바로 서고 바로 가르침으로써 변화되지 아니하면 나의 사랑하는 백성이 구원의 길이 아니요, 지옥의 길로 가는 그 역사는 중단되지 아니하고 계속 연결될 것이니,

13 이를 단죄하고 이를 다스려야만 내가 천 년에 걸쳐서 천사와 같은 백성이 세상에 사는 그와 같은 지상의 낙원을 건설하게 됨이니라.

14 그 모두를 다스리는 것이 나의 아들을 따르는 제자들이요, 나의 법전을 읽은 백성 너희가 바로 서는 것이니라.

15 정의로움에서 무너져서도 아니 되며 정의로움 앞에 그를 지키는 걸 두려워해서도 아니 되며, 너희는 비진리에 넘어가서도 안 되며, 이해관계에 너희 자신을 팔아서도 아니 되며, 이해관계에 눈빛을 흘리는 그와 같은 자세로써 살아서도 아니 됨이니라.

16 너희가 부귀영화요, 이해관계에 마음은 물론이요, 눈빛이요, 시선까지 돌리는 그와 같은 자가 됐을 때, 나의 모든 백성은 너희를 보고 따르지 아니할 것이며, 너희를 보고 이 길을 오지 아니할 것이니,

17 진리가 아닌 것, 너희를 유혹하는 것, 정의로운 것이 아닌 것은 거기에 시선도 돌려서는 아니 되며,

18 정의로움은 칼날 위에 서는 그와 같은 조심스러운 마음이요, 그와 같은 강한 마음의 의지를 갖추고 모든 것을 행하고 실천해야만 된다는 것을 절대 잊지 말라, 사랑하는 나의 아들딸들아!

8,287 번째 하나님 말씀

2003년 11월 6일 11시 37분

1 사랑하는 나의 아들아!

2 "네, 아버님! 말씀하옵소서."

3 내가 성서에 기록하여 너희를 깨우쳐 전한 한 구절을 여기에 기록함이니, '너희는 나가서 모든 족속으로 제자를 삼으라.' 했으며,

4 모든 백성을 구분하지 말며 그들을 가르쳐 제자로 삼으며, 창조주 아버지 나 여호와의 뜻과 성령의 이름으로써 또한 나의 아들 예수의 이름으로써 깨우친 나의 백성에게 세례를 주고, 그들에게 내가 너희에게 분부한 것을 그대로 가르치며 그대로 지키고 가라,

5 그리하면 내가 너희와 영원히 같이할 것이라 하는 대목을 내가 성서에 기록하여 너희에게 전한 그 대목을 아는가?

6 너희는 모든 백성을 다 똑같이 사랑하며 모든 족속을 제자로 삼으라 한 뜻임을 알아야 할 것이니라.

7 만백성 누구나 다 제자로 삼을 것이며, 창조주 나 여호와의 뜻이요, 성령

과 예수의 이름으로써 만백성에게 세
례를 주며,
8 나가서 그들에게 내가 명한 것이요,
나의 아들 예수가 분부하고 너희에게
전하고자 했던 것을 그대로 가르치기
만 하면, 그것이 나에게 오를 수 있으
며 내가 너희와 같이한다는, 성서에
기록된 그 대목을 너희는 수없이 수천
만 번 읽고 깨우치면서도 과연 어찌
가르치느냐?
9 너희는 그 내용을 알아야 할 것이니라.
10 너희는 예수가 전하고 행하는 그대로
전하고 지키고 행하는 것이 제자들이
해야 할 일이며 하늘에 오를 수 있는
은혜를 받은 백성이요, 믿음의 길을
가는 백성이 하는 것임을 알아야 할
것이니라.
11 그러니 예수가 행하고 역사하고자 했
던 것, 너희에게 전했던 내용 그대로
행하고 역사하는 것이 나에게 오르는
길이라 하였거늘,
12 너희는 행함은 뒷전이요, 그저 말로써
구원을 받는다고 부르짖고 있음이니
이것이 잘못되었음을 알라.
13 너희는 명한 것을 지키고 행하는 것은
모두 뒷전이며 힘들고 어려운 그 길
을 들여다보지 아니하고 모두 버렸음
이니라.
14 그러면서 감히 나의 아들 예수를 찾기
만 하며 나를 부르기만 하면 구원을
받는다 말하며,
15 밖에 나가 모든 백성을 깨우쳐 만백성
을 치료하고 복음을 전하라 그리했건
만, 너희는 나의 뜻을 어기고 짓지 말
라는 교회요, 성전을 지어 놓고 사랑
하는 나의 백성을 끌어모아 놓고 설
교한다며 재물과 모든 것을 갈취하는
행위를 하고 있으니,
16 그것이 나와 관계없으며, '나는 너희
를 모른다.' 하며, 너희가 죽어 와 심
판을 받기 전에 심판대에 설 자격도
없이 지옥으로 간다는 그 이유가 여기
에 있음을 알아야 할 것이니라.
17 내가 나의 아들을 통하여 기록한 법전
의 그 내용은 너희의 미래요, 현재에
모두 적용되며 그건 반드시 이루어진
다는 것을 알라.
18 그러기에 두렵고 무서운 나의 법전이
요, 새로운 성경이요, 그리고 심판하
는 모든 기회를 얻고 못 얻는 것, 그리
고 심판을 받고 못 받는 것의 모든 기
본이요, 근본이요, 기초가 여기 있음
을 너희는 알라.
19 그러니 바로 새로 내리는 성경이요,
나의 법전이 나의 뜻이니, 너희가 두
려움과 무서움을 깨닫지 못하면 절대
구원을 받지 못한다는 그 뜻이 여기
있음을 전하도록 하라, 사랑하는 나의
아들딸들아!

8,288 번째 하나님 말씀

2003년 11월 6일 11시 43분

1 사랑하는 나의 아들아!
2 "네, 아버님! 말씀하옵소서."
3 모두를 법전에 기록하여 나의 사랑하
는 백성을 깨우치고 역사하는 어렵고
힘든 길을 누군가는 가야 하며 그건
반드시 역사해야 하며,
4 2천 년 전에 나의 아들 예수가 인간의

형태를 가지고 세상에 모든 역사를 했
듯이, 오늘의 너희 또한 인간의 형태
로써 모두 역사하며 나의 피조물 만백
성을 구하는 전사요, 선생으로서 인간
의 형태로써 더불어 살아가는 속에서
역사해야 하는 것이 너희의 대명임을
알아야 할 것이니라.
5 지금의 모든 종교 집단이요, 믿음의
길을 가는 백성을 가르치는 자와 구원
을 받았다는 자들이 다 잘못 가고 있
음이니, 과연 이를 바로잡지 아니하고
되겠는가?
6 모든 백성이 자연의 이치와 자연의 순
리요, 그리고 내가 내려 준 모든 율법
이요, 계명이요, 이를 지키고 살아가
는 것, 그걸 지키고 사는 것이 순리대
로 사는 것이며 나의 뜻을 거역하지
아니하고 사는 것이거늘,
7 모든 종교 집단들이 진리요, 순리대로
역사하는 것을 믿고 살아가는 것이 아
니라 어찌 살아간다 하였느냐, 그 지
도자들이 어찌 가르친다 하였느냐?
8 그들은 모든 나의 피조물 만백성들에
게 기도하고 소원하며 이루어 달라 울
고불고 가르치는 그 뜻은 불합리한 것
을 이루어지도록 비는 것이며,
9 힘이 부족하여 이룰 수 없는 것, 남으
로부터 뺏을 수 없는 것, 남의 것을 갈
취할 수 없는 것, 그와 같은 것을 제
손에 쥐여 달라고 우는 어린아이만도
못한 믿음으로 가고 있음이니라.
10 받을 수 없는 은혜요, 역사할 수 없는
참진리의 뜻을 그저 이루어 달라, 거
저 달라 하는 것이 오늘의 믿음이요,
너희가 가는 길이라는 것을 알라.
11 불합리한 것, 어려운 것, 힘든 것, 정
녕 해결할 수 없는 것을 이루어 달라
하며, 그것을 이루고자 하여 나를 믿
으며 나의 아들 예수를 찾으며 가는
것이 오늘의 믿음이요, 신앙의 대표적
인 근본의 자세임을 너희는 알라.
12 너희가 아무리 아니라 해도 너희의 기
도 소리요, 이루고자 소원하는 것을
너희 스스로 들어보라.
13 그러면 알 것이니라.
14 얼마나 추하고 더러운 길이며 얼마나
해서는 아니 되는 짓을 하는 것인가
를, 옆에 있는 자의 기도하는 소리를
듣고 너 자신을 들여다보면 그대로 알
것이니라.
15 너희는 그러한 믿음에서 벗어나며, 나
의 아들 예수가 나의 뜻을 역사하고자
하여 너희에게 전했던 것을 깨우치며
그대로 행하고 살아가는 것이 가장 중
요한 구원의 길이라는 것을 알아야 할
것이니라.
16 나의 아들 예수를 통하여 역사했던 것
을 따르지 아니하는 제자요, 그 백성
은 정녕 구원을 받을 수 없음이니라.
17 오늘 내가 나의 아들을 통하여 160권
의 법전을 만들어 세상에 내려보냄이
니, 이 대명을 받고 살아가는 나의 아
들도 내 뜻대로 그가 살아가지 아니한
다면 내가 그를 버릴 것이며,
18 그는 내 아들이 아니요, 사탄의 자식
이 된다는 엄연한 그 무서운 글귀를
나의 법전에 기록하여 너희에게 전하
였거늘,
19 어찌 감히 내 뜻대로 살지 아니하며
내 뜻대로 역사하지 아니하고 너희가

나에게 오를 수 있다고 말하는가?
20 지금의 나의 아들도 내 뜻대로 행하지 아니하며 그대로 실천하는 삶을 살지 아니하면 그는 나의 아들이 아님이니라.
21 또한, 너희는 나의 아들 예수가 2천년 전에 성령으로써 잉태한 아들이요, 특별히 태어난 아들이요, 그러하기 때문에 그는 그 길을 갈 수 있으며 나 여호와의 뜻을 알 수 있으며 나 여호와의 뜻에 따라 역사했다는 그와 같은 생각을 하지 말라.
22 그도 평범한 나의 아들딸로서 태어나 30년이라는 삶을 너희와 같이 더불어 살았으며 광야에서 이기며 세례를 받음으로써 나의 뜻이 무엇이며, 내가 역사함을 안 뒤로 모든 마음을 굳혀 그 길을 갔음이니라.
23 지금 60평생을 산 나의 아들이 '나는 창조주 하나님이니라.
24 너는 나 여호와의 뜻을 기록하여 전하라.' 하여 만백성을 구하라는 명을 받고 지금 이 길을 가듯이,
25 그는 이 길을 가면서 160권의 법전을 세상에 냈을 때, 그 머리가 하얘졌을 때, 그도 예수 못지않은 그와 같은 깨끗하고 아름다운 마음으로 설 수 있는 나의 아들임이니, 그 모두가 다 같음이니라.
26 그러니 너희 또한 그와 같이 변하면 나의 아들 예수와 같이 되며, 지금의 나의 아들과 같이 되며, 너희가 내 몸이요, 내가 된다는 것을 절대 잊지 말라.
27 성서에 또한 내가 그리 기록하였음을 알라.
28 말씀으로 거듭나는 자, 성령으로 거듭난 자는 나 여호와와 같으며 신이 된다는 그와 같은 성서에 기록된 내용을 읽어 보면, 오늘 내가 나의 아들을 통하여 법전에 기록하여 내리는 뜻을 알게 될 것이니라.

8,289 번째 하나님 말씀

2003년 11월 6일 11시 46분

1 사랑하는 나의 아들아!
2 "네, 아버님! 말씀하옵소서."
3 사랑이란 무엇이더냐?
4 남의 아픈 자리를 어루만져 주는 것, 남의 아픈 상처를 치료해 주는 것, 그리고 그가 너에게 무엇을 원할 때 그 모두를 들어주는 것이 사랑이니라.
5 그리고 너희가 가진 것을 나누어 주며 너희의 여유로움을 그에게 돌려주는 것, 그리고 너희가 도울 수 있을 때 모두를 돕는 것이 사랑이니라.
6 그리하여 내가 너를 통하여 뭐라 하였느냐?
7 남을 시시비비하며 남의 잘못됨을 시시비비하는 것은 나누어 줄 수 있는 사랑도 없으며 아픈 자를 어루만져 줄 수 있는 사랑도 없는 자요, 상처를 치료해 줄 자격도 없는 자요,
8 그리고 가난하고 어렵고 불쌍한 사람들을 도우며 살아가는 그와 같은 사랑의 마음이 없는 것과 똑같다 하였음이니,
9 이를 너의 제자들에게 심어 주어, 너의 제자들이 나의 뜻을 거역하는 그와

같은 삶이요, 그와 같은 일이 있지 않
도록 그리하라.
10 나의 성전에 오는 모든 백성은 한 형
제이니, 이 세상의 수십억 인구 중에
서 너희가 이름을 알며 얼굴을 맞대며
내가 불러내 똑같이 쓰는 자들이니,
11 너희는 여기에 잘난 자도 없으며 똑똑
한 자도 없으며 더 가진 자도 없으며
덜 가진 자도 없음이니라.
12 재물을 가진 것으로써 너희가 나에게
사랑을 받으며 은혜를 받은 것이 아니
요, 권력이 있는 자가 나로부터 사랑
을 받으며 은혜를 받은 자가 아니니라.
13 권력을 가진 자나 재물을 가진 자는
나에게 죄인으로서 세상에 왔음을 알
라.
14 그리하여 내가 너희에게 권력을 남에
게 나눠 주는 것을 배우며, 재물을 가
진 자는 남에게 나눠 주며 남에게 베
푸는 것을 하여 너희가 전생에 지은
죄를 씻게 하고자 하여 더 준 자요, 권
력을 준 자요, 높은 자리를 준 것이니,
이를 착각하지 말라.
15 너희가 아름답게 살아오며 모든 역사
를 했기에 이 세상에서 더 위대한 자
요, 똑똑한 자라 하지 말라.
16 아무것도 가진 게 없는 자, 불행한 자,
불쌍한 자는 깨달음을 알며 진리를 앎
이니 그들이야말로 더 위대한 백성이
요, 더 훌륭한 백성이니라.
17 그를 감히 몇 푼을 주며 밥 한 그릇을
사 주며 때가 되어 식사 한 번 대접하
고 너희가 입던 옷 한 가지를 주면서
그에게 시시비비하지 말며 잘잘못을
논하지 말라.
18 너희는 죄인이요, 그는 죄를 짓지 아
니하고 이 세상에 나온 백성이라 거꾸
로 보고 깨닫도록 그리 가면 실수하지
아니할 것이니라, 사랑하는 나의 아들
딸들아!

8,290 번째 하나님 말씀

2003년 11월 7일 06시 34분

1 사랑하는 나의 아들아!
2 "네, 아버님! 말씀하옵소서."
3 나의 사랑하는 너를 따르는 제자들이
요, 그리고 나의 법전을 읽고 깨우친
만백성, 너희가 살아가는 기본의 자세
가 무엇이더냐?
4 "네, 아버님! 그렇사옵나이다.
5 몸과 마음을 다 다스리는 것이옵나이
다.
6 생각을 아름답게 하며 또 변하고자 하
는 삶을 살며 오늘보다 내일을 아름다
운 삶으로 살아가는 모든 근본을 지켜
주고 받쳐 줄 수 있는 것은,
7 육의 세상에서 육이 바르게 행동하며
바르게 서는 것, 그리고 그 육이 바로
설 때 거기에서 바른 정신과 곧은 생
각이 나올 수 있다는 것을 알고 있사
옵나이다."
8 그러니라.
9 너희는 육은 소홀히 생각하며, 믿음만
우선이며 육으로써 행하는 것은 아무
것도 아닌 것처럼 가르치지만,
10 너희가 바로 설 수 있는 것, 바른 생각
할 수 있는 것은 모두 육이 곧게 서는
것이니라.
11 몸과 마음가짐을 정확하게 하며 행동

을 바르게 하며 구부러짐이 없는 그와
같은 행동을 할 때, 참진리요, 아름다
움이요, 정의로움이 거기에 있는 것이
요,
12 너희 육이 흔들리고 흐트러지는 그와
같은 상태에서는 절대 바로 설 수 없
으며, 그곳에서는 정녕 정의롭고 아름
다운 생각이요, 아름다운 마음 자세를
가질 수 없다는 것을 너의 제자들과
만백성에게 전해야 함이니라.
13 너희는 알고 있지 않으냐?
14 몸이 괴롭고 아프면 만사가 싫으며 모
든 것이 다 싫듯이 너희의 육이 그만
큼 중요하고 소중함을 알아야 할 것이
니라.
15 이제 너의 제자들에게 전하라.
16 육이 곧게 서는 것도 그 행동이니라.
17 생각에 따라서 움직이는 것이 육의 행
동이나, 너희의 생각에 따라서 움직이
는 육의 행동이 바르고 강할 때 모든
것을 역사하고 굳건하게 지키면 모두
이룰 수 있는 것이니라.
18 그러니 너의 제자들은 몸과 마음이 하
나가 되며 정의롭고 바로 서는 것은
물론이거니와 육이 단단하고 곱게 제
자리를 설 수 있는 그와 같은 삶의 행
동으로써 살아가도록 해야 할 것이니
라.
19 이제 너를 따르는 제자들은 모두 육의
행동에서 한 점의 부끄러움 없이 육이
흔들리지 않는 그와 같은 삶을 살도록
그리하며, 거기에서 정의로움을 조금
도 양보하지 말도록 그리하라.
20 오로지 정의로우며, 너희들이 비진리
에 마음이 흐트러지고 양보해서는 아
니 되느니라.
21 내가 너에게 보여 준 그 그림을 너의
제자들에게 반드시 설명하라.
22 얼마나 곧고 단단하게 육이 서야만 그
육에서 모두 정상적인 길이요, 참진리
요, 그리고 모든 유혹을 뿌리치고 견
딜 수 있다는 것을 이제 너의 제자들
에게 깨우쳐 주어야 함이니 그리 알
라, 사랑하는 나의 아들아!
23 또한, 너의 제자들도 그와 같이 살아
가야 함이니라.

8,291 번째 하나님 말씀

2003년 11월 7일 06시 44분

1 사랑하는 나의 아들아!
2 "네, 아버님! 말씀하옵소서."
3 인간이 한 세상을 살아가면서 육의 세
상에서 목표를 세움이니라.
4 그리하여 자기의 목표는 무엇이며 자
기가 역사하고자 하는 것이 무엇인가
그와 같은 것을 철이 들면서 세움이
니, 과연 너희가 그 목표를 세우는 것
이 죄가 되며 그 목표를 위하여 노력
하는 것이 과연 죄가 되더냐?
5 그 목표를 세운 것에 따라서 사람의
삶이 달라지며 행동함이 달라지며 그
역사함이 다르다 하였음이니라.
6 그러니 너희가 신이 되고자 하는 그와
같은 마음을 갖고 사는 것이 과연 죄
가 되더냐?
7 나의 아들딸들이 아버지를 닮고자 하
는 삶을 살겠다는 생각을 하며 그 목
표를 세우는 것이 과연 죄가 된다 생
각하느냐?

8 오늘의 모든 종교 집단이요, 지도자는
그러하니라.
9 나의 아들 예수는 성령으로써 잉태하
여 특별한 자식이며,
10 그리고 인간인 너희가 나 여호와가 되
고자 한다면, 나에게 도전하는 자요,
나를 능멸하는 자들이요, 그리 생각하
는 자는 불순종하는 자요, 사탄이요,
마귀만이 그리 생각한다고 가르치느
니라.
11 그러나 너희는 여기서 알아야 할 것이
니라.
12 너희가 과연 신이 되고자 하여 나와
같이 되고자 한다 해서 나에게 도전하
는 자요, 나를 능멸하는 자요, 사탄처
럼 나를 무시하고 너희가 능력 있을
때 나에게 대드는 그와 같은 나의 아
들딸이 아니지 않더냐?
13 아버지가 살아가는 모습을 보고 그대
로 아버지가 되고자 하는 그와 같은
마음을 가지고 사는 것은 인간 세상에
서도 죄가 되는 것이 아니지 않더냐?
14 부모를 닮아 살고자 하는 그 마음을
가진 것이 어찌 죄가 되며, 그와 같이
생각하는 것이 어찌 나 여호와를 능멸
하는 것이며 감히 신이 되고자 하는
불순종하는 자라 그리 가르치는가?
15 그와 같은 생각을 버리지 못하는 자들
이 바로 무엇이더냐?
16 나의 계명이요, 나의 율법이요, 지금
내가 내리는 나의 십계명대로 살 수
없다고 말하며,
17 인간은 거기에 도전할 수 없으며 그리
갈 수 없으며, 그리 도전하는 것은 사
악한 자들이라 그리 가르침이니라.
18 그러나 그와 같은 자들이 얼마나 나를
능멸하며 욕되게 하는 자들인가?
19 사랑하는 나의 아들딸들이요, 나로부
터 보내진 그들이 아버지를 닮으며 아
버지의 형상이요, 아버지의 마음으로
써 자식이 부모를 존경하는 마음이요,
부모의 모습을 닮아 살겠다는 것이 무
엇이 잘못되었더냐?
20 너희가 나를 닮으며 나와 같이 되고자
하는 것이 부모를 공경하며 존경하는
자식의 도리가 아니더냐?
21 인간 세상에서 자식들이 아버지의 삶
이요, 아버지의 살아가는 모습을 보고
그대로 닮아 살아가겠다 노력하는 것
은 아버지요, 어머니요, 그 부모가 바
르고 곧게 산 모습으로 보였기 때문이
아니더냐?
22 그러니 그 부모의 모습대로 살며 그
부모의 영향에 따라 산다는 것이 과연
도전이며 그게 부모를 능멸하는 것이
더냐?
23 부모가 곧고 바르게 살았으면 자식이
그를 보고 그대로 따라가는 것이며,
그리 삶을 사는 것이 무엇이 잘못이더
냐?
24 그건 부모를 기쁘게 하는 것이거늘 어
찌하여 너희가 그리 생각하는가?
25 아버지와 어머니의 삶을 그대로만 살
수 있다면 저는 축복받은 자요, 감사
하다고 생각하는 부모 앞에 그와 같은
말을 하는 자는 불순종하는 자요, 거
역하는 자며 부모를 슬프게 하며 욕되
게 하는 것이더냐?
26 나의 사랑하는 아들딸 너희를 세상에
내려보내어 역사하였음이니, 보내 준

부모처럼 살며 부모와 같은 마음이요,
부모와 같은 심성이요, 그를 닮고 살
아가겠다 하는 것이 지금 내가 나의
아들을 통하여 가르치는 그 제자들에
게 명하는 것이거늘,
27 온갖 종교 집단이요, 모든 백성이 나
와 같이 되고자 하는 것은 불순종하는
자요, 그는 사탄이요, 사악한 자요, 용
서받지 못할 자라 그리 말함이니라.
28 이 세상에 내가 너희에게 사랑을 베풀
며 은혜를 베푼다 하였음이니, 내가
베푸는 사랑을 보고 따라 배우는 것이
나에게 오르는 길이요, 나를 가장 기
쁘게 하는 길이라 하였으면,
29 나 여호와를 닮아 가고자 하며 나 여
호와가 역사하는 모습대로 살아가고
자 하는 것이 그게 나에게 도전이던가?
30 너희의 목표며 나의 은혜에 감사하는
것이거늘, 이와 같은 이치 하나도 제
대로 알지 못하는 자들이 수천 년 동
안 나의 피조물 만백성들을 가르치고
이끌어 온다 했음이니, 어찌 그들이
하늘의 뜻을 알며 내 뜻을 알겠느냐?
31 제 아버지를 닮아 가겠다는 것이 죄라
생각하며 남을 닮으라 하는 것은 무엇
이더냐?
32 나를 닮지 말라는 자는 사탄이 되라는
자요, 악마가 되라는 것이니라.
33 사랑을 베푸는 나 여호와요, 진리의
아버지요, 이 세상을 창조한 아버지
요, 모두의 근본인 공의로운 아버지를
닮겠다는 그 아들딸들이 무엇이 잘못
되었단 말이더냐?
34 그대로 지키고 산다는 것을 그리 지키
고 사는 것은 거역하는 자니 그리 살
지 말라 함은 결국 무엇이더냐?
35 사탄이 되고 악마가 되며, 모든 정의
로움이요, 그것이 나 여호와가 기본이
니,
36 나를 닮지 말며 다른 길을 가라 하는
것은 너희가 내 계명을 지킬 수 없다,
십계명대로 살 수 없다, 율법대로 살
수 없다, 지금 나의 아들을 통하여 내
리는 나의 법전대로 살 수 없다고 말
하는 것은 무엇인 줄 알겠느냐?
37 너의 아비를 닮지 말라, 너를 보내신
하나님을 닮지 말라 그리 말하는 자이
니라.
38 그러니 나 여호와를 그들은 뭐라 하느
냐?
39 정의로운 아버지가 아니요, 나 여호와
는 진리의 아버지가 아니라고 하는 것
이 아니던가?
40 정의롭고 진리의 길을 가는 아버지요,
바로 내가 그리 살아간다 하면 너희는
나를 닮지 말라 할 뜻이 없지 아니하
더냐?
41 그러니 지금 너희를 보내 준 내가 잘
못 살며, 창조주 내가 나쁜 짓을 하며,
공의로운 아버지가 아니며 정의로운
아버지가 아니요, 사랑으로써 엮어 준
아버지가 아니요, 내가 내리는 것은
진리가 아니라 하는 것이요,
42 나를 욕되게 하며 능멸하는 것을 모름
이니라.
43 그러니 나를 닮지 말라는 것은 나보다
더 훌륭한 자가 있으며 아름다운 자가
있으니 그대로 닮아가라는 것이 아니
더냐?
44 그러나 무엇이더냐?

45 인간 세상에서는 그럴 수가 있느니라.
46 아버지의 삶이 바르지 못할 때 그 아
버지를 닮지 말라고 어머니는 이야기
할 것이니라.
47 어머니의 행실이 나빴을 때 그 아버지
는 어머니의 행실을 닮지 말라 딸을
가르칠 것이니라.
48 그러나 곧고 바르게 사는 아버지라면,
세상에 한 점의 부끄럼이 없이 사는
아버지라면, 너희는 그 아버지의 삶을
닮지 말며 이웃의 망나니 같은 자를
닮으라는 것과 무엇이 다르더냐?
49 나 여호와가 공의로운 하나님이 아니
요, 정의로운 하나님이 아니요, 모든
진리는 나로부터 나가는 것이 아니라
고 강조하는 것이니, 그들이 얼마나
사악한 자들이며 내 뜻을 모르고 죄를
범하고 사는 자들이냐?
50 내가 성서에 기록하여 전하였느니라.
51 너희 속에 내가 있으며 내 속에 너희
가 있다 함은 바로 그러하니라.
52 너희가 나를 닮는 삶을 사는 것이 바
로 아버지의 유업을 받을 수 있으며
아버지의 대를 이을 수 있는 것이 아
니더냐?
53 그러니 너희는 나를 부정하는 자식으
로 성장하지 말라.
54 그리고 나를 욕하는 자식이 되지 말라.
55 세상에 보내 준 너희 아버지가 너희에
게 바로 살고 아름답게 살라 하여 모
든 정의로움만 가르쳤거늘,
56 그것이 잘못된 것이라 소리 지르고 악
쓰고 광란하며 악기를 동원하여 그저
소리 지르는 그들이 사탄이요, 얼마나
사악한 자들이요, 잘못 가는 자들인지
알라, 사랑하는 나의 아들딸들아!
57 이를 만백성에게 전하라.

8,292 번째 하나님 말씀

2003년 11월 7일 06시 55분

1 사랑하는 나의 아들아!
2 "네, 아버님! 말씀하옵소서."
3 모든 종교 집단이요, 지도자요, 그 신
도들이 뭐라 생각하며, 그들이 사는
목표를 어디에 두며, 하늘에 오르는
길이 무엇이고 어떠한 형태로 가든,
그들이 가는 것에 너희는 관여치 말라.
4 다만, 이제 너를 따르는 사랑하는 제
자들이요, 나의 법전을 읽고 깨우친
만백성, 너희는 모든 생활의 목표요,
삶의 목표를 나 여호와에 맞추는 그와
같은 삶을 살라.
5 나 여호와가 되고자 하는 마음으로 그
열정을 가지고 삶을 살아야 함을 너희
는 절대 잊어서는 아니 되느니라.
6 너희가 나와 같이 되고자 하는 그 마
음으로써 살아가는 것이 곧 나 여호와
가 진리요, 참진리요, 오로지 정의로
운 아버지요, 너희가 말하는 공의로운
아버지이기에,
7 너희가 나를 목표로 내가 되고 나와
같이 되고자 하는 그와 같은 삶의 목
표를 세우고 그 길을 가고 유업을 받
으며 아버지의 뜻을 따르며 아버지를
닮아 갈 수 있는 것은,
8 너희가 그리 노력하며 역사하는 길밖
에 없다는 이 소중함을 너의 제자들과
나의 법전을 읽고 깨우친 모든 백성은
너희 것으로 만들도록 그리해야 할 것

이니, 이를 명심하고 또 명심하라.
9 모든 기본이요, 근본이 나 여호와이기
때문이니 그리 알라.
10 나 여호와가 모든 기본이요, 근본이
니, 너희는 진리의 근본이요, 정의로
움의 근본이요, 사랑의 근본인 나 여
호와를 닮고자 노력하지 아니하고는
변화될 수 없음이니라.
11 다른 그 모두는 너희가 다른 것을 따
르는 것이며, 다른 것을 따르는 것은
다른 신을 너희에게 두고 따라가고자
하는 것이며,
12 본보기요, 너희가 보고 살고자 하는
그와 같은 것을 나 여호와가 아닌 다
른 것으로써 목표를 정하며, 다른 것
에 의한 목표에 초점을 맞추고 살아가
는 삶이기 때문이니라.

8,293 번째 하나님 말씀

2003년 11월 7일 09시 52분

1 사랑하는 나의 아들아!
2 "네, 아버님! 말씀하옵소서."
3 네가 오늘에 지탱할 수 있는 그 많은
재물을 주었으며 그리하여 네가 오늘
의 이 자리에 왔음이니라.
4 이제 너의 제자들이 변하고자 하는 그
삶이요, 너 또한 변하기 위해 몸부림
을 치는 그와 같은 삶을 삶이니,
5 이제 내가 너희에게 재물을 내려도,
그리고 나의 법전을 만들어 세상에 전
하는 그 역사를 한다 해도, 너희 스스
로 그 모두를 다스려나갈 수 있으며,
너희 모두 역사할 수 있는 그와 같은
마음 자세가 굳어져 가고 있음이니,
6 이제 160권의 법전이 세상에 나올 수
있고 나의 법전을 만백성이 읽을 수
있는 그와 같은 역사를 시작하고자 함
이니라.
7 그러니 너는 여기서 무엇을 깨닫고 가
야만 되겠는가?
8 네가 할 일이 무엇이며 네가 역사하는
것이 무엇인지 알겠는가?
9 "네, 알고 있사옵나이다.
10 아버님께서 주시는 그 재물은 모두 법
전을 만드는 것에 투자해야 하며, 그
리고 법전을 만백성에게 전하는 데 그
것을 먼저 투자해야 하며,
11 인간 생각이요, 제자들의 사업이요,
다른 사람으로 하여금 사업을 하도록
역사하여 그 후에 법전을 만드는 것으
로써 그리 활용함이 아니라,
12 오로지 법전을 만들어 만백성에게 전
하며 법전을 만들 수 있는 장소를 만
드는 것이 최우선이며, 거기에만 사용
해야 하며 거기에만 모든 역사를 해야
한다는 것을 저는 알고 있사오며 그리
하겠사옵나이다.
13 그 길이 제가 가야 할 길이며 제가 역
사할 길이며 제일 우선이옵나이다.
14 법전을 만드는 것이 제일 우선이요,
또한 두 번째도 법전을 만드는 것이며
그것이 제일 중요한 것이며, 또한 법
전을 전하는 것도 중요한 것이며, 법
전을 만드는 것보다도 소중한 것이 없
다 하면서,
15 인간의 사업이요, 인간의 생각을 먼저
앞세우며 그와 같이 재물을 쓰는 방법
을 절대 저는 허용하지 아니할 것이
며, 그와 같은 길을 가지 아니할 것이

며, 그와 같은 역사는 하지 아니할 것
이옵나이다."
16 그러니라, 나의 아들아!
17 내가 너에게 역사하고자 하는 것은 법
전을 역사하기 위해 너에게 재물을 내
리며 그 모두를 내가 너에게 풀어 줌
이니,
18 이제 네가 그 마음을 알았으며 그 뜻
을 알았으며 가야 하는 길을 알았으면
오로지 그 길을 위하여 사용하고 그리
가도록 하라.
19 다른 방법으로써 다른 길에 의하여 네
가 흔들려서는 아니 됨이니, 이를 명
심하고 또 명심하여 나의 법전을 만들
어 전하는 데 내가 내리는 모든 재물
은 그것이 우선임을 이제 깨달았으면
그리 행하도록 하라.
20 그리하면 내가 너에게 모두를 다 역사
할 수 있도록 어려움이 없이 법전이
세상을 덮을 수 있는 그와 같은 길을
오늘부터 열어 갈 것이니 그리 알라,
사랑하는 나의 아들아!

8,294 번째 하나님 말씀

2003년 11월 7일 09시 55분

1 사랑하는 나의 아들아!
2 "네, 아버님! 말씀하옵소서."
3 너희 종교 집단이요, 지도자요, 그리
고 광신도들이 뭐라 하느냐?
4 나 여호와는 베푸는 하나님이요, 화낼
줄 모르는 하나님이요, 오로지 너희에
게 내리며 사랑으로써 모두 용서하며
베푸는 하나님이라 그리 말하며, 나
여호와는 베푸는 하나님이요, 창조주
라 그리 말하느니라.
5 그러나 나는 베푸는 하나님이요, 용서
하는 하나님이라 그리 말하면서, 어찌
하여 나에게 재물을 바치며 모든 역사
를 하는 것이 하늘에 오르는 길이요,
구원을 받는 길이라 그리하는가?
6 너희 말대로 나 여호와는 베푸는 하나
님이기에 나에게는 재물과 헌금이요,
그와 같은 것이 아무것도 필요 없느니
라.
7 그와 같은 것은 나와 관계없는 것이거
늘, 어찌하여 너희는 모든 것을 베푸
는 하나님이요, 용서하는 하나님이라
하면서, 나에게 바친다 하여 재물과
헌금과 그 모두를 거둬들이니, 그러한
행동을 하는 자가 누구이더냐?
8 그와 같은 행동을 하는 자들이 나의
이름을 팔아 장사하는 자요, 나를 욕
되게 하는 사악한 자들이라는 걸 너희
는 알아야 할 것이니,
9 그와 같이 내 이름 앞에 재물과 헌금
을 받아들이는 자가 누구더냐?
10 한 입으로 두말을 하는 자이니라.
11 나는 베푸는 자요, 내리는 하나님이
요, 사랑의 용서의 하나님이라 하여
아무것도 필요 없는 하나님이요, 전지
전능한 하나님이라 하면서,
12 어찌하여 나에게 재물과 헌금을 바치
는 것이 구원의 길이라 하여 그와 같
은 행위를 하고 있는가?
13 그 짓을 하는 자가 누구던가?
14 그것이 과연 나로부터 선택된 백성이
요, 나의 아들딸이 할 짓인가?
15 그건 사탄이요, 사악한 자만이 할 수
있는 것이 아니던가?

16 누가 그와 같이 내가 하지 말라는 짓
만을 골라서 하고 있는가?
17 그와 같은 행동을 하는 자들이 누구라
너는 생각하는가?
18 나의 목자요, 나로부터 선택된 백성이
요, 나의 진리를 가르치는 백성이 과
연 그와 같이 각종 명칭을 붙여 너희
에게 재물을 거둬들이며 헌금을 갈취
하며 그와 같은 사악한 행위를 할 수
있다고 생각하는가?
19 그와 같은 행위를 하는 자는 바로 나
와 관계없는 자들이니, 그들 앞에서
구원이요, 하늘에 오른다는 그와 같은
생각을 하고 따라가는 자는 지옥 불로
간다 함을 명심하고 또 명심해야 할
것이니라.
20 너희 스스로 말하듯이 베푸는 하나님
이요, 거둬들이지 아니하는 하나님이
라 한 입으로 말하면서, 돌아서서 나
의 피조물 만백성들에게 재물이요, 그
모두를 갈취하는 방법으로써 하늘에
많이 쌓아 놓는 자, 너희가 지은 성전
에 많이 쌓아 놓는 자가 구원을 받는
다고 가르치는 종교 집단이요, 지도자
들이 있음이니, 그들의 말에 현혹되지
말라.
21 그저 붙일 수만 있으면 이름을 갖다
붙여 갈취하는 그 사악한 자들은 나의
백성이 아니요, 나의 목자가 아니요,
그들은 사탄의 목자요, 사탄의 백성으
로서 죽음의 길을 달려가는 자들이니
그들의 말에 현혹되지 말라, 사랑하는
나의 아들딸들아!
22 너희가 그를 전해야 하니 그리 알라.

8,295 번째 하나님 말씀

2003년 11월 7일 09시 59분

1 사랑하는 나의 아들아!
2 "네, 아버님! 말씀하옵소서."
3 2천 년 동안 이끌고 왔다는 종교 집단
이요, 지도자 그들이 간 길이 무엇이
며 한 일이 무엇이더냐?
4 그들은 창조주 나 여호와의 나의 아들
딸이라 하면서, 나 여호와 아버지를
닮는 삶을 살지 말라 하고 닮아서도
아니 되며 닮는다는 것은 불순종하는
자니 닮으려 하지 말라 그리 가르침이
니라.
5 아들딸에게 제 어머니, 아버지를 닮지
말라 가르치는 자가 얼마나 사악한 자
던가?
6 나 여호와를 닮지 말라 하고 닮을 수
없다는 말을 가르치는 것은 사탄이라
는 것을 내가 너희에게 말하였느니라.
7 나를 닮으며 나와 같은 삶을 살지 말
라 하는 것이 종교 집단이요, 지도자
요, 인간이라는 것은 한계를 넘을 수
가 없으며, 인간은 그 선을 넘을 수 없
기 때문에 절대 닮을 수도 없으며,
8 닮을 수 없는 것을 닮으려 노력하는
것은 헛된 것이며 허황된 짓이라 하
며, 거기에 모두를 다 소비하는 것은
잘못된 자요, 구원의 길을 잃는 자들
이라 그리 말하느니라.
9 그러나 나를 닮는 자만이 하늘에 오르
며 나를 닮고자 노력하는 자만이 나의
아들딸임을 알라.
10 그러면서 너희는 또한 무슨 짓을 하는
가?

11 내가 너희에게 손으로 짓는 교회를 짓
지 말라 하는 것을, 너희는 교회를 짓
는 것에만 모든 것을 바침이니라.
12 그리하여 나의 백성에게 재물을 거둬
들이며 각종 명칭을 붙여 헌금을 거둬
들이며, 그리하며 나눔이라는 것은 전
혀 모르고 거둬들이는 것밖에 모르며
거둬들이려고 존재하는 것이 오늘의
종교 집단이요, 지도자 너희였음이니
라.
13 또한, 내가 너희에게 뭐라 하였느냐?
14 거둬들이지 말고 챙기지 말라는 그 재
물을 거둬들이기 위해 오늘까지 살아
온 집단이니라.
15 그것 외에는 너희가 한 것이 없음이니
라.
16 그러니 너희는 나의 뜻을 거역하며 나
의 피조물 만백성들을 우롱하며, 그들
을 너희 종이요, 또한 너희에게 예속
된 물건처럼 이용하고 악용한 것이 종
교 집단이요, 지도자 너희가 2천 년
동안 흘러오며 역사한 것이며, 너희가
이루어 놓은 것은 그것 외에는 아무것
도 없음이니라.
17 진정한 나의 사랑이요, 나의 뜻을 세
상에 펴는 데는 생각지도 아니하였으
며 그를 위해 노력한 자가 없음을 알
라.
18 종교 집단 지도자 너희가 살아가는 삶
이 어떠하던가?
19 가장 가난한 자와 똑같은 삶을 사는
것이 너희가 가는 길이라 하였거늘,
모든 종교 집단이요, 지도자요, 믿음
을 오래 믿은 자들의 삶이 과연 어떠
하던가 한번 생각해 보라.
20 일반 백성보다 더 호의호식하고 살아
가는 그와 같은 길을 가고자 노력한다
면 그것이 종교 집단이요, 지도자들인
가?
21 이를 알라, 사랑하는 불쌍한 나의 백
성들아!

8,296 번째 하나님 말씀

2003년 11월 7일 10시 03분

1 사랑하는 나의 아들아!
2 "네, 아버님! 말씀하옵소서."
3 종교 집단이요, 지도자들이 뭐라 부르
짖느냐?
4 사랑을 실천하며 살라, 그리고 봉사하
라, 나누며 살라, 베풀며 살라 그리 말
하느니라.
5 단상에 서서 나의 피조물 만백성들에
게 그리 강요하는 그들이 먼저 실천하
는 그와 같은 삶을 살아야 하는 것이
기본이요, 하늘에 오르는 기초를 다진
자라 함이니라.
6 그러나 너희는 들어 보라.
7 지금 봉사하고 살라, 나누며 살라, 사
랑을 베풀며 살라고 소리 지르는 종교
지도자요, 목회자들이 과연 대가성이
있는 급료를 받지 아니하는가?
8 저희가 목에 풀칠할 수 있는 미미한
급료를 챙기는 자들이라면 내가 그들
을 사탄이요, 사악한 자라 그리 말하
지 아니할 것이며, 지옥 불에 가 몸부
림치는 그와 같은 죄를 면해 줄 수 있
을 것이니라.
9 그러나 목회자라는 자들이요, 봉사를
부르짖는 자들이 과연 봉사를 하는가?

10 목자가 대가성의 급료를 얼마나 받는
가?
11 더욱이 일반 백성보다도 더 화려하게
더 많은 급료를 받고 지금 발광을 하
는 자들이 그들이 아니던가?
12 급료를 받는 자들이 그 혜택을 다른
백성보다 더 많이 받기 위하여 빈약한
교회가 성장하면 성장할수록 성장하
는 것만큼 급료요, 대가를 지분을 받
듯이 나눠 받고자 하는 것이 종교 집
단이요, 지도자가 아니던가?
13 그리고 그리해 주는 것이 당연하다는
것이 종교 집단이요, 그 밑에 있는 광
신도들이 하는 짓이 아니던가?
14 봉사와 희생을 한 자들이 제 급료요,
그 대가성을 일반 백성보다도 더 받아
들이기 위해서 발광을 하며 신도들을
우롱하며 그리고 제 편을 만들며 편을
가르는 그와 같은 짓을 하며,
15 어려울 때 저희가 받던 그 급료요, 가
만히 살아가면서 그저 죽지 않고 살
만큼만 유지하는 것이 아니요,
16 저희 손으로 지은 그 죄의 온상이 성
장하면 성장할 수 있도록 그 수입이
높으면 높을수록 그 지분의 일부를 급
료로 받아들이며 호화로운 생활을 하
는 것이 오늘의 종교 집단 지도자가
아니던가?
17 그와 같은 생활을 하기 위해 저희 신
도들에게 강요하는 자는 과연 없느냐?
18 그러니 그것이 바로 너희가 봉사할 수
있는 자들이며 봉사를 부르짖을 자격
이 있는 자라 말할 수 있는가?
19 신도들에게는 무료 봉사를 강요하느
니라.
20 그리고 가장 적은 재물을 지급하면서
그들을 활용하고 이용하느니라.
21 그리고 헌신과 헌납을 강요함이니라.
22 저 자신은 움직일 때마다 대가를 받으
며, 말 한마디를 할 때마다 대가 없이
는 움직이지 않는 것이 종교 집단이
요, 지도자요, 손 한 번 흔들어 줘도
거기에 대한 대가를 받는 것이 아니더
냐?
23 그리고 저희가 움직일 때마다 한 발짝
뗄 때마다 무엇인가를 바라고 손을 벌
리는 자들이 오늘의 종교 집단 지도자
들이니, 과연 그들이 사랑을 알며 봉
사를 아는 자들이더냐?
24 내가 나의 법전에 기록하여 전하는 것
이 틀렸으면 틀렸다 그리 말하라.
25 어떤 종교 집단 지도자도 이것이 잘못
되었으면 잘못되었다 그리 말하라.
26 너희가 말 한마디 움직이는 것 하나도
대가성 없이 움직이는 자들이 있는가?
27 제왕이 움직이는 것도 그리하지 아니
할 것이니라.
28 너희는 대가를 계산하며 한 발짝 뗄
때마다 황금 조각을 깔아 놓고 달라
하며, 깔아 놓지 아니하면 가지 않는
자나 마찬가지니라.
29 손을 하나 흔들어도 그 손끝에 황금을
달아 주어야 하는 것이요, 말 한마디
할 때도 그 혓바닥에 황금을 달아 주
지 아니하면 말을 하지 않는 그와 같
은 사악한 자들이 오늘의 종교 집단이
요, 지도자요, 그리 만든 것이 그 신도
들이니라.
30 그러면서 무슨 봉사를 부르짖으며 사
랑을 베푼다 하는가?

31 봉사가 무엇인지도 모르며 사랑도 모
르는 그 종교 지도자 밑에서 배우는
백성이 아무리 무엇이라 한들 봉사를
알겠느냐?
32 그러니 움직이는 것마다 대가를 받는
것이 바로 삯꾼의 품팔이 목자요, 지
도자라는 것을 내가 여기서 말함이니
그리 알라.

8,297 번째 하나님 말씀

2003년 11월 7일 10시 07분

1 사랑하는 나의 아들아!
2 "네, 아버님! 말씀하옵소서."
3 종교 지도자들, 그리고 책임을 맡은
목자요, 목사라는 자들이 살아가는 삶
이 어떠하던가?
4 그들은 그저 화려한 삶이요, 윤택한
삶을 최대한 다 누리는 것이 그 종교
지도자요, 목사요, 목자라는 자들이
살아가는 형국이니라.
5 그러나 저보다 한 계단 낮은 자로서
저를 도우며 저보다 열 배 이상의 일
을 하는 그와 같은 제 후임 목자요, 그
밑의 목사요, 그리고 거기에서 책임을
맡는 신도들에게,
6 과연 제가 살아가는 것만큼 그들에게
도 똑같이 후한 사랑을 하며, 저와 한
솥밥을 먹는 자들과 같이 생활할 수
있도록 똑같이 나눠 갖는가?
7 저는 제왕의 대가를 받으며, 저보다
한 계단 낮은 목사라 해도 그를 종을
부리듯이 하며, 저보다 열배 백배 더
일하도록 시켜 먹으면서,
8 과연 그의 생활을 돌아다보며 그의 비
참한 모습을 바라보며, 저와 동등한
생활로써 나누며 살아가는 그와 같은
생활을 하는가?
9 그와 같은 생활을 하지 못하는 자가
어찌 종교 지도자요, 만백성을 구하는
자라 그리 말하는가?
10 제 생활과 제가 부리는 자의 생활의
간격이 하늘과 땅처럼 차이가 나는 것
이 오늘의 종교 집단이요, 지도자이니
라.
11 일등인 자와 이등인 자, 그리고 책임
자와 부책임자의 생활은 하늘과 땅 차
이와 같이 간격을 두는 것이 종교 집
단이요, 지도자들이니 거기에 사랑이
있는가?
12 추하고 더러운 모습을 나의 법전에 기
록하고 싶지 않은 것이 오늘의 종교
집단이요, 목사라는 자들이 하는 짓이
니라.
13 그와 같이 똑같이 나누고 살지 못하며
더불어 살지 못하는 자, 같은 일을 하
면서, 더 열심히 일하는 자를 차등을
두며 사는 그러한 백성은 지도자가 아
니니라.
14 이는 일반 백성만도 못한 것이니라.
15 목자요, 목사 밑에서 일하는 직급이
낮은 자를 일반 백성만큼도 급료를 주
지 아니하고 대우를 하지 아니하며,
마음대로 부려 먹고 종처럼 부려 먹으
며, 저보다 몇십 배 일을 더 시키는 것
이 오늘의 종교 지도자들이요, 책임자
로 서 있는 자가 하는 행위라 하면,
16 과연 너희는 이것을 믿고 사랑이 있는
자가 할 수 있다고 말하느냐?
17 그들이 바로 사탄이며 사랑이 없는 자

들이니라.
18 제 밑에서 일하는 가장 낮은 자, 바로
제 밑에 한 단계 낮은 자를 얼마만큼
저와 차등을 두고 역사하는가?
19 그것은 제 권위요, 제자리에 도전하지
못하도록 하며, 저와 다른 종교 지도
자의 차이점을 과시하고자 하며,
20 그가 숨을 쉬지 못하도록 하며 맹종맹
신하도록 겨우 먹고살 것만을 내리며
저는 호의호식을 하는 자이니라.
21 이것이 사랑을 가진 자요, 그게 진정
한 진리를 가는 자요, 당당하게 나의
뜻을 가르친다 할 수 있겠느냐?
22 나의 진리요, 나의 뜻을 가르치는 자
는 밑에 있는 자가 저를 치받고 올 것
을 두려워할 것이 없으며,
23 그리하여 힘을 쓰지 못하도록 시간을
뺏기고 생활에 쪼들리게 하는 사악한
자, 제가 데리고 있으며 부리는 그다
음의 목자요, 목사라는 자, 그리고 능
력 있는 신도요, 저를 위해 충성하는
자들이요, 거기에 맹종하는 자들까지
도 그와 같이 경계를 하고 사는 것이
오늘의 목사요, 종교 집단이요, 지도
자들이 하는 추하고 더러운 행위니,
24 이게 아니라면, 아니라 말할 자 있거
든 나와 보라 그리 전하라.

8,298 번째 하나님 말씀

2003년 11월 7일 10시 12분

1 사랑하는 나의 아들아!
2 "네, 아버님! 말씀하옵소서."
3 내가 성서에 기록하여 너희에게 전하
였느니라.
4 떨어져 있는 이삭 한 알까지도 모두
누구의 것이며 누가 그 모두를 역사했
는가?
5 그 모든 것은 다 나 여호와가 역사한
것이며, 너희에게 지탱하기 위한 그
결실이라 하지 않았던가?
6 작고 큰 것, 그 모든 것이 다 나 여호
와의 것이라 그리 가르쳤음이니라.
7 그렇다면 이 세상의 모든 것은 다 누
구의 것이더냐?
8 그것은 너희 스스로 그 답을 알 것이
니라.
9 그러니 내가 너희에게 뭐라 말하였느
냐?
10 너희는 나의 것을 관리하고 다스리는
자니, 미련을 갖지 말며, 그를 챙겨 두
고 쌓아 두고자 하는 생각을 하지 말
며,
11 나누며 사는 삶을 살도록 하라는 것이
나 여호와의 뜻이었음이니라.
12 지금의 종교 집단이요, 지도자들이 과
연 어떻게 살아가는가?
13 그들이 그와 같은 마음을 가지고 살아
가느냐?
14 과연 그들은 신도요, 그 따르는 백성
에게 무엇인가를 거둬들이며 쌓아 놓
고자 하여 그와 같은 삶을 살아가는
자들은 아니던가?
15 그러니 저희가 나의 것을 가지고 관리
한다는 것도 모르며 그 모든 것은 나
여호와 것이라는 것을 모르는 자들이
기에,
16 그들은 재물을 나눌 줄 모르며 금화와
은화를 나누어 줌을 모르며 어려운 자
를 도울 줄 모르느니라.

17 그저 어떠한 방법으로 긁어모으고 제
앞에 쌓아 놓기만 하면 되며, 쌓아 놓
기 위한 경쟁 속에 가는 것이 오늘의
종교 집단이요, 지도자들이니라.
18 그들이 이삭 한 알도 나의 것이요, 이
세상 모든 것은 나 여호와의 것이라는
것을 과연 생각하고 있는가?
19 그것은 다 제 것이요, 제 것이라는 그
와 같은 생각을 버리지 못하고 사는
자들이 그들이니라.
20 나 여호와는 이 세상 모든 것을 너희
를 위해 내려 준 것이며, 너희는 관리
하는 자라 그리 전하라.
21 그들은 모든 것을, 제가 쥐고 있는 것
은 제 것이요, '내 것도 내 것이요, 네
것도 내 것이라' 하며 그저 거둬들이
는 그와 같은 깨우침으로 사악하게 가
르침이니,
22 오늘의 종교 집단이요, 지도자들이 역
사한 것은 그것뿐이라는 것을 알아야
할 것이니라.

8,299 번째 하나님 말씀

2003년 11월 7일 10시 16분

1 사랑하는 나의 아들아!
2 "네, 아버님! 말씀하옵소서."
3 이제 너희는 죄의 온상이요, 교회라는
곳에 구제품이요, 모든 재물이요, 물
질을 갖다 바치며 실어 나르는 그와
같은 행위를 절대 하지 말라.
4 또한, 헌금을 바치는 행위를 해서는
아니 될 것이니라.
5 그것은 무엇을 의미하는 것인지 아는
가?
6 너희 스스로 죄를 짓는 것이며, 나로
부터 죄의 대가를 치르려고 사탄에게
힘을 실어 주는 것이며 사탄에게 역사
함이니라.
7 그리고 너희는 구제품이요, 모든 물품
이요, 재물을 바치고 실어 나를 이유
가 하나도 없느니라.
8 그 이유가 무엇인 줄 알겠느냐?
9 내가 너희에게 깨우쳤듯이, 네 이웃을
사랑하며 너희 스스로 이웃에게 나누
어 주는 그와 같은 일을 행하고 실천
하는 그것이면 되기 때문이니라.
10 너희가 나를 위하여 그를 나르고 행한
다면 너희 주변의 가난하고 어려운
자, 그리고 슬픈 자를 위로하고 그와
같은 자를 도우며 사랑을 베풀면 되느
니라.
11 너희가 죄의 온상인 교회에 바치는 것
은, 제가 누구라는 것을 과시하기 위
하여, 저를 노출시키기 위하여, 저를
자랑하기 위하여, 제가 위대한 자라는
것을 보여 주기 위하여,
12 저는 이와 같이 주의 종으로서 여호와
하나님의 뜻에 따라 모두를 행하는 자
라는 것을 보여 주기 위한 행위요, 과
시하고자 하는 것이요, 그와 같이 병
든 자들이니라.
13 마음이 병들어 있으며, 육이 병들어
있으며, 자랑을 하고자 하는 거기에
병든 자들이 그와 같은 행위를 하는
것이니라.
14 이제 너희는 그와 같은 행위를 중단하
라.
15 정녕 너희가 나 여호와의 뜻에 의해
행하고자 하며 나에게 오고자 하는 백

성이요, 내가 기억할 수 있는 백성으
로서 성장하고자 한다면, 어렵고 힘든
네 이웃에게 직접 사랑을 실천하라.
16 그것이 바로 너희가 나에게 오르는 길
이요,
17 너희가 교회에 죄의 온상에 실어 가는
것은 사악한 사탄에게 힘을 주며 사탄
의 백성을 이 세상에 만들어 놓는 그
역사를 하는 자들이요, 그 밑거름이
되는 무서운 죄임을 알라.
18 아무도 모르도록 실천하라.
19 오른손이 하는 것을 왼손이 모르도록
네 주변의 어렵고 불쌍한 사람들을 소
리 없이 도와주었을 때, 거기에 진정
한 기쁨이 있으며 행복이 있으며 아름
다움이 있을 것이니라.

8,300 번째 하나님 말씀

2003년 11월 7일 11시 38분

1 "너는 나 외에는 다른 신들을 네게 있
게 말지니라.
2 너를 위하여 새긴 우상을 만들지 말
고, 또 위로 하늘에 있는 것이나 아래
로 땅에 있는 것이나 땅 아래 물속에
있는 것의 아무 형상이든지 만들지 말
며, 그것들에게 절하지 말며 그것들을
섬기지 말라.
3 너는 너의 하나님 여호와의 이름을 망
령되이 일컫지 말라.
4 안식일을 기억하여 거룩히 지키라.
5 네 부모를 공경하라.
6 살인하지 말지니라.
7 간음하지 말지니라.
8 도적질하지 말지니라.
9 네 이웃에 대하여 거짓 증거하지 말지
니라.
10 네 이웃의 집을 탐내지 말지니라.
11 나 여호와가 존재함을 믿는 그 자체가
구원의 길에 들어서는 기본이요 근본
이며, 나의 법전을 가슴에 안고 정독
하는 자, 반석 위에 서서 하늘에 오르
는 찬란한 빛을 보게 되는 영광을 얻
게 됨이니라."
12 사랑하는 나의 아들아!
13 "네, 아버님! 말씀하옵소서."
14 네가 나의 법전을 받아 기록하는 그와
같은 역사를 이룸에서 한 번도 나의
십계명을 암송하지 아니하고 나의 성
령을 받은 적이 없음이니라.
15 그러나 네가 십계명을 암송하고 또 암
송한다 해도 그를 지키지 아니하고 행
하지 못한다면 어찌하겠는가?
16 하물며 종교 집단의 지도자들처럼 십
계명이라는 것은 너희가 지킬 수 없는
것을 내려보내어 그를 지키고자 노력
하며,
17 인간이 할 수 없는 십계명을 지키고자
노력하다 보면 하늘에 오르는 길을 늦
어 못 오며, 그 길마저 찾지 못하여 지
옥으로 간다고 그리 가르치는 종교 집
단과 지도자들이 있음이니, 이와 같은
오늘의 형국을 과연 어찌하겠느냐?
18 그러니 수천수만 개의 집단이 생겨 그
와 같은 짓을 하지 않겠느냐?
19 나 여호와가 이루고자 하는 사랑의 근
본을 다 버리고, 수천 수억의 종파의
이름을 붙여 저희만이 하늘에 오른다
하니,
20 저희가 종파가 생긴 것만큼 진리를 가

지고 깨우친다며 가르치는 자들이 지
금 말이 되지 않는 것까지도 들춰내어
그것이 진리라 그리 말하는 오늘의 이
형국이 되어 버렸음이니, 이를 어찌한
단 말이더냐?
21 그러니 이제 나의 피조물 만백성 너희
는 알고 지켜야 할 것이니라.
22 나의 계명대로 지킬 수 없으며 율법대
로 지킬 수 없으며 그리고 나의 십계
명대로 인간은 절대 그리 지키고 살
수 없다는 자, 나의 법전대로 살 수 없
다고 말하는 그와 같은 백성은 일단
나의 자손이 아니요, 나의 아들딸이
아니요,
23 내가 내린 것이며 내가 역사한 모든
것을 따르고 그를 행할 수 없다고 말
하는 자는 나와 관계없는 자이니라.
24 그러니 지금서부터 나의 아들을 따르
는 백성이요, 아들딸 너희는 알아야
할 것이니라.
25 나를 따르는 너희는 이제 예수와 같이
되는 것이 너희가 가야 하는 길이요,
나와 같이 되는 길이 너희가 나에게
올 수 있는 그 길이라는 것, 그리하여
그리 간다는 이 간단한 이치를 그대로
지키고 행하도록 하라.
26 인간 세상에서 훌륭한 아버지요, 어머
니의 모습을 보고 그대로 살아가겠다
는 각오를 하는 자식의 마음과 똑같음
이니,
27 그와 같은 마음을 가져서도 안 되며
그와 같은 생각을 해서도 안 된다고
가르치는 것이 오늘의 종교 집단이요,
지도자요, 그들이 잘못된 것이라 하지
아니하였던가?
28 그와 같이 나 여호와의 뜻을 거역하는
자며 나와 관계없는 멀고도 먼 길을
가는 것이 오늘 이 세상에 수천 년 동
안 종교 집단이요, 지도자들이 가르치
고 역사한 것이니라.
29 내 뜻을 거역하는 짓이요, 내가 너희
에게 명한 것을 따르지 아니하는 것이
요, 이와 같은 것만을 역사한 것이 오
늘의 믿음이니라.
30 그리하여 내가 나의 아들을 통하여 정
확한 나 여호와의 뜻이요, 너희가 지
켜야 할 것이요, 하늘의 뜻이요, 성서
의 모든 내용을 상세히 풀어서 너희
손에 쥐여 주는 어렵고 힘든 이 역사
를 함이니 그리 알라.
31 나의 법전을 지키며 그대로 살 수 없
다고 말하는 백성은 일단 나의 백성이
아니요, 사탄의 자식이 되어 있음을
너희는 알라.
32 나 여호와가 내린 것을 지킬 수 없다
는 자, 내가 명한 것을 지킬 수 없다는
자는 나같이 살아서는 아니 된다고 말
하는 자와 똑같으니라.
33 그러니 자식이 아버지를 따르는 것이
잘못되었다 하며 그를 따르는 것은 잘
못된 자식이라 그리 가르치는 자들이
그 의미를 안다면,
34 십계명이요, 나의 율법이요, 구약에
기록된 것, 신약성경에 기록된 것, 그
리고 나의 법전을 통하여 너희를 깨우
치고자 내리는 그 내용, 그 모두를 못
지킬 것이 없으며 역사하지 못할 것이
없으며,
35 그를 지키고 역사하지 아니하면 결코
나에게 오를 수 없으며 멀고도 먼 길

로 추락하는 자들이라는 것을 절대 잊
지 말도록 그리 전해 주라.
36 너희는 이제 알아야 할 것이니라.
37 너희는 나 여호와가 될 수 있으며 나
여호와와 같은 자가 되겠다는 것, 천
사가 되겠다는 것이 바로 그와 같은
것이 아니더냐?
38 의인이 되고자 하는 마음을 갖는 것이
아니더냐?
39 너희가 그와 같이 높은 목표요, 높은
뜻을 세우고 살아가는 것이 잘못된 자
요, 정신 나간 자요,
40 신과 인간의 관계를 모르며, 인간이
제 주제 파악을 못 하며 인간으로서
넘지 못하는 한계를 모르는 어리석은
자라 말할 것이니라.
41 그러나 너희가 그리되고자 노력하는
것이 나 여호와의 뜻이니라.
42 성서에 기록하였듯이 나의 성령이요,
나의 법전이요, 나의 십계명대로 사는
그것이 바로 너희가 나와 같은 자니,
43 천사가 사는 세상에 올 수 있으며, 나
여호와가 존재하는 세상에 올 수 있는
것은 너희가 나와 같이 되는 길밖에
없음이니라.
44 나와 같이 되고자 하는 마음을 갖는
것이 욕심이 아니요, 죄가 아니요, 사
악한 자가 갖는 것이 아니라는 것을
알라.
45 그를 지키고 그와 같이 갈 수 없다고
말하는 것이 다른 신을 섬기는 자요,
사탄의 짓이라 내가 성서에 기록한 내
용을 다시 한 번 너희에게 깨우쳐 줌
이니,
46 이 귀하고 소중한 내용을 만백성에게
전하도록 그리하라, 사랑하는 나의 아
들아!
47 이 이치 하나만 안다 해도 저희가 십
계명을 지킬 수 있다 없다 왈가왈부
시비할 것이 없으며, 나의 법전대로
할 수 있다 없다 시시비비할 것이 없
는 것이니 그리 전하도록 하라, 사랑
하는 나의 아들아!

8,301 번째 하나님 말씀

2003년 11월 7일 11시 42분

1 사랑하는 나의 아들아!
2 "네, 아버님! 말씀하옵소서."
3 진정한 믿음의 길을 가는 백성이요,
나 여호와의 뜻에 따르는 백성이라면
하루분 이상을 저장해 놓는 그 자체가
부끄러운 줄 알아야 할 것이니라.
4 하루분 이상을 저장해 놓고 사는 것이
부끄러운 것이요, 오늘의 삶을 살 수
있으면 행복한 것이라 생각할 수 있는
그와 같은 마음 자세로 살아가면 될
것이니라.
5 그것이 바로 나를 믿는 자이니라.
6 나 여호와가 모든 것을 역사해 주며
이룰 것이라는 것을 확실히 믿는다면,
너희는 내일을 위해 쌓아 놓는 그와
같은 삶을 살지 아니하며 저장해 놓는
그와 같은 삶을 살 필요가 없을 것이
니라.
7 그러나 그리 말하면 이 험악한 세상
속에서 그와 같은 백성은 살아남을 수
없으며, 그와 같은 것은 정신 나간 자
가 하는 소리라 그리 말할 것이니라.
8 정녕 그러니라.

9 오늘의 세상은 '눈을 감으면 코를 베
어 간다.'는 그와 같은 말이 나올 정도
로 너희가 남의 것을 갈취하고 남의
것을 뺏고자 하며, 눈 감으면 몸에 있
는 것까지 베어 가고자 하는 그와 같
은 사악한 시대에,
10 내일이요, 모레를 위해 저장하지 아니
하고 살 수 없는 것을 살 수 있다고 가
르치는 것은 잘못된 자요, 정신이상자
가 하는 말이라 그리 말할 것이니라.
11 그러나 나의 사랑하는 백성이 나 여호
와를 믿는 백성이요, 진정한 믿음의
길을 가는 그와 같은 백성이 세상을
다 덮고 살았다면 너희는 정녕 내일을
걱정할 필요가 없는 것이 아니더냐?
12 나의 아들 예수가 사랑을 베풀고자 세
상에 와 너희에게 전하고 고통스럽게
죽어 간 그 후예들인 너희가 지금 천
사와 같은 마음이요, 진정한 의인의
길을 가고자 한다면,
13 모든 백성이 내 것 네 것이 없는 것이
니, 바로 내일을 위하여 걱정하고 내
일을 위하여 근심할 것이 없지 않으냐?
14 너희는 성서에 기록되어 있는 그 뜻을
모르느냐?
15 그들은 빵을 나눠 가졌으면서 또한 서
로 빵을 쪼개 나눠 가졌으며, 집단적
으로 그와 같이 사는 것과 나눠 가지
는 광경이요, 기록된 것을 수없이 봤
을 것이니라.
16 그와 같이 아름다운 마음을 가지고 산
다면 내일을 위해서 쌓아 놓되, 시기
하고 질투하는 마음으로 남의 것을 챙
기고자 하며 눈을 감으면 그 눈 밑에
있는 코를 베어 가고자 하는 이와 같
이 험악한 세상은 되지 아니하였을 것
이니라.
17 사악하고 사악한 백성이 지금 이 세상
을 지배하고 있으며, 수천 년 동안 흘
러오며 나의 백성을 하늘에 오르도록
하고 의인을 만들며 천사를 만들고자
했던 그들이 잘못 가르치고 잘못 왔기
때문에,
18 오늘 사탄의 후예들이요, 사탄의 백성
이요, 사악한 자들이 이 세상을 지배
하는 현실이 되어 버렸기에, 그와 같
은 자는 정녕 살 수 없는 세상이 되었
음이니라.
19 그리하여 나 여호와가 천 년에 걸쳐
이루고자 하는 것이 그와 같은 삶을
이루고자 하는 것이요, 그게 하늘에서
이루어지는 것같이 이 땅에서 이루어
지는 역사함이니라.
20 모두 천사요, 모두 의인이라면, 서로
나눠 가지는 것을 두려워하지 아니하
며, 남에게 주는 것을 즐겁게 생각하
는 그와 같은 삶을 사는 것이 너희 마
음이 아니더냐?
21 오늘의 너희들은 험악한 세상이요, 험
악한 백성이 세상을 지배하고 존재하
기에 너희는 내일과 모레를 위해 쌓아
놓지 아니하며 준비하지 않는 자는 바
보요, 어리석은 자라는 소리를 듣게
되어 있음이니,
22 정의로운 것은 묻혀 버리며 사악한 것
이 이 세상에 빛을 보는 세상이 되었
음이니라.
23 오죽하면 너희 스스로 말하느냐?
24 눈을 감으면 코를 베어 가는 세상이
되었으니, 정말 이와 같이 살기 힘들

고 어려운 세상이요,
25 '인간이 이와 같이 살아야 하는가?' 한
탄하고 통곡하는 백성이 있음이니라.
26 그리하여 이제 그와 같은 마음을 내가
만들고자 함이니라, 그와 같은 세상을
만들고자 함이니라.
27 눈을 감았을 때, 제 코를 염려하는 세
상이 아니요, 눈이 아니라 뭐라 해도
네 코를 베어 가려 하는 사람이 없으
며,
28 남이 입은 옷을 송사하여 벗겨 가려
하지 않고, 제 것을 벗어 주려는 자,
제가 먹기 전에 남을 먹이고자 하는
그와 같은 세상을 만들고자 하는 것이
나 여호와의 뜻이었으며,
29 또한 그와 같은 세상을 완벽하게 이루
고자 하는 것이 나 여호와의 뜻이요,
그리하여 법전을 세상에 내려보냄이
니라, 사랑하는 나의 아들딸들아!

8,302 번째 하나님 말씀

2003년 11월 7일 11시 45분

1 사랑하는 나의 아들아!
2 "네, 아버님! 말씀하옵소서."
3 믿음의 길을 가는 백성이요, 수천 년
동안 살아온 나의 백성이 세상에 살아
가는 마음 하나 갖기를 작은 것이라도
남에게 도움을 주는 그와 같은 남을
위한 삶을 살아가겠다는 생각을 하고
나의 사랑하는 백성이 세상을 살아갔
다면,
4 과연 너희가 내일을 걱정하며 오늘과
같이 험악한 세상을 한탄하는 그와 같
은 삶을 살겠느냐?
5 그러니 이제 나는 너희에게 더 이상
바라고 원하는 것이 없음이니라.
6 나의 아들을 따르는 제자들이요, 나의
법전을 읽고 깨우쳐 가는 백성, 너희
는 오늘부터 이 세상을 살아가면서 남
을 위하여 이웃을 위하여 작은 도움이
라도 되는 일을 하고 살아가겠다는 그
마음만을 가지고 산다 하면,
7 너희는 남에게 피해를 주며 남에게 욕
되는 것, 남의 것을 도둑질하고자 하
는 그와 같은 마음을 다스릴 것이니라.
8 선한 일을 하고자 하는 자가 감히 그
와 같은 생각을 할 수 있겠느냐?
9 이제 너희는 유익한 말 한마디라도 전
하고 행하는 그와 같은 삶으로 살라.
10 너희가 유익한 말이요, 아름다운 말을
전하고 만백성을 깨우치고 사는 것이
과연 너희의 재물이 달아나더냐, 명예
가 없어지더냐?
11 그 모두는 너희가 남으로부터 인간적
인 대우를 받을 수 있는 그와 같은 길
이거늘,
12 어찌하여 너희는 좋은 음식이요, 나로
부터 받은 것을 모두 섭취하면서, 그
입에서 나오는 것은 어찌 그리도 험악
한 말로만 이루어지며,
13 남을 음해하는 말을 하며, 남을 감정
나게 하며, 남을 무시하고, 남을 화가
나도록 하며, 그리하여 남을 쓰러지도
록 하며 생명까지도 앗아 가는 그와
같은 일을 저지르도록 말과 행동을 그
리 함부로 하는가?
14 이제 나의 아들을 따르는 제자 너희는
알아야 할 것이니라.
15 유익한 도움을 주기 위해 살아가며,

유익한 말 한마디를 하기 위해 살아가도록 그와 같은 마음으로써 다시 살도록 그리하라.
16 그것이 너희가 다시 태어남이요, 거듭나는 그와 같은 삶의 길을 가게 되는 것임을 잊지 말라, 사랑하는 나의 아들딸들아!

8,303 번째 하나님 말씀

2003년 11월 7일 11시 48분

1 사랑하는 나의 아들아!
2 "네, 아버님! 말씀하옵소서."
3 사랑하는 너를 따르는 제자요, 나의 법전을 읽고 깨우친 만백성, 너희는 이제 살아가면서 서로 불편하고 화합하지 못하는 그와 같은 길을 가게 됨이니,
4 그를 어찌 다스려야 할 것인가 그것은 너희 몫이니라.
5 가족과의 관계, 형제와의 관계, 이웃 간의 관계를 나의 법전을 읽고 깨우쳐 이 길을 가는 백성 너희야말로 어렵고 힘든 그 길을 가게 됨이니, 그를 슬기롭게 잘 다스려 나가야 할 것이니라.
6 너희 형제와 이웃과 그리고 모든 사람과 불화하는 삶을 살며, 그들과 하나가 되어 어울려 가지 못하는 것은 첫째, 성숙한 영혼을 가진 백성과 성숙하지 못한 영혼을 가진 백성과의 차이점에서 오는 가장 큰 격차이니라.
7 참진리요, 나의 뜻에 따라 깨우쳐 가는 백성은 너희 자신도 모르게 영혼이 성숙하며 영적으로 높게 변화됨이니,
8 영적으로 낮은 자요, 영적으로 따르지 못하는 가족과 이웃 모두와 화합하기가 어려워 불화가 이루어지게 되어 있음이니라.
9 그러니 그 불화를 모두 슬기롭게 다스려야 하는 것이 너희의 생각임을 알라.
10 너희는 여기서 깨우쳐야 할 것이니라.
11 너희가 나 여호와의 뜻에 따라 역사하며 영혼이 성숙한 자는 하늘의 뜻을 위하여 참진리를 보고 살아가지만,
12 영혼이 성숙하지 못한 모든 백성은 어떠한 생각을 하고 살아가는지 알겠느냐?
13 인간적인 생각이요, 인간 세속에 살아가는 삶을 중요시하며, 그를 먼저 대비시키며 그를 놓고 계산하게 됨이니라.
14 그들은 백 년도 안 되는 그 삶을 위해서 모든 것을 다 거기에 맞춰 생각하는 자요,
15 너희는 영원히 사는 삶을 위해 생각하는 자요, 나 여호와가 존재함의 두려움을 알며, 심판받음의 두려움을 알며, 구원의 마지막 표 하나라도 너희가 받지 아니하고 남을 주고자 하는 그와 같은 마음을 가지고 살아가는 자이니,
16 너희의 영혼의 그 성숙함을 어떠한 백성도 알지 못함이니라.
17 알지 못하기 때문에 자연히 불화가 생기니, 너희가 낮은 자세로써 겸허한 자세로써 처신하고 행동을 하라.
18 그리하여 내가 작은 것도 남에게 도움이 되는 삶을 살라 했으며, 말 한마디라도 유하고 부드럽게 남에게 유익이 되는 말을 하고 살라 미리 가르쳐 준

뜻이 여기 있음이니라, 사랑하는 나의 아들딸들아!
19 인간의 생각이요, 세속적인 생각을 먼저 놓고 계산하는 그들과 영적인 깨달음의 경지가 높은 너희가 그를 가지고 시시비비한다면, 그들은 결코 알아듣지 못함이니, 그는 불협화음밖에 생기는 것이 없음이니라.
20 그를 잘 조정하여 현명한 방법으로써 나의 길을 인도하도록 그리하라, 사랑하는 나의 아들딸들아!

8,304 번째 하나님 말씀

2003년 11월 7일 11시 52분

1 사랑하는 나의 아들아!
2 "네, 아버님! 말씀하옵소서."
3 너희가 어렵고 힘든 길을 가는 것, 그리고 나로부터 선택되어 모든 역사를 하는 너를 따르는 제자요, 그리고 법전을 읽고 깨우치는 백성, 너희는 한 시적인 어떠한 고통과 시련의 길을 가는 것이 당연한 절차이니라.
4 그는 무엇인 줄 알겠느냐?
5 너희가 없는 데서 그리고 고통스러운 데서, 남에게 베풀 수 없는 어렵고 힘든 삶 속에서 순종을 보게 되며, 순종함이 무엇인가를 깨닫는 그와 같은 변화를 이루기 때문이니라.
6 배부른 자요, 있는 자는 그 속에서 참 진리의 뜻이 무엇이며 나 여호와에게 순종하는 것이 무엇인지 진정한 믿음의 길을 갈 수가 없느니라.
7 그러기에 영원히 나의 전사로서 쓰고자 하는 자, 그리고 나의 아들과 더불어 나의 법전을 세상에 만들어 역사하며, 만백성을 구하는 그 역사를 이루고 나의 아들과 더불어 나에게 올 수 있는 백성은
8 없는 속에서, 힘들고 어려운 고난의 생활 속에서 순종함을 깨달으며, 진리를 깨달으며, 너희가 가는 길이 무엇인가를 깨닫기 때문이니라.
9 그리하여 너희가 어려움 속에서 순종하며 어려운 고통과 시련 속에서 이기고 사는 마음, 그리고 나 여호와를 향한 마음이 변하지 않는 것을 몸소 체험하고 훈련하지 아니하면 진정한 지도자요, 만백성을 가르칠 수가 없기 때문이니라.
10 인간 세상에서 흘러가는 말이 있지 않더냐?
11 '눈물 젖은 빵을 먹어 본 자만이 그 빵의 가치와 소중함을 안다.' 하지 않더냐?
12 너희가 없는 데서, 고통과 시련 속에서 순종하며, 나 여호와의 뜻을 따르며, 진리를 배우며, 나의 법전을 읽고 깨우치며, 나의 아들을 통하여 내리는 강론을 들어 너희 것으로 만들었을 때,
13 그건 정녕 너희에게 지워질 수 없으며 잊힐 수 없으며 영원히 너희 것임을 알라.
14 쉽게 얻은 것은 잘못하면 쉽게 잊어버린다 했듯이, 너희가 쉽게 머리에 기억하면 쉽게 잊어버림이니라.
15 어렵고 힘들게 머릿속에 넣은 것은 영원히 지속되며, 너희가 죽을 때까지 기억에 남는 것이 아니더냐?
16 내가 너희를 사랑함이요, 영원한 승자

는 무엇이더냐?
17 이 세상에서 부귀영화를 누리는 것이
요, 남이 잘사는 것을 시기하고 투기
하며 그와 같은 길을 가고자 노력하는
삶을 사는 것,
18 그래서 그와 같은 소정의 목적을 달성
했으며 욕구를 이루었을 때 그것이 승
자요, 이긴 자가 되는 것이 아니니라.
19 너희가 죽음 앞에서 한 점의 부끄럼이
없이 이 자연 속에서 아름답게 살았으
며, 오늘의 아름답게 산 삶을 나에게
감사하며, 조용히 눈감아 나에게 와
심판대에 설 수 있는 자이니, 그리하
여 네가 어디로 가는가?
20 곧 나에게 오는 그 명을 받았을 때,
'내가 너를 아나니, 내가 너를 거둬들
인다.' 하는 내 음성이 심판대의 너에
게 들렸을 때,
21 그때가 승자요, 모든 영광을 얻은 자
라는 것을 가슴 깊이 새기고, 그와 같
은 미래를 보고 살며 미래를 보고 행
동하도록 그리하라, 사랑하는 나의 아
들딸들아!

8,305 번째 하나님 말씀

2003년 11월 7일 11시 59분

1 사랑하는 나의 아들아!
2 "네, 아버님! 말씀하옵소서."
3 지금 2천 년 동안 믿음의 길을 왔다는
그 백성, 호화로운 교회를 짓고 더 큰
교회를 짓기 위해 혈안이 된 그들에게
과연 뿌리의 역사가 무엇인가 한번 물
어보도록 그리하라.
4 얼마나 가련하고 불쌍한 백성이 역사
하고 있는지 너는 알지 않느냐?
5 "네, 아버님! 그를 저는 알고 있사옵
나이다.
6 오늘의 대형 교회요, 호화롭기 이루
말할 수 없는 교회라는 그 건물을 짓
고 그것이 구원의 길이라 울부짖는 그
와 같은 교회의 성장과 변화가 언제부
터 이루어졌는가를 그들은 정녕 생각
해 보지 못하는 어리석은 자들이옵나
이다.
7 교회의 건물을 그와 같이 짓기 위해
경쟁자가 되어 병자처럼 몸부림치는
그 역사가 언제부터 시작했는가 그를
저는 알고 있사옵나이다.
8 아버님께서 예수님을 세상에 내려보
내 만백성에게 사랑이요, 진리를 가르
치고 난 뒤부터 그들은 교회라는 것
을 성장시켰으니,
9 예수는 철폐하고자 했으며 아버지께
서는 철폐하고자 했으나 그 뜻을 따르
지 아니하고 거역하기 시작하여, 그때
서부터 교회라는 것을 서서히 성장시
키는 그 악이 뿌리내리기 시작하였사
옵나이다.
10 그러나 그때는 오늘 같은 형국이 아니
었으며, 서서히 조금씩 자라나는 역사
속에서 지금 교회가 세상을 덮어 가는
그와 같은 변화가 이루어졌던 것이옵
나이다.
11 그러나 몇천 년 동안 오늘 같은 성장
은 없었사옵나이다.
12 다만, 이 모든 것이 역사한 것은 무엇
이냐 하면,
13 지금처럼 모든 교회가 초대형의 호화
로운 것이요, 그리 성장한 것을 보여

주며, 그것을 아버님으로부터 은혜를
받았다 생각하며 경쟁하는 그와 같은
역사는,
14 아무리 제가 생각해 보아도 50년이
되지 못한 역사이며, 50년도 안 되는
그 영향 속에서 오늘의 이와 같은 형
국이 되었으며 병든 자들이 되었다 생
각하옵나이다.
15 그들이 50살도 못 된 그 세월 속에서
오늘에 대형 교회를 짓는 것이며, 호
화로운 교회를 짓는 것이며, 그 죄의
온상을 짓는 그와 같은 역사며 그 뿌
리이옵나이다.
16 그러니 2천 년 전에 아버님께서 예수
님을 통하여 가르치고자 했던 깊고 깊
은 역사의 뿌리는 온데간데없으며,
17 50년도 안 되는 그 뿌리를 위하여 최
고의 교회를 짓는 것, 그리고 초호화
판 교회를 건축하며 경쟁이 붙는 그와
같은 사회가 되었사옵나이다.
18 지금의 모든 종교, 종파들이 더 큰 교
회를 짓고 더 큰 성전을 짓는 것은 50
년도 안 된 그 한 세대가 볼 수 있는
그 역사가 위대한 것이요, 그것만이
하늘에 오르는 길이라며 지금 아우성
을 치는 것이며,
19 거기에 모두 무너져 가는 그와 같은
형국임을 알고 있사옵나이다.
20 50년도 안 되는 그 길을 역사하는 것
이 축복이라 말하며, 50년의 세월도
안 된 그 교회를 짓는 것, 50년 전에
시작한 그 뿌리를 가지고 저희가 하
늘에 오르는 길이요, 구원을 받는 길
이라 그리 역사하고 있사옵나이다.
21 재물을 거둬들이며, 십일조며, 말할
수 없는 모든 헌금의 명칭이 생긴 것
도 50년의 역사도 안 되옵나이다.
22 그들은 50년의 역사도 안 되는 것을
여호와 아버님께서 내린 것이며, 예수
님을 통하여 내린 모든 역사요, 아버
님께서 내려 준 역사의 가르침이라
그리 생각하고 있사옵나이다."
23 2천 년 전에 나 여호와는 나의 아들
예수에게 내리지 아니하였더냐?
24 그러나 그 모두를 접어 두고, 저희가
만든 50년도 안 된 그 모든 헌금의 명
칭이요, 십일조요, 그 모든 것을 거둬
들이는 것이 지금같이 성행하며 악질
적으로 변화된 역사는 없었음이니라.
25 지금같이 악하고 사악한 방법으로 변
하고 역사한 것이 50년도 안 되니,
26 50년의 역사를 위해 지금 수천 년 된
것처럼, 그리고 나 여호와가 내린 것
처럼 지금 그와 같이 가는 것이 오늘
의 형국인 것을 너는 알고 있지 않으
냐?
27 "네, 아버님! 알고 있사옵나이다."
28 그러니 거기에 진리가 어디 있으며 거
기에 깨우침이 어디 있겠느냐?
29 이를 바로잡아야 할 것이니라.
30 초대형 교회를 지으며 성전을 지으며
궁궐같이 짓는 것, 그리고 수천수만
가지의 헌금을 바치는 것,
31 나의 피조물 만백성들의 재물을 갈취
하는 방법이 50년도 안 된 그 역사 속
에서 다 이루어진 것이라 함을 너희는
알겠는가?
32 50년 전만 해도 이와 같이 사악한 방
법으로써는 흘러오지 아니하였음이
니라.

33 그래도 바로잡을 수가 있었으며 바로
고칠 수가 있었으나,
34 50년 전서부터 지금 이와 같이 험악
한 세상이요, 다시 잡을 수 없으며 돌
이킬 수 없는 이와 같은 형국이 되었
음이니 그리 알라.
35 50년도 안 되는 인간의 가르침이요,
인간의 교리라 하는 뜻이 거기에 있음
이니,
36 그 교리요, 인간의 생각이 나 여호와
의 뜻이며, 나로부터 환영받는 길이
요, 나에게 축복받는 길이요, 당연히
가는 길이라 몸부림치는 그 불쌍한 백
성, 축복이요, 영광이라는 백성, 나는
그들을 모름이니라.
37 그러니 나 여호와의 뜻을 거역하는 행
위만 하는 것이 그들이니,
38 나 여호와의 뜻을 거역하기 시작하며
나를 능멸하여, 나의 피조물 만백성들
에게 심판의 시대를 열지 아니하면 아
니 되는 것이 바로 50년의 역사 속에
서 모두 변하고 변질된 것이니 그리
알라, 사랑하는 나의 아들아!
39 그들이 가는 믿음이요, 구원의 길이라
는 것은 50년도 안 된 그 역사 속에서
저희가 하늘에 오르는 길이며 구원을
받는다 생각하고 가는 자들이니 그리
알라.

부 록

【하나님께서 가르쳐 주신 운동】

천재지변이 일어날 때, 동물이나 미물들은 미리 알고 대피하지만, 인간은 알지 못하고 큰 화를 당합니다. 하나님께서 인간에게 가장 높은 지혜를 주시고 완벽하게 창조해 주셨기에 동물들보다 더 잘 알 수 있지만, 욕심으로 마음이 혼탁해져서 한 치 앞을 보지 못하는 것입니다.

마찬가지로, 인간은 누구나 스스로 필요한 운동을 해서 건강을 지킬 수 있도록 하나님께서 만들어 주셨습니다. 우리의 머리에서 우리 몸에 필요한 동작을 해 달라고 끊임없이 신호를 보내지만, 인간이 혼탁하게 살아서 그 신호를 알아채지 못합니다. 그러니 자연스럽게 자기 몸이 원하는 그 신호를 따라서 운동하는 것이 하나님께서 가르쳐 주신 운동 방법입니다. 바로, 우리의 영이 육을 이끄는 운동입니다.

▶ <u>하나님 운동법</u>

1. 눈을 감고, 발을 어깨너비로 벌리고 바르게 선다.
2. 몸에 힘을 풀고, 허리를 숙이면서 손과 머리를 아래로 내린다.
3. 허리를 펴고 싶을 때, 천천히 펴면서 하고 싶은 동작을 하면 운동이 시작된다. (사람마다 다르다.)
4. 멈추지 말고, 어떤 동작이든지 자기 몸의 느낌대로 계속 이어서 한다.

▶ 참고 사항

① 눈을 감은 상태로 아무 생각 하지 않고, 자기 몸의 느낌대로 움직입니다.

② 마음을 비우고, 욕심을 버리고, 지난날의 잘못을 반성하면서 몇 차례 시도하다 보면, 자기도 모르게 하고 싶은 동작이 끊임없이 생깁니다.

③ 운동 장소는 방 안이든 운동장이든 관계없으며, 걷거나 달리고 싶을 때는 눈을 떠도 됩니다.

④ 매일 40분 이상, 주 4회 이상, 3개월 이상 하면 음식 조절에 들어갑니다.
- 음식으로 생긴 병은 음식으로 치료하게 되며, 어떤 음식을 먹어야 하는지 스스로 알게 됩니다.
(자기 몸에 필요한 음식만 먹고 싶어집니다.)

⑤ 사랑하는 사람과 함께 운동하면 서로 치료해 주기도 합니다.

⑥ 운동을 하다가 몸의 어느 한 부분을 계속 손으로 자극한다면 그쪽에 이상이 있는 것이니, 의사에게 상담을 받고 적절한 치료를 받으면 됩니다.

⑦ 다이어트 및 기타 건강관리에 효과적입니다.

⑧ 꾸준히 운동하여 영이 맑아지면, 자신의 과거와 미래를 스스로 보게 됩니다.

누구나 스스로 하실 수 있습니다.

간행사

《새로운 성경》은:

· 새로운 성경은, 하나님께서 선량하고 선한 자를 선택하여 십계명을 암송하도록 하시고, 십계명을 암송한 다음에 음성으로써 들려주시는 말씀을 듣고 그대로 카세트테이프에 녹음해서 받아쓴 책입니다.

· 90분짜리 녹음테이프 700여 개에 달하는 말씀으로, 1999년 8월부터 2004년 7월까지 총 160권(권당 288쪽)을 완성하였으며, 그 이후에도 현재까지 계속 말씀을 내려 주고 계십니다.

· 새로운 성경은 "하늘을 두루마리 삼고 바닷물을 먹물 삼아 쓰고 써도 다 못 쓴다"는, 끝없이 방대한 하나님의 말씀이 두루마리로 직접 내려오는 것입니다. 이러한 새로운 성경은 구약과 신약을 폐하려는 것이 아니라 "인봉된 성서의 비유의 뜻"을 상세히 설명하여 완성하고자 하나님께서 직접 내려 주신 말씀입니다.

《새로운 성경》의 구성:

· 제 목: 2013년, 160권 모음집을 발간하면서, 본 도서의 제목을 "하나님! 말씀하옵소서"에서 《새로운 성경》으로 명해 주셨습니다.

· 단행본: 각 권당 288쪽(신국판) 책이 160권까지 시리즈로 출판됩니다.
(모음집은 단행본을 16권씩 묶어서, 총 10부로 구성됩니다.)

《새로운 성경》의 성경적 근거:

· 신약 성경 [요한복음] 16장 13절에 "진리의 성령이 오시면 그가 너희를 모든 진리 가운데로 인도하시리니 그가 자의로 말하지 않고, 오직 듣는 것만을 말하며" 하신 말씀처럼 하나님의 음성을 들은 것만 기록하였으며,

· "장래 일을 너희에게 알리시리라" 하신 말씀과 같이 개인, 나라, 인류의 "장래"일을 하나님께서 알려 주시는 것만 기록하여 책으로 만들었습니다.

《새로운 성경》의 기록 방법:

· 1999년 8월부터 하나님께서 저에게 들려주시는 음성을 기록하였습니다. 처음에는 제가 들은 말씀을 불러 주면 저의 아내가 기록하여, 2000년 1월 29일에 1권 초판이 세상에 나왔습니다. 2000년 4월부터는 주시는 말씀을 받아 녹음기에 기록하기 시작하였습니다.

· 녹음을 시작하면서 하나님의 말씀을 받는 데 가속도가 붙었고, 2001년 5월 3일에 1부(1~16권까지)를 인쇄하여 출판하였으며, 2004년 7월까지 총 160권 분량의 말씀을 받아 기록하였습니다.

하나님께서 저에게 주신 것은:

· 첫째, 만백성을 상대로 내려 주시는 "기도", 둘째, 수시로 내려 주시는 "묵상", 셋째, 개인의 과거, 현재, 미래를 알려 주시는 "개인 기도", 넷째, 개인의 건강을 위해서 내려 주시는 "음식 처방", 다섯째, 하나님께서 가르쳐 주신 "운동"등이 있습니다. 이 중에 첫 번째, "기도"를 책으로 편찬하였습니다. 사람의 생사, 개인의 미래에 관한 천기는 수록하지 말라 하셨습니다.

강론 안내:

· 하나님께서는 지금도 매일 저에게 새로운 하늘의 비밀의 말씀을 내려 주고 계십니다. 수시로 내려 주시는 말씀을 정리해서 제자를 육성하라는 말씀에 따라 매주 강론을 하고 있습니다. 누구나 무료로 들으실 수 있습니다. (book160.com)

《새로운 성경》을 읽는 분들에게 드리는 선물:

· 개인 기도: 개인의 과거, 현재, 미래에 관하여 말씀을 내려 주십니다.

· 음식 처방: 사람은 음식을 먹고살다가 건강을 잃으니, 음식과 운동으로 건강을 되찾는 방법을 알려 드립니다. 단, 하나님이 계심을 믿고, 십계명을 지키겠다고 진실로 서약하는 분들께 알려드립니다.

《새로운 성경》의 은혜와 기적:

· 새로운 성경 전160권은 16권씩 묶어서 총 10부의 모음집으로 구성됩니다. 모음집 한 부를 읽고 깨우치는 자에게 하나님께서 다음과 같은 기적이 있다고 하셨습니다.

· "첫째, 그가 죽어 하늘에 갔을 때 그의 죄를 묻지 아니하며, 구원을 받는 위대한 은혜가 있으며, 둘째, 그의 소원과 소망이 이루어지고, 셋째, 죽은 자(부모, 형제, 자식, 사랑하고 은혜 입은 분)의 이름으로 구입한 책을 읽고 누군가 한 사람이 깨우칠 때, 그 죽은 자가 지옥에서 천국으로 구원을 받게 되며, 넷째, 유산, 중절 수술 등으로 태어나지 못한 아이를 위하여 구입한 책을 보고 한 명이 깨우쳤을 때, 그 아이가 사람으로 다시 한 번 태어나는 은혜를 받는다."

· "새로운 성경"을 3회 이상 정성을 다해 정독하는 자, 성서의 비밀을 알게 되고, 세상의 이치를 알게 되며, 세상을 지배하고 통제할 수 있는 지혜를 다 얻게 된다고 하셨습니다. 이 책은 만백성이 정독하고 이웃에게 전하여, 평생 가슴에 묻은 슬픔과 고통의 짐을 벗고 미래를 위한 힘찬 삶을 살아가도록 하는 책입니다.

끝으로

· 하나님께서는 흰 눈이 세상을 덮듯이 새로운 성경을 온 세상에 전하라고 하셨습니다. 《새로운 성경》 을 각국어로 번역해서 온 인류에게 구원의 길을 깨우쳐 주고, 그 수익으로 가난하고 어려운 백성을 구제하여, 만백성의 영과 육을 함께 구원하는 선지자의 임무를 수행하라고 저에게 명하셨습니다.

· 하늘에서 내려 주신 말씀의 보화를 만백성에게 나누어 주는 것이 선지자의 임무라고 하셨습니다. 새로운 성경을 통해서 얻는 재물을 사용할 곳도 하나님께서 일일이 명해 주십니다. 모든 재물은 저의 자의로 쓸 수 없고, 하나님께서 명하시는 대로만 쓰여집니다.

· 어떤 명분으로든 십일조나 각종 헌금을 거두어들이지 말라 하셨으며, 국내뿐 아니라 각국에 성전과 단독 서점을 운영하며, 한국의 많은 젊은이들을 전 세계에 지도자로 내보내라고 하셨습니다.

· 우리는 세계적으로 새로운 성경을 보급하며 어려운 이들을 돕는 역사를 해 나갈 것입니다. 지금까지 비록 몇 명 안 되는 제자들과 함께 이러한 일을 역사했지만, 앞으로도 계속 하나님께서 기뻐하시는 일들을 해 나갈 것입니다. 부족한 저희에게 여러분들의 지혜와 성원을 보내 주시기를 바랍니다. 많은 분들의 참여와 도움을 간절히 기다립니다. 감사합니다.

한국어로 내려온 《새로운 성경》 단행본을 출간하며
2016년 4월 10일

발행인 **김 용 철**

한국어로 내려온

새로운 **성 경** · 8부 · 제113권

지은이 하나님 말씀
대역자 김용철

초판인쇄 1쇄 2017년 4월 3일

펴낸 곳 도서출판 하얀마음
등록번호 제 10-2107호 (2001년 2월 14일)
주소 서울시 노원구 덕릉로86길 5, 2층
전화번호 02) 313-1114
팩스 02) 393-5554
전자우편 book160@hanmail.net
편집위원 조나영 김미향 이석교
제작지원 조형구 백영숙 이석교 이수희

도서상담 1600-7527
ISBN 978-89-5875-213-4 (04230)
978-89-5875-100-7 (세 트)

값 10,000원
잘못된 책은 구입하신 곳에서 바꾸어 드립니다.

※이 책은 10부로 제작되며, 각 부 16권씩 총160권으로 구성됩니다.※

1부	2부	3부	4부	5부	6부	7부	**8부**	9부	10부
1권	17권	33권	49권	65권	81권	97권	113권	129권	145권
2권	18권	34권	50권	66권	82권	98권	114권	130권	146권
3권	19권	35권	51권	67권	83권	99권	115권	131권	147권
4권	20권	36권	52권	68권	84권	100권	116권	132권	148권
5권	21권	37권	53권	69권	85권	101권	117권	133권	149권
6권	22권	38권	54권	70권	86권	102권	118권	134권	150권
7권	23권	39권	55권	71권	87권	103권	119권	135권	151권
8권	24권	40권	56권	72권	88권	104권	120권	136권	152권
9권	25권	41권	57권	73권	89권	105권	121권	137권	153권
10권	26권	42권	58권	74권	90권	106권	122권	138권	154권
11권	27권	43권	59권	75권	91권	107권	123권	139권	155권
12권	28권	44권	60권	76권	92권	108권	124권	140권	156권
13권	29권	45권	61권	77권	93권	109권	125권	141권	157권
14권	30권	46권	62권	78권	94권	110권	126권	142권	158권
15권	31권	47권	63권	79권	95권	111권	127권	143권	159권
16권	32권	48권	64권	80권	96권	112권	128권	144권	160권